RICHARD GRILL

ES BEGANN IN PRAG

Die Wurzeln der Vertreibung

VGB-Verlagsgesellschaft Berg mbH
Berg am Starnberger See

Schutzumschlag Ulrich Borstelmann, Dortmund

Internationale Standard-Buchnummer

ISBN 3 86118 099 5

1. Auflage 2000
© by VGB-Verlagsgesellschaft Berg mbH
82335 Berg am Starnberger See

Gedruckt in Deutschland

INHALTSVERZEICHNIS

VORWORT..7
VOM INFERNO ZUM TABU..11
Zur Wahrnehmung und Wertung der Vertreibung................11
Übertönt vom Siegesschrei: Die Vertreibung der Deutschen
aus ihren östlichen Heimatgebieten.......................................15
Der Schlag aus dem Dunkel: Die Schreie der Getroffenen...........18
Abgedeckt: Die Wahrnehmung durch die Mitwelt......................21
Triumph: Äußerungen der Täter..26
Zwischen den Zeiten und Orten..28
Zerstreut, überlebt..31
Bilanz des Schreckens..34
Heimat in der Fremde? Fremde in der Heimat?.......................39
Vom Opfer zum Täter...42
Eugen Kogon, die EKD und die Lage der Vertriebenen............45
„Versöhnung"...49
Polit-Wissenschaft und Vertreibung..53
Revanchismus...60
Verschlußsache Vertreibung...64
Wohin mit der Kultur der Vertriebenen? Integration?...............67
In die Mitte verschoben: Ostdeutschland...................................71
Was nicht in den Büchern ist, ...75
Die Öffentlich-Rechtlichen und die Vertreibung: kein Bedarf
mehr..81
Vertreibung - was soll das sein?...85

ENTMACHTUNG UND EINENGUNG DEUTSCHLANDS 93

Die äußeren Bedingungen der Vertreibung 93

Die Vertreiberstaaten als Vorposten der Mächte 97
Das Versailles-System und seine Krise 1918 - 1938: Anfänge,
Pläne und Verdrängung in der ČSR (1) und in Polen (2) 100
Die Koalition der beiden Weltideologien 1939 - 1947:
die totale Lösung 108
Die Mächte, Deutschland und die östlichen Nachbarn
1948 - 1989: Vertriebene als Konfliktpotential;
Aussiedler und Heimatverbliebene 117
Die Deutschen im und aus dem Osten: eine Bilanz bis 1999 122
Europäisierung der Vertreibung: Jugoslawien und seine
Vorbildfunktion 2000 126

Die vorgeschobenen Deutungen für die Vertreibung 128
„Rache" und „Strafe" 131
Staatliche Notwendigkeit 139
Historische Gerechtigkeit 144
Die totale Lösung - eine 'saubere' Sache 149

Spuren: die Steine von Wrocław, die Kaiserpfalz in Cheb
und das Warten auf Entdecker 151

DER TIEFE GRUND DER VERTREIBUNG:
DER GROSSE NEID 161

Die inneren und abgedeckten Bedingungen 161

Der Neid, ein Beweger im Aufbruch der Völker in Ostmittel-
und Südosteuropa 163
Die kleinen Völker in den großen Reichen 165
Der „Slavencongress" im Revolutionsjahr 1848 168
„...die Deutschen über die Grenzen treiben... ." 175
Eine Utopie? 179

Der Weg der Utopie durch die Schlüsseljahre 1863, 1867,
1882 und 1886: Separation als Voraussetzung 182

Die Brüder des Neides, Hochmut und Zorn, wachsen:
1897/98 als Ahnung für das Künftige 190
Böhmen vor 1918: Zwei Körper - eine Nation?
Eher: „Deutsche raus!" 193
ČSR: Wohin mit den Deutschen, vertreiben oder
„entgermanisieren"? 197
Jugoslawien: Wohin mit den Deutschen? Vertreiben?
Wann, wohin? 201
Polen, 1. Republik - Wohin mit den Deutschen?
Verdrängung, Vertreibung und „Entdeutschung" 203
Komplex Vertreibung: eine mächtige Umwälzung mit tiefen
Wurzeln 209
Der Mythos vom deutschen „Drang nach dem Osten" als
Nebelwand vor der Vertreibung 214
Ein Gegenbeispiel: Budweis 219

Die Reinigung der ČSR im Auftrag der Welt 223
Die Säuberung Ostdeutschlands im Gefolge Stalins 226
Vertreibung als kommunistisch-humanistische „Notwendigkeit": Sowjetunion und Jugoslawien 230

Das Potsdamer Protokoll, Ausweisung, Aussiedlung und
Heimatverbleib 232
Die Ausweisung der Ungarndeutschen 233
Die Aussiedlung von Deutschen 235
Fremd in der Heimat 236
Nistender Neid 238

SCHLUSSGEDANKEN 240

Literatur- und Quellennachweis 243
Personenregister 250

VORWORT

Der im Markt der Bilder Herumgeführte sieht Menschengruppen, Leute aus dem Südsudan, Tamilen, Amazonas-Indianer, Laoten, Kosovo-Albaner gar, weil diese trotz ihrer Nähe durch Abschnürung und - ermüdende - Wiederholung der Bildfolgen weit genug entfernt worden sind. Kosovo-Albaner zeigen einen Typus des Verhängnisses und unerhörten Eingriffes in das Wesen des Menschen, daß er nämlich Heimat haben soll und sie verliert. Die Anteilnahme bleibt in der gewünschten Schwebe zwischen dem Interesse an Unüblichem und der abwehrenden Geste, nicht zu sehr hineingezogen zu werden. - Vertriebene betrachtet man am besten vom eigenen Gehäuse aus, auf der Fensterbank lehnend, die Arme gut abgepolstert, im Wissen der Sicherheit. So eben auch, wie dies dem Fernsehmarkt die Inbesitznahme der Wohn-Welt und das Hineindrängen in die Innenwelt erlaubt. Die Millionen haben es sich gemütlich gemacht, das Seh-Fenster, vor dem Katastrophen geschehen, wird zum Fern-Seh-Schirm, in dem die vermittelten Sequenzen dem Menschen ebenso nahe kommen können oder fernbleiben wie im Blick hinunter auf die Straße, wo der Zug der Gequälten in Brünn zusammengetrieben wird zum Marsch an die Grenze, damit das Land ‚rein' werde und das Wort eines Anderssprechenden die Luft nicht weiter beleidige.

Aber, so viele Vertriebene vor unserem Auge erscheinen, solche auch, die durch Künstlerhand vermittelt werden, im Wort verdichtet oder in ein Bild gefaßt, es ist keineswegs immer oder nur Anteilnahme, die uns berührt. Der Gejagte und Gehetzte ist in die verschiedensten Umstände, gerade auch ins Unrecht gesetzt, der Verursacher gibt Gründe für sein Verhalten an, er beschwört hehre Motive und setzt große Worte. Er redet vom künftigen Frieden in der Welt, wenn nur die Sache abgeschlossen sei, von „historischer" Gerechtigkeit oder von notwendiger „Strafe" für verruchtes Tun, er beschreibt eine neue, bessere Zeit, wenn nur die Störer das Land verlassen hätten, die Provinz, die Stadt, das Wohnviertel, die Straße, das Haus, die Wohnung - die bisherige Heimat.

Dann auch drängen sich unverrückbare Bilder ein, in Tausenden oder Hunderten Jahren verfestigt aus einer ersten Prägung her: die Vertreibung aus dem Paradies, die Vertreibung bestimmter Gruppen aus sicheren oder vorübergehenden Wohngebieten, ihr Zug durch Ödnis und Gefahr, die Rast in der Unsicherheit, die Aufnahme durch Wohlmeinende oder auch Kluge, die sich der Kenntnisse und Fertigkeiten der Verjagten versichern wollen. Sippen von Pontus und Hellespontus, die westwärts segeln, Juden, die das Spanien der Reconquista verlassen und über die Atlantikhäfen in das Gebiet des Römischen Reiches kommen, provencialische oder französische Hugenotten, die Hunderte von Meilen ostwärts in eben dieses ziehen, Salzburger Protestanten, welche den Weg nordwärts wagen müssen. -

Hunderte sind es, ein Zug von Tausend, ein paar Zehntausende, die in Etappen, im Lauf der Jahre ein Ziel erreichen, ein vordem schon bestimmtes oder ein in der Gefährdung ersehntes und dann auch erreichtes. - Bezogen auf die vielen Generationsfolgen und die weiten Räume, in die hinein diese - kleinen - Gruppen gedrängt oder vertrieben wurden, sind sie wie schüttere, schmale Rinnsale, die in das weite Feld seßhafter Stämme, Völker und Völkerschaften vorsichtig einsickern, hier einen Platz nutzend, dort eine öde Stelle, Hemmnissen ausweichend und Sicherheit suchend.

Was aber ist die Vertreibung, die das Deutschland unserer Zeit geprägt, das deutsche Volk auch außerhalb der staatlich verfaßten Form vor zwei Generationen ergriffen und in Jahresschnelle hineingerissen hat in eine bis dahin unvorstellbare Springflut?! Alle Vergleiche versagen, Verweise, besonders jene, die beschwichtigen, begütigen oder auch mundtot machen sollen, stehen vor der Ungeheuerlichkeit des Vorganges, der ein Fünftel des Volkes faßte und aus dem Viertel seines Wohngebietes über Hunderte von Kilometern hineinwarf in die geduldete oder geplante Not, in den nicht-geplanten und in den gewünschten Tod, der es dabei in einer Zahl von etwa drei Millionen erfaßte.

Wo stehen die Denk-Male für dieses nach Raum, Zeit und Art fast unvorstellbare Geschehen, wo steigen die Klagen auf, wo werden die Bilder entworfen, die das ganze Volk anrühren können, wo wird die geschichtliche Tiefe von Hunderten von Jahren gemessen, welche vom vertriebenen Teil des Volkes in dem nun von ihm entleerten Osten Europas gelebt wurde, wo ihre dortige Leistung gewürdigt? Ist dies vielleicht die Sache der Vertreiber? Dürfen, sollen die Vertriebenen dies tun? Ist das ihre Sache, wo, wenn schon nicht seine Würde dies fordert, ein noch geltendes Gesetz das ganze deutsche Volk in seinen staatlichen Einrichtungen dazu verpflichtet und andere dazu auffordert oder bittet?

Soll jener abseitige Teil unseres Volkes das Geschehen zudecken dürfen, der „Deutschland verrecke" ruft, die Vertriebenen zu den Fußabstreifern der Nation bestimmt hat und sie in der Fortführung einer Linie von den Störern der Parteienlandschaft über die „Farbigen der Bundesrepublik" zu einer Schnittmenge machen will, die ohne weiteres vernachlässigt werden kann und damit das Volk insgesamt, da ein wesentlicher Teil auch in seiner Tradition ausgespart und schließlich getilgt werden soll?

Die Nachbarn der Deutschen stehen erstaunt vor der Selbstverstümmelung eines Volkes. - Natürlich freuen sich nicht zu wenige darüber, haben sie doch den Raum dafür vorbereitet. Auch glauben diese, sie könnten sich damit ein Nachdenken über ihr Verbrechen ersparen. Da aber, und daran wird die EU nichts ändern, sie baut sich ja darauf auf, das künftige Geschehen in den Bahnen der staatlich verfaßten Völker leben wird, sollte es niemandem gleichgültig sein, daß eines ihrer Glieder nicht nur durch die Vertreibung in eine gefährdete Lage gebracht wurde, sondern nun, mit der zweiten Vertreibung, der aus Geschichte und Tradition, also in seinem Innern, in weitere Gefährdung und Verkümmerung gerät. Wie soll man einem Nachbarn trauen, der sich selbst bedrängt, verhöhnt und verstümmelt?

Das Buch will in seinem ersten Teil untersuchen, wie es dazu gekommen ist, daß die Vertreibung der Deutschen aus dem Osten, die ein Inferno, die Hölle, war und ein ungeheuerliches Geschehen bleibt, unvermerkt zu einem Tabu gemacht wurde und nun eine Art Verschlußsache ist, es soll im zweiten Teil verdeutlichen, inwiefern die Vertreibung der wesentliche Einschnitt in der deutschen Geschichte der neuesten Zeit, ja der Neuzeit ist, und es wird im dritten Teil der notwendigen Frage nachgehen, welches der tiefe Grund ist, aus dem vor nun eineinhalb Jahrhunderten Gedanke und Wunsch aufstiegen, Anderssprachige aus deren Heimatraum hinauszujagen - was am Ende des 30jährigen Krieges um Deutschland möglich wurde.

VOM INFERNO ZUM TABU

Zur Wahrnehmung und Wertung der Vertreibung

Es gibt wohl kaum ein vergleichbares Geschehen in der Geschichte eines Volkes, das, wie die Vertreibung der Deutschen aus ihren östlichen Heimatgebieten, nach zwei Generationen in die Unbestimmtheit, ja in das Vergessen hinabzusinken droht. Wenn es auch den Anschein hat, daß Erfolg und Triumph mächtigere Beweger in der Geschichtssicht sind, zeigen doch gerade auch Katastrophen, daß sie im Gedächtnis der Völker bewahrt werden und die späteren Generationen in Ehrfurcht anrühren.

Die Klage steht so legitim an den Merkpunkten der Tradition wie der Siegesschrei, die Erschütterung angesichts eines säkularen Opfers kann so wirksam sein wie der Jubel. Seit dem ersten Teil des Krieges um die Entmachtung und Einhegung der Deutschen in ihrem Teilstaat Deutsches Reich wurde die mediale Auseinandersetzung wenigstens so entscheidend wie das Kampfgeschehen; der Sieg anders wie bisher in Europa forderte nicht nur ein einmal zu erlegendes Opfer, er legte auch eine Last auf künftige Generationen, indem man das Volk in einen unabtragbaren Schuldvorwurf zu bannen versuchte. Denn der Art. 231 des Versailler Friedensdiktates, der die Alleinschuld an einem aus einem Bündel von verursachenden Gründen sich ausweitenden Krieg auf das Volk im Deutschen Reich legte, diente als Griff an den Atem, als Domestizierung und Knebelung und er ist, das wird fast immer übersehen, nie ausdrücklich aufgehoben worden. Er wurde, wie die UNO dem Völkerbund der Sieger des ersten Krieges folgte, Jahre vor dem zweiten von den USA aus mit der Quarantänefessel (1937) und von der anderen Flügelmacht, der UdSSR, mit der Drohung des Komintern (1935, 7. Kongreß) übernommen und verstärkt fortgeführt.

Daraus nährte sich eine weitere säkulare Entscheidung in der neuen Völker- und Staatengeschichte Europas, daß man nämlich mit dem Beschluß, eine Unterwerfung ohne jegliche Bedingung und Sicherheit für den Besiegten herbeizuführen (unconditional surrender), nicht nur das Volk auf Verderb an das Regime kettete, sondern jenes der Ahndung zuführte und in der Strafe beließ. Daraus können Sieger bisher undenkbare Möglichkeiten nutzen. Sie verfügen nicht nur über das Land, die Menschen und das sichtbare Gut des Besiegten, sie greifen in dessen mentalen Fundus ein, werfen sich zu gottähnlichen Richtern oder auch - wenn es einer ehrlich durfte - Rächern auf und senken ihre Geschichtssicht in die im Schuldvorwurf aufgebrochenen Seelen. Das alles wurde auf dem Boden des Besiegten ausgeführt und dann liebedienerischen und erfolgsgeilen Gehilfen aus dem Volk selbst, unter subtilem Beistand, oder auch deutlichem, wo es nottat, übergeben. Das Ergebnis ist heute zu betrachten, das entmannte, an der Gängelrute hintappende Deutschland, so wie Churchill sich die Deutschen wünschte: Feiste Kapaune, die nicht wissen, was ihnen fehlt, in einem behaglichen Stall, mit weitem Auslauf - ohne entscheidenden Einfluß in ihrem Land, aber mit dem Ausblick auf Südsee-Atolle...

Churchill war 1919 höchst unzufrieden, was sich in den Pariser Vorortverhandlungen untereinander - es war eben ein erster Versuch - umsetzen ließ. Der frühere 1. Lord der Admiralität nahm aber mit Genugtuung wahr, wie man außer Grenzen auch Stämme, Volksgruppen und Völker selbst bewegen konnte. Deshalb war er, dem am 10. Mai 1940 ganz offiziell die Kriegsfackel übergeben wurde und der von Jugend an nichts lieber tat, als Kriegen zuzusehen, als Berichterstatter oder Lenker, ein gelehriger Gehilfe und dann wahrer Meister, als man daranging, die Deutschen entscheidend zu treffen, indem man Staats- und Volksboden wieder zur Deckung brachte durch die Vertreibung der Bevölkerung aus den entrissenen Gebieten. Der Premier Sr. Majestät tat sich viel darauf zugute, in der Konkurrenz mit seinem Macht-Vetter Roosevelt und dem Kumpanen Stalin je einige Wochen zuvor den Vertreibern in ihren bis zum Totalen sich steigernden Forderungen zuzustimmen.

Als das Jahrhundertverbrechen, die Vertreibung der Deutschen über die Oder und den Böhmerwald, Gestalt annahm, äußerte er in Kenntnis dessen, was er möglich gemacht und befördert hatte, eine tiefe Einsicht, was anderen nur Verdacht war, denn er hatte die Bedingungen geschaffen: Was sich hinter dem Vorhang aus Eisen abspielt, den er Stalin herunterrollen ließ vor der Bühne, auf der der Schrecken wüten sollte.

Nemmersdorf war ein denkbarer Beginn, wie das deutsche Heimatgebiet bis zur Linie, die schon 1848 erstmals genannt wurde, entleert werden sollte. Es ist müßig, für diesen Aspekt Begriffsgrenzen zu drechseln, wo Gewalt hier wie dort, Flucht und Vertreibung, das gleiche Ergebnis bringen sollte: Leerfläche für eigene Machtgestaltung. (Und das Beispiel machte ja vier Jahre später Schule, als unter der Führung eines späteren Ministerpräsidenten die wehrlosen Bewohner eines arabischen Dorfes geschunden und zerfetzt in ihren Brunnen geworfen und ihre Schreie mit Handgranaten zum Verstummen gebracht wurden. Der Schrecken aber sollte sich laut über das Land breiten. Die Araber flohen, ein Staat entstand.) Vor und nach Nemmersdorf galt die Anleitung: „Töte den Deutschen, wo Du ihn triffst. Schlag ihn auf der Straße, im Haus, spreng ihn mit der Granate, stich das Bajonett in ihn, spalte ihn mit dem Beil, setze ihn auf den Pfahl, zerschneide ihn mit dem Messer, schlag, wie Du kannst, aber töte!... Zerdrücke, zerspalte, zersteche ihn im Wald, auf dem Feld, auf den Straßen, vernichte ihn überall!" (Ilja Ehrenburg +1967).

Das im Herbst 1944 anhebende Grauen schritt mit der Front nach Westen, im Granatenhagel vor ihr, unter ihren Panzerketten, in der Nachhut, unter dem durch geiferndes Anfeuern mordgeilen Mob, der durch vereinzelte Rufe nicht abgehalten wurde; es ging mit den aus dem Nichts auftauchenden Volkskämpfern aus dem tschechischen Teil Böhmens, die bis zum 5. Mai brav an den Werkbänken der Waffenschmieden um Ostrau und Brünn gewerkelt, die Entwaffnung deutscher Armeeteile abgewartet hatten und dann ihren ‚Krieg' in kurzer Zeit zu führen wußten: an Greisen, wehrlosen Soldaten, Frauen, Kindern und Säuglingen, die sonst einmal Deutsche hätten werden können.

Das Grauen zog mit der polnischen Heimatarmee, die ihren Anteil an dem Sieg über Deutschland einklagen und belegen wollte, der, so hörte man es im Frühjahr 1939, ganz dem Vorläufer-Staat gehören sollte. Die polnische Armee aber hatte danach als Bauernopfer der westlichen Garantiemächte, besonders des damals sehr aktiven US-Präsidenten, den entscheidenden Eröffnungszug für das endgültige Siegspiel zu büßen.

Das Grauen folgte der polnischen Zivilverwaltung für das von den sowjetrussischen Brüdern vorderhand und wohl endgültig, so betrieb man es, als Kriegsbeute übergebene Ostdeutschland, es nistete in Lamsdorf und in Dutzenden anderer Lager, es wachte an der Oder, wo nach dem 8. Mai 1945 zurückflutende Flüchtlingstrecks mit Waffengewalt am Betreten ihrer Heimat gehindert wurden, es gab sich den Anschein geordneten und ordnungsgemäßen Tuns, als die Dörfer Niederschlesiens und Pommerns entleert wurden und die Städte wie Breslau, Stettin oder Danzig, Orte, die schon dreißig Jahre vor 1914 erklärtes Ziel polnischen Eroberungswillens waren, Orte, die in der Zeit zwischen den Kriegen nie aus den Augen der von vorstaatlichen und kirchlichen Organen gelenkten Kolonisationsverbände geraten waren.

Was sich hinter dem Vorhang abspielte, hatte kaum eine Chance, in die Weltöffentlichkeit zu dringen. - Die Spuren des Schreckens, die die Flüchtlinge und Vertriebenen an sich trugen, waren unter den Zeltplanen und Notdächern der Lager abgedeckt, auch durch die nun gegenwärtige andere Not, den Hunger, die Gebote und die Schuld-Anwürfe der alliierten Verwalter des ‚transfers', welche die Millionen aus den Händen der Vertreiber übernahmen und in das schon bestehende Elend in Restdeutschland preßten.

Als die Jahre der ärgsten Not und des Sich-Einfindens in das Nie-Erwartete und immer noch nicht Begreifbare sich einer Zeit des Erinnerns öffneten, wurde in Tausenden von Berichten das Erleben der Vertreibung gesammelt, bezeugt, geordnet und auch wissenschaftlich ausgewertet. Aber kaum ein großes Vorhaben aus dem Bereich medialer Gestaltung ist aus dieser Zeit überliefert. Die Sachwalter der Vertriebenen schafften es mit knapper Not, daß die Gesetzgebung das künftige Aufarbeiten offenhalten konnte. In diesen Schwebezustand brach 1965 die harsche Aufforderung der Evangelischen Kirche an die Deutschen, indem sie die seelische und geistige Not der Vertriebenen vorschob, umzudenken. Der innere Grund aber war, daß sie die frühere Bindung Thron - Altar vergessen machen und eigene oder vorgebliche Schuld durch das Opfer der Vertriebenen, zu verzichten und eigene Mitschuld zu bekennen, überdeckt sehen wollte. Auch hier, wie schon 1945 durch das faktische Kollektivschuldbekenntnis für das ganze Volk, breschte die EKD vor und öffnete die Schleusen, durch welche dann die Umerzieher leichter als davor über die Schule, die Massenmedien und im Marsch der 68er durch die Institutionen im weiteren staatlichen Bereich den Komplex der Vertreibung in das Tabu zwangen.

Ein aufnahmewilliger Ausländer, wie auch ein junger Deutscher, kann heute in der Gesamtäußerung Deutschlands, bis auf streng kalkulierte gelegentliche Wahlkampf- oder Gedenktags-Bemerkungen kaum etwas finden, was auf das in der Geschichte des Volkes einmalige Geschehen hinweist.

Übertönt vom Siegesschrei: Die Vertreibung der Deutschen aus ihren östlichen Heimatgebieten

Nichts beweist das Kriegsziel der Alliierten, im deutschen Heimatboden das Volk entscheidend und auf Generationen hin zu schwächen, besser als die verzweifelten Anstrengungen der deutschen Wehrmacht, sichere Rückzugslinien für die in Todesangst Fliehenden zu bewahren. In diesem letzten Bemühen zeigte sich, daß das Volk insgesamt wegen der perfiden Forderung nach bedingungsloser Kapitulation, welche es an die Führung kettete, um es mit ihr und über sie zu treffen, in seinem Kern in sich einig war: Die Schwachen und Wehrlosen zu retten, die Frauen zu schützen und den Kindern vielleicht eine Zukunft zu bewahren, das war der Wille fast aller Armeeführer, die sich so dem Plan der Alliierten entwanden, welche ausgezogen waren, das Volk in der Mitte Europas aufzubrechen, im Vorwand, nur das Welt-Übel Hitler und seine Paladine zu strafen, unter dem Schein der Humanität (West) und Humanität (Ost).

Weiters: Da sich die westlichen Alliierten weigerten, mit dem verbleibenden kleinen Kern deutschen Widerstandes zusammenzuarbeiten, weil dieser Deutschland und sein Volk retten und nicht nach der Gefährdung durch Hitler dem Jahrhundert-Mörder Stalin ausliefern wollte, weil also kein Deal gegen das Volk zu machen war, riskierte der aus den Resten der alten Machteliten gespeiste Widerstand einen erbitterten Kampf im Innern, um der unheiligen Allianz die Kollektivschuld-Fessel zu entwinden. Auch nach dessen Scheitern ging es vorrangig um die Deutschen und keineswegs überwiegend um die Abstrafung Hitlers, wie es im Reeducations-Geschichts-Tableau seit 1945 den Deutschen angedient und aufgezwungen wird. Denn der Vorwurf Goldhagens, die Deutschen seien die willfährigen Vollstrecker, nistet in der Verfälschung und Pauschalierung, ein erneuter Versuch, nach zwei Generationen „Casablanca", den Ort des unconditional surrender, am Leben zu erhalten.

Die Vertreibung der Deutschen war mehr noch als die Festlegung der Verwaltungsgrenzen zum wichtigsten Motiv der alliierten Kriegführung geworden. Weil es ein solches Kriegsziel bisher für Europa nicht gab, geschah sie abgedeckt, übertönt vom Siegesschrei. Dies zeigte sich bis in die Regularien der Potsdamer Konferenz hinein, wo sogar das Gebiet, aus dem die Deutschen vertrieben werden sollten - bzw. schon seit drei Monaten vertrieben wurden -, in Unklarheit belassen wurde, da einerseits Gegenstand der Beuteteilungs-Konferenz nach einer Festlegung aus dem Oktober 1944 das Deutsche Reich in den Grenzen vom 31.12.1937 sein sollte, andererseits die neuen Verwaltungsgrenzen der Vertreiberstaaten für diesen wichtigsten Bereich - so die spätere Deutung - entscheidend wären.

Der Raum wurde in der Deutungs-Unsicherheit belassen, die Zeitgrenzen hatten die Vertreiberstaaten z.T. eigenmächtig gesetzt und mußten sie nun nach der Aufnahmefähigkeit Restdeutschlands modifizieren, d.i.: man konnte nicht alle Deutschen sofort vertreiben und auch nicht weiterhin, wie es sich anfangs günstigerweise so ergab, mit möglichst hohen Opfern. Ein geregelter Transfer wurde bis Dezember 1945 verwaltungsmäßig vorbereitet.

Das Lieblingskind Roosevelts, für das er Millionen an Opfern forderte, wurde postum geboren: Die Vereinten Nationen als Weltregierung unter Einschluß des - in jedem Sinne - größten Mord-Staates der Erde wurden im September 1945 in S.F./USA beklatscht. Während der Geburts-Feier an der Pazifikküste streiften als Piastenkrieger und Hussitenkämpfer sich Fühlende durch die Lande, unter dem Segen der Welt-Richter, die sich in Nürnberg versammelten, eine neue Rechts-Ära einzuläuten. Unter anderen mit jener Errungenschaft, daß es keiner Beweisführung über Zeugen und Sachbeweisen bedarf, wenn der Ankläger ein Papier präsentiert, aus dem heraus sich alles schon ergäbe. Seitdem, und dies wurde später auch rechtsformal eingeführt, gilt in Deutschland für Spezialfälle die Beweisführung nach Art dieser „Offenkundigkeit", die innerhalb des Grundsatzes politischer Korrektheit beliebig bestimmt werden kann.

Die Weltregierung in den USA entwarf weitere erhabene Grundsätze und stellte dazu fest, daß sehr vieles nicht für Deutschland gelten solle. Das Vertreibungsverbot gehört dazu. - Die Vertreibung der Deutschen aus dem Osten war eben noch nicht an ihrem Endpunkt angelegt und man arbeitete nun schon am weiteren Ziel, die Deutschen über die Fesselung von Forschung, Lehre, Unterricht und Meinungsbildung aus der Tradition der Vertreibungsgebiete und des Volkes im ganzen zu verdrängen: Geschichte begann auf zwölf Jahre zu schrumpfen, Deutschland auf das Gebiet hinter der Oder oder vielleicht hinter der Elbe.

Der Schlag aus dem Dunkel:
Die Schreie der Getroffenen

In der Deutung durch die Vertreiberstaaten und der Klientel aus der deutschen postnationalen Schuld- und Scham-Gesellschaft ist unüberhörbar, daß die Vertreibung am Ende des Krieges das natürlichste Geschehen war und also auch die Vertriebenen sie als solches anzunehmen hätten. In der Meinungssetzung durch die ČSR/ČSSR/ČSFR/ČR ist man bald dazu übergegangen, über die leicht vermittelbaren Deutungsmuster Rache, Vergeltung, Sühne hinaus auf eine ‚historische' Grundlinie zu verweisen, aus der heraus die Dinge 1945/47 zum ‚logischen' Ende kamen. Deshalb bedürfe es auch keiner weiteren Begründung; ein irgendgeartetes Schuldgefühl auf Seiten der Vertreiber, die ja nur Vollzieher, Angestellte der Geschichte seien, sei schlechterdings nicht vorstellbar. Die deutschen Mitarbeiter übernahmen dies.

Für die Opfer der Anfangsphase der Vertreibung aber bedeutet dies: Was für die Vertreiber selbstverständlich war, ist für jene nicht zu begreifen.

Dies besagt nicht nur, daß es jenseits der Vorstellung war, wie Nachbarn, die seit Generationen am gleichen Wohnplatz waren, das nachbarliche Gut in Anspruch nahmen und selbst Hand anlegten, wie dies in Millionen von Fällen geschah, es bedeutet, daß eine Begriffs-Welt zusammenbricht, besser: weggeschoben wird durch eine neue Art zu denken und zu handeln.

Menschen sind nur solche eigener Sprache und Tradition. Das Unbedingte, wie es in den Kreuzzügen, Konfessionskämpfen und Missionszeiten Gläubige und Ungläubige sauber schied, hatte sich nun in einer langen Entwicklung im nationalen Raum aus tiefreichenden Begründungsmustern festgemacht, daß also die Menschen aus dem anderen Volk aus dem Land zu weichen hätten. Diese Äußerungen wurden bisher nur als Rufe wie in einer kämpferischen Auseinandersetzung geachtet, wo dem Schlag im Ausholen eine Drohung vorausgeht und im vollzogenen Hieb der bestätigende Triumphschrei. Es war jedoch für einen etwa in Böhmen in Generationenfolge lebenden Deutschen nicht denkbar, daß er - aus welchen Gründen immer - das Land verlassen müßte. Ein in Danzig Ansässiger hörte und las vom Anspruch des polnischen Staates und des einen Polen unter hundert Deutschen dieser Stadt, daß sie in Wahrheit eine polnische Stadt sei, sein müsse, aber es entzog sich seiner Vorstellungskraft, daß den Spott- und Haßgesängen aus der Vor- und Zwischenkriegszeit irgend jemand folgen ließe, was schon 1919 Grabski forderte: „Das fremde Element wird sich umsehen müssen, ob es sich anderswo nicht besser findet. Das polnische Land ist ausschließlich für Polen" (Breyer 7).

Und die in Böhmen im Volkstumskampf gerufenen Verwünschungen und Flüche hatten auf der eigenen Seite Widerpart. Man schonte sich verbal nicht. Zu folgern, was dann geschah, war nur vage Ahnung weniger, von Schriftstellern etwa, die sich vorstellen konnten, daß die Deutschen aus Prag, in dem sie noch 1850 eine Mehrheit hatten, hinausgetrieben werden könnten. Eugen de Witte äußerte sich im Mai 1948 in einer Rede vor seinen sozialdemokratischen Genossen in der Emigration in London: „Ihre [der Tschechen] Parteiführer haben in London, Moskau und Kaschau ausgeheckt, was dann als einer der größten Raubzüge der Weltgeschichte traurige Tatsache wurde... Wir wurden Opfer einer internationalen Lynchjustiz... Die Mehrheit der Sudetendeutschen... wurden nur darum nach Deutschland getrieben, weil sie Deutsche sind..." (Jaksch/Witte 22f). Weder die tiefe Wurzel des Vertreibungsgedankens, noch die ersten Ansätze einer Generation zuvor, waren ihm bewußt.

Es war der Schlag aus einem völligen Dunkel, der die Vertriebenen insgesamt traf, die in Böhmen wie die in den 1919 bei Deutschland verbliebenen östlichen Siedlungsgebieten. Die im Warthebereich, im unteren Weichselgebiet und im östlichen Oberschlesien Lebenden hatten aus der Zeit ihrer Eltern freilich Hinweise und manche auch persönliches Erleben. Die Verdrängung erheblicher Teile deutscher Bevölkerung, die erste Stufe und die erste Phase der Vertreibung, hatte hier seit 1918 Städte von deutscher Bevölkerung fast leergefegt und die Landbevölkerung ausgedünnt.

Der weit überwiegende Teil der deutschen Wohnbevölkerung des Reiches, wie es 1944/45 bestand, ruhte in einer seit Jahrhunderten gewachsenen Selbstverständlichkeit und Sicherheit. Als die Lawine in Nemmersdorf losgetreten wurde, wuchsen die Berichte aus dem August 1914, als russische Truppen die Grenze Ostpreußens schon einmal überschritten hatten, sehr rasch zu bedrohlicher Erinnerung.

Es wird darauf verwiesen, die Machtstruktur und das Gehabe der Reichsführung hätten die Wahrnehmungsfähigkeit der Bewohner beeinträchtigt und begründete Vorsicht eingeschläfert. Für die sog. ‚breite' Bevölkerung war es, soweit sie nicht zufällig Informationen hatte, das Unbegreifbare, was dann aus dem Dunkel hereinbrach. Erläutert wird dies sogar aus den Äußerungen und dem Verhalten der Vertreiber. Beneš hielt es noch am 30.3.1946 für nötig, das, was sehr viele seines Volkes erhofft und worauf sie hingewirkt hatten, ermunternd zu betonen: „Wir haben mehr gewonnen,,als wir wohl je erwartet hatten... Nun ist es uns gelungen, daß die Deutschen weg müssen" (Odsun 459f).

Der Räuber, der bewaffnet im Dunkel des Flures wartet, bis das Opfer die Tür seines Wohnbereichs öffnet und den Schlag möglich macht, wird sich also erst seiner selbst im Ablauf seines Tuns sicher, nicht mehr im Ziel und der ‚Begründung'.

Es haftet den Schreien der Opfer etwa an, was aus den Jahrhunderten aufstieg. So könnte es den Deutschen Anfang des 15. Jh. widerfahren sein, die in den Städten Böhmens meinten, sie seien - nur - Zeugen eines Kampfes um das Besetzungsrecht für Prediger- und Pfarrstellen, um Dotationen und Lehrstühle, dann aber in den Hussitenwirren innerhalb von Augenblicken ihre Häuser und Städte verlassen mußten, wenn sie denn flüchten konnten. So den Bewohnern der Dörfer im Römischen Reich des 17. Jh., wenn sie von planvoll raubenden Soldatengruppen hinausgejagt wurden, weil Machtausübung eine totale Größe erreicht hatte. - Die Schreie dieser Menschen sind nur in wenigen Dokumenten aufgezeichnet. Sie sind aber ablesbar in den Bilderfolgen jener Zeit aus der ausgehöhlten Mitte Europas, welche das für die damalige Zeit bis dorthin Unvorstellbare übermittelten.

Abgedeckt: Die Wahrnehmung durch die Mitwelt

Als der Elendszug der 25 000 aus Brünn sich am 30. Mai 1945 der österreichischen Grenze zubewegte, 1 500 Menschen in diesem Todesmarsch schon vor Entkräftung und durch Mord verstorben waren, drohten Seuchen und Ansteckung. Die österreichischen Ordnungskräfte suchten ihr Gebiet davor zu sichern, verboten den Übertritt, verstärkten dadurch die Katastrophe und konnten es nicht verhindern, daß mit den Überlebenden auch die Todgeweihten und die mitgeschleppten Toten in das von den Russen besetzte Niederösterreich kamen. Viele wurden in einem Gräberfeld bei Drasenhofen nahe der Grenze beerdigt. Jene auf dem Gebiet der ČSR wurden recht bald durch die Trasse der Staatsstraße Nr. 52, etwa bei Pohrlitz, zugeschoben. Alle Versuche, das Andenken der Toten zu ehren, scheiterten am Bündnis der nationalen Sozialisten Beneš mit den internationalen Gottwalds. Die Unmenschlichkeit, die Totenruhe zu mißachten, hatte ein weiteres Beispiel neben den Tausenden in den Vertreibungsgebieten. Das ungeheuerliche Geschehen vom Fronleichnamstag 1945, das über die Grenze griff, erreichte die Mitwelt nicht, einige Andeutungen sickerten über die Schweiz in die Nachrichtenbüros und verliefen sich dort. Es blieb aber ein Unbehagen bei den Angloamerikanern, welche die Schlußrechnung der Operation Festlandseuropa für Potsdam vorbereiteten.

Am 31. Juli gab es in einer Munitionsfabrik am Rande Aussigs, in der Deutsche zwangsverpflichtet waren, Explosionen. Aus Prag herangeholte Kräfte des Staatssicherheitsdienstes waren schon zur Stelle, ebenso ausgesuchte Korrespondenten wie Ralph Parker, der später als Agent entlarvt wurde (Jaksch 1953;23), welche die Lesart von einem Anschlag von Wehrwölfen zu berichten hatten. Dem

blutigen Massaker fielen etwa 2 700 Deutsche zum Opfer, viele der von der Elbbrücke Gestürzten trieben der sächsischen Grenze zu. Auch hier faßte die böhmische Erde nicht die Opfer hussitischen Volks- und Rassewahns.
Diese tschechische Begleitmusik zum Potsdamer Protokoll vom 2. August 1945, „Ziffer XIII. Ordnungsgemäße Überführung deutscher Bevölkerungsteile", welche an eben diesem 31. Juli etwas überhetzt besprochen wurde, zeichnet wie kaum anderes die verbrecherischen Motive und Handlungen und zugleich darin, sich im Auftragshandeln an die Aura welthistorischer Daten zu hängen. An eben dem 2. August entzog Beneš, der selbstgewählte Präsident, den Deutschen (wie den Ungarn, für welche dies ohne existentielle Folgen blieb) die Staatsangehörigkeit. - Seitdem ging alles in der ČSR den ‚ordnungsgemäßen' Gang, die Raub- und Mordorgien wie auch die Vorbereitung für das, was von den Vertreibern als „Aussiedlung" bezeichnet wurde. Aufmüpfige ausländische Korrespondenten wurden in höherem Interesse ruhiggestellt. Immerhin war „Aussig" wie viele andere Schreckensnamen im deutschen Osten nicht ganz zu unterdrücken, als die Millionen über die Grenzen getrieben und gepreßt wurden, und auch nicht danach.
Am 30. Januar 1946 weist der Erzbischof von Chichester im britischen Oberhaus darauf hin, daß es (übers.:) „Ähnliches wie (den) gegenwärtige(n) Bevölkerungs-Transfer in der Alten Geschichte Asiens nicht gibt. Dieser ‚transfer' ist nicht einfach nur eine Aushändigung von Land, sondern eine Herausreißung ungeheuer großer Bevölkerungsgruppen aus rassischen Gründen, um den Boden für eine neue Eroberung leerzufegen. Dies ist in sich schlecht..." (Parl. 70). Er fragt, worin man sich von den NS-Führern unterscheide, die gerade in Nürnberg angeklagt werden. Die Antwort des Lordkanzlers Jowitt bewegt sich auf einer Argumentationsebene, welche kolonialpolitische Deutungsmuster wie rassehygienische widerspiegeln: Die Sudetendeutschen hätten sich nicht assimiliert, (übers.:) „der zukünftige Friede ist am besten gesichert, indem die deutsche Bevölkerung... aus diesen Ländern nach Deutschland zurückgeschafft wird" (Parl. 81). (Aus diesem

Erklärungsmuster machte die alliierte Militärverwaltung die sog. „rückgeführten" bzw. „spatruckgefuhrten" Deutschen, eine Bezeichnung, die dann für lange Zeit in die deutsche Verwaltungssprache Eingang fand).

Der Erzbischof beklagt nicht nur die Vertreibungsvorgänge selbst, sondern auch die Sklavenarbeit in Ländern der Vereinten Nationen. Die Debatte im britischen Oberhaus vom 30. Januar 1946 hatte immerhin so viel Wirkung, daß neben wenigen Zeitungen in England, die sich auch im Krieg dem Meinungsdiktat Churchills nicht ganz gebeugt hatten (Economist, Manchester G.), im US-amerikanischen Raum christliche Gruppen Schreckensmeldungen aus Mitteleuropa aufnahmen und gegen die in den USA fast totalitär wirkende Ostküsten-Presse anzugehen versuchten.

In freilich nur regional wirkenden Zeitungen und Zeitschriften erschienen Artikel eines Father E.J. Reichenberger, 1938 aus dem Sudetenland geflüchtet, vordem Generaldirektor des „Volksbundes deutscher Katholiken", nun Seelsorger, der es lt. Vorwort zur Buchausgabe (Nov. 1948) wagte, die „wesentliche Klarstellung zu der behaupteten Kollektivschuld des deutschen Volkes und der behaupteten tschechischen, polnischen und russischen "Kollektivunschuld" zu behandeln, die "negative Auslese uniformierter Büttel und Gewalttäter" für "die Übergriffe und Verbrechen .. in Nacht und Verborgenheit" verantwortlich zu machen, um zu schließen: „Zu einem erschreckend hohen Prozentsatz aber, den selbst die benachbarten Deutschen nie für möglich gehalten hatten, hat sich die tschechische und polnische Bevölkerung, ihre vorgeblich katholischen Parteien keineswegs ausgenommen, an den Verbrechen bei der Vertreibung der Deutschen, an der Vernichtung von Millionen, an der Billigung dieser Verbrechen beteiligt...". Er verweist darauf, es „hatten... die unerhörten Ausschreitungen eines großen Teiles der tschechischen Bevölkerung ihre Tradition: in der Hussitenzeit sperrten Tschechinnen, auch tschechische Mütter, deutsche Frauen und Kinder in Kirchen und ließen sie eines qualvollen Feuertodes sterben!--" (Reichenberger 1948;11).

Im Aufsatz „Die Schuld an der Katastrophe" gibt er seinen amerikanischen Lesern zu bedenken: „...Wie ist es möglich, daß man fünfzehn und mehr Millionen in der brutalsten Weise aus ihrer Heimat vertreibt, die ihre Vorfahren längst vor der Entdeckung Amerikas besiedelten und kultivierten? Wie ist es möglich, daß sich am Ende eines „Kreuzzuges" dieselbe Untat [d.i.: Vertreibung der Armenier durch die Türken] in weit größerem Ausmaß wiederholt...?" (15f).

Er verweist auf die Fehlkonstruktion der ČSR in den Pariser Vorortverträgen, an Beneš' Bindung an Stalin, im Artikel „Das Potsdamer Dokument" (26-34) beklagt er „die Verschwörung des Schweigens" gegenüber bekanntgewordenem Grauen: „Landesschulinspektor Fritz Andreasch wurde im Kaunitzlager Brünn zu Tode gemartert. Unter einem Drahtgitter wurde dem Gefesselten eine Ratte an den Bauch gesperrt, die innerhalb dreier Tage den Körper bis auf die Gedärme auffraß [d.i. anfraß]. Erst am siebenten Tag trat der Tod ein. - In Pohrlitz wurden kleine Kinder wie Ketten geschwungen und an Straßenbäume geschmettert. In Moleis bei Pohrlitz wurden die zusammengetriebenen Männer gezwungen, Menschenkot zu essen, und widernatürliche Handlungen zu vollbringen. Wer sich weigerte, wurde erschlagen.-.... In Schlappenz bei Iglau wurden 40 Kinder im Ortsteich ertränkt, mit Stangen vom Ufer ferngehalten und untergetaucht" etc.etc. Das sind nicht Berichte aus dem Irrenhaus, oder vielleicht doch: Nur verbrecherische Narren sind solcher Handlungen fähig. Aber diese Verbrecher sind Mitglieder der UN und propagieren das neue Menschenrecht!... Die Massenausweisung ist direkter, geplanter Rassenmord: Mord ist ja das Ergebnis, nur langsamer, qualvoller, unmenschlicher... Wir empfinden... peinvoll den Gegensatz zwischen dem phrasenreichen Geschwätz der tschechischen, polnischen etc. Deligierten über „Rassenmord" und den Handlungen ihrer eigenen Regierungen." Im Artikel „Potsdam Displaced Christians" (41-47) hebt Reichenberger heraus, daß die Vertreibung Christen betraf, so daß die gewählte Bezeichnung, "da ja die Juden .. automatisch als displaced anerkannt werden" sehr wohl gerechtfertigt ist, und er zieht in „Die weiße Armbinde" (48-53) eine Linie zu Jerusalem: „Und der Pöbel - ich meine nicht unverdorbenes Volk, wohl aber akademischen Mob - schwelgte in sadistischer Mordlust: „Wir haben ein Gesetz...". „Der spätgeborene Hussit Beneš gab das Gesetz...". Ihn, der als „Friedenspreis-Kandidat" (54-57) vorgeschlagen worden war, bezeichnet Reichenberger auch wegen seiner Mordaufrufe („Wo sich ein Widerstand findet, wird er erbarmungslos gebrochen" - 12.2.1945 Radio London) als „Stalins ergebensten Quisling", verantwortlich für die „Bartholomäusnächte in Prag und Aussig, diese unaustilgbare Schande an der Ehre der tschechischen Nation, dieses tausendfache Lidice".

Die „Blicke hinter den Vorhang" (60-69) sehen einen schuldbeladenen Erzbischof Beran, der ja „selber den Raub deutschen Eigentums gerechtfertigt" hat und nun [d.i. 1948] den Angriff der Kommunisten auf die Kirche beklagt. Im „Hirtenbrief der tschechischen Bischöfe" (84-89) vom 19.11.1947 vermißt er eine „Verurteilung des „größten Verbrechens der Geschichte" (Bischof Muench): der Massenaustreibung... oft unter Mitwirkung tschechischer „Priester"...".

In den Buchartikeln sind Berichte zusammengefaßt, u.a. der einer ehemaligen leitenden Ärztin des tschechischen KZs Olomouc-Hodolany über fast unvorstellbare Grausamkeiten, das Herausschlagen der Hautpartien an einem Körper, bis die Muskelteile von Maden bedeckt, wie in einem Präparat bloßlagen, bevor der Tod eintrat. „Der furchtbarste Fall war ein 13jähriges deutsches Mädchen, das vergewaltigt worden war und dem davon ein 30 cm langes Stück Darmschlinge aus der Scheide hing. Der tschechische Professor für Gynäkologie Dr. B. operierte das Mädchen doch. Es blieb am Leben. Da Dr. B. inzwischen verstorben ist, darf ich verraten, daß nach einem Bericht der Täter ein Kapitän [d.i. Hauptmann] der tschechischen Armee war" (162). Alle Berichte sind bezeugt, die Namen lagen Reichenberger vor. Er wandte sich auch „An das Gewissen der Welt", „An die UNO" (255ff), „An die „Stimme Amerikas"" und hoffte darin, „Glaubt man denn wirklich, daß diese Bestialitäten auf die Dauer verschwiegen werden könnten?" (267).

Was für 1946 und 1948 eine verzweifelte anklagende Frage war, bleibt sie weiterhin! Insgesamt waren die Hilferufe im Getöse des Triumphgeheuls und plattgewalzter Weltmeinung verhallt. Sie sind es heute wieder.

Triumph: Äußerungen der Täter

Der unverhüllte Stolz der Vertreiber wie Beneš, Stalin und Churchill zog auch jene aus der Reserve, die das Gewissen der Täterländer hätten sein müssen. Der polnische Klerus, vom jüngsten Kaplan bis zum Primas der Landeskirche, dem von deutschen Hirten-Brüdern vor existentieller Gefahr bewahrten Erzbischof Hlond, besser: von diesem als dem Verantwortlichen bis zum Ortsgeistlichen, der mit eigenen Fäusten seinen deutschen Bruder im Herrn aus dem beanspruchten Pfarrhaus in Niederschlesien oder im Ermland warf, der am Wegrand stand und mit dem Zeichen des Halsabschneidens den Zug vertriebener Deutscher ‚segnete', stimmte einhellig in das Haß-Triumph-Geschrei nach der Art „Wir haben ein Gesetz..." ein. Aus dem Bereich der tschechischen Kirche ist *ein* Fall bezeugt, in dem ein Ortsgeistlicher seine Pfarrkinder beschwor, in diesem Tun nicht fortzufahren, das der Prager Erzbischof D. Beran als „imperative Notwendigkeit" (Reichenberger 1948, 283) herausgestellt hatte, die Vertreibung.

Um dieser moralischen Verwilderung auch im Kreise möglicher Papstwähler zu steuern, sah sich Papst Pius XII. veranlaßt, in seinem Brief vom 1. März 1948 an die deutschen Bischöfe nach der deutlichen Kennzeichnung dessen, was im deutschen Machtbereich geschehen war, zu fragen „War es jedoch erlaubt...?" Dies war eine ernste Abmahnung an die katholische Kirche in den Vertreiberstaaten, die sich nicht genug tun konnte, mit dem staatlichen Organen Schritt zu halten.

Als im tschechischen Parlament 1947 über die Verdienste der parlametarischen Gruppierungen, der Nationalsozialisten, der internationalen Sozialisten (Kommunisten), der Christsozialen und der Agrarier, an der Vertreibung scharf debattiert wurde, betonte Beneš' NS-Partei - immerhin seit 1898 in diesem Metier vorbereitend tätig - wohl das Erstgeburtsrecht und einen großen Anteil, der Redekampf brachte aber keine Entscheidung, denn im Grunde war man sich im Kern einig.

Das konnten einige wenige auch in Deutschland erfahren, als eine Studie, erschienen bei Kalisch [d.i.: Kelch], Protestant Publishing Co Prag 1948, ins Deutsche übersetzt, 1950 in Stuttgart herauskam „Die Aussiedlung der Deutschen aus der Tschechoslowakei vom ideologischen und kirchlichen Standpunkt" (Bednař). Dieser Beitrag evangelischer Brüder zur Meinungsbildung in der EKD, der seitdem dort kräftig wirkt, im Grunde bis heute diesen Problemkreis prägt, ist eine Quelle, aus der sich seitdem manche Veröffentlichung bedient.

Danach ist unter „Die Mai-Revolution" zu lesen: „Den Höhepunkt... bildeten vor allem die Greueltaten, die von den Deutschen nach der Mai-Revolution im Jahre 1945 begangen wurden" (Bednař 1). - Die Unverfrorenheit, mit der die Dinge auf den Kopf gestellt werden, speist seitdem die Argumentation im benachbarten Vertreiberstaat. Aus dieser Position heraus („Die Anzahl der deutschen Opfer in den Tagen der Revolution war im ganzen gesehen sehr klein") „wurde einstimmig beschlossen, die Deutschen aus der Tschechoslowakei zu evakuieren... Es war offenbar nicht ein Akt der Rache oder bloßen Bestrafung...". Bednař bestimmt die notwendige Auseinandersetzung des „wahren Nationalismus" (3) mit dem falschen der Sudetendeutschen als Grund für die Vertreibung: „Deshalb stand die zivilisierte Welt gegen (die Deutschen) auf und deshalb mußten sie vernichtet werden.,, (3). Im einzelnen: „Die Mentalität der Sudetendeutschen, die ihnen schließlich zum Verhängnis wurde, entwickelte sich aus der räuberischen Atmosphäre, die das 17. Jahrhundert in Böhmen charakterisierte" (4). Dagegen steht „der tschechische Nationalismus... Er entwickelt sich auf einer geistigen Grundlage, besonders während der Hussiten-Zeit.... Nicht das Ideal der Eroberung und Gewalt, sondern der Eifer für... die christliche Idee war es, welcher die Tschechen... vereinte." (4). Bednař wendet sich gegen die Möglichkeit, einzelne Deutsche zu bestrafen, „und das weitere Bestehen einer beträchtlichen deutschen Minderheit" (6). Die „Aussiedlung der Deutschen (wurde) in humaner Weise ausgeführt", er notiert, „daß weit weniger Ausschreitungen vorkamen, als man hätte befürchten dürfen" (7). Der Hus- und Žižka-Jünger schließt ab: „Die Aussiedlung ist.... das logische Ergebnis der Jahrhunderte langen Entwicklung des Übels und der unüberwindlichen ideologischen und charakterlichen Unterschiede zwischen den im gleichen Lande lebenden Tschechen und Deutschen." (10).

Damit ist der Komplex auch für die anderen Vertreibungsländer auf den Punkt gebracht: Das Gute muß das Böse von sich abtrennen. - In der Atmosphäre selbstgerechten Denkens, das durch zwei - dem Ziel nach - totalitären Weltbeglückungs-Systeme geprägt war, konnten die (ausführenden) Vertreiberstaaten in dieser schlichten, auch dem Dümmsten und Kenntnislosesten vermittelbare Begründung ihre Völker an sich binden. Bednař äußert für eines: „Die Tschechen können nur diese Tatsache und ihre moralische Rechtfertigung feststellen." (10).

Zwischen den Zeiten und Orten

Bei den Zusammenfassungen von Personengruppen, etwa bei den Bedrängten und Opfern der NS-Diktatur, ist es für eine differenzierte Ausdeutung bei deren Vielfalt wenig förderlich, beeindruckende Summen herauszustellen. So etwa verwischt es die Leiden und Opfer nicht nur, es wirkt gegenläufig, wenn, ohne Motiv- und Schicksalsgruppen zu unterscheiden, die irgendwie in der Kriegswirtschaft des Deutschen Reiches Tätigen nicht-deutscher Staats- und/oder Volkszugehörigkeit aufgeführt sind. Es gibt da den aus freiem Entschluß ohne jeglichem Druck in das industrielle

Mitteleuropa Strebenden ebenso wie den in der Landwirtschaft Tätigen, der zu vergleichbaren Bedingungen arbeitete wie zu gleicher Zeit irgendwer in Europa als Knecht oder Magd, weiters den in der Heimat in übernommenen oder eingerichteten Rüstungsbetrieben Tätigen, wie jene Hunderttausende im wohlversorgten Protektorat Böhmen und Mähren, den ins deutsche Kerngebiet Zwangsverpflichteten wie den im Wortsinn um sein Leben arbeitenden Sklaven.

Vergleichsweise gibt es bei jenen Zusammenstellungen, welche die Opfer des Krieges und der unmittelbaren Kriegsfolgezeit zeigen, nach der Schwere ihrer Leiden, der örtlichen und zeitlichen Dimension der Folgen äußerst verschiedenartige Gruppen, daß häufig der Grund für deren Zusammenfassung fast keine andere Deutung zulassen, als einiges darunter zum Verschwinden zu bringen oder herunterzuspielen, wenn etwa Evakuierte, Bombengeschädigte und Vertriebene ununterschieden nebeneinander stehen. - In Merkkästen von Schulbüchern werden in Fortführung und Verfeinerung dieser Handhabung die für einige Monate im Reich etwa beschäftigten Slowaken in ihren Pfeilsignaturen neben die Flüchtlinge und Vertriebenen gesetzt, als seien sie vergleichbar. Der Orts- und Zeitbezug und vor allem die Art und Weise der Veränderungen werden damit und besonders mit dem soziologisch ‚sauberen' Begriff „Bevölkerungsverschiebungen", der höchst unsauber ist, völlig verwischt und das Gruppenschicksal unkenntlich gemacht. - Der im Reich Evakuierte behält seinen Heimatraum, die Möglichkeit einer Wiederaufnahme seiner beruflichen Tätigkeit und über erhaltenes Wohn- und Nutzeigentum die Chance gegenüber jenen, der sein verlorenes nicht einmal einklagen (lassen) kann. - Der zurückkehrende „Fremdarbeiter" findet in der Regel alle verlassenen Möglichkeiten wieder vor, ebenso seine Heimatumwelt. Insbesondere sind es in beiden Fällen je Einzelne oder kleine Gruppen, die zeitweise ihren Heimatort freiwillig verließen oder ihn verlassen mußten. -

Vertreibung aber ist die flächenhafte, im Ziel der Vertreiber unwiderrufliche, gewaltsame Entleerung eines gewachsenen Siedlungsgebietes von seiner angestammten Bevölkerung, die entweder dieses allein oder in Mehrheit bewohnte und seit langer Zeit staatlich und kulturell gestaltete. Dabei werden die Traditionswurzeln bewußt gekappt oder ausgerissen, es wird das kulturelle Umfeld, es werden alle Bildungs-, Kultur- und Stammeseinrichtungen entweder zerstört oder in der teilweisen Übernahme durch die Vertreiber-Bevölkerung bzw. deren staatliche oder kirchliche Einrichtung derart verändert, daß eine denkbare Inanspruchnahme nichts oder Fremdes, in der Regel Gegenwirkendes, vorfände.

Das Deutsche Theater in Prag ist kein deutsches Theater mehr, die Danziger Kaufmanns- und Gewerbestadt ist keine der sie prägenden Kulturkräfte, die Breslauer oder die Königsberger Universität keine der früheren Wissenschaftstradition, die Straßen und Kanäle haben andere Funktionen als die, den die östliche Nachbarschaft weitgehend prägenden Kolonisations- und Wirtschaftsraum in sich zu verbinden. Blechtafeln oder Granitklötze mit meist geschichtsverfälschenden Texten versuchen auch die letzten Spuren einer Überlieferung zu zerstreuen. Denn mit der Vertreibung der Menschen ging Hand in Hand die Vertreibung aus der Geschichte und der Tradition, die auch sichtbares Kulturgut umfaßt.

Danzig ist jenseits der UNESCO-geförderten Linie eine Ansammlung beliebiger Wohnflecken, eine gesichtslose Provinz-Megapolis; Breslau, wieder jenseits der Stadtführungsroute, ist Lemberg oder auch wieder nicht; man sollte Lemberg nicht Unrecht tun.

Die Unduldsamkeit bei der gewaltsamen Übernahme oder der Zerstörung des kulturellen Erbes ist ohne Beispiel in Europa, ja darüber hinaus. Das christliche Mittelalter Bulgariens etwa ist nach jahrhundertelanger Herrschaft des Osmanischen Reiches und einiger Eingriffe in die Bevölkerungsstruktur präsent, es kann von jedem, der wachen Auges ist, gesehen und gedeutet werden. - Der da und dort stehende Torso deutscher Vergangenheit aber ist häufig durch Abdecken oder Verfälschung nur noch durch Spezialkenntnis zuzuordnen.

Die Vertreibung der deutschen Wohnbevölkerung mündet in eine Verwischung der Orts- und Zeitkoordinaten. Dies ist das bedrängend ‚Neue' - und das so Alte, daß man weit zurückgehen muß, um vergleichbare Kulturveränderung zu finden, das völlige Wegschieben dessen, der besiegt wurde, oder der deutliche Versuch dazu. Atavistische Elemente tauchen auf, der Anspruch eines Humanismus (West oder Ost) wird an der Wurzel getroffen. - Die vertriebene Bevölkerung in West- und Mitteldeutschland sah und sieht ihren kulturellen Bezugsgrund schwinden, mit dem sie sich besser hätte einbringen können in den heimatverbliebenen Teil des Volkes.

Zerstreut, überlebt

Es gibt nur wenige Äußerungen zum Gesamtumfeld Vertreibung aus den ersten Jahren. Die deutschen Bischöfe der katholischen Kirche sahen es im Januar 1946 als ihre seelsorgerische Aufgaben an, Trost zu spenden, besonders aber auch den Kollektivschuld-Vorwurf zurückzuweisen - er war durch den Ökumenischen Rat der Kirchen am 18./19. Oktober 1945 der gerade begründeten EKD als Konterbande untergeschoben und von ihr in einem jahrelangen Ringen der Bekennenden Kirche um bestimmenden Einfluß in der deutschen evangelischen Kirche angenommen worden. Dafür erhielt dieser Teil Hilfe von Teilen der Weltkirche. Einzelne Bischöfe griffen das Thema vergleichbar den katholischen Brüdern auf, erlagen aber dem Einfluß der Barth, Asmussen, Visser't Hooft. - Die in Deutschland neben den Kirchen als Vermittler von den Alliierten zugelassenen Kräfte, KPD und SPD (Einheitsgewerkschaft) schwiegen, der sudetendeutsche Sozialdemokrat Wenzel Jaksch als geborener Anwalt der Vertriebenen durfte England noch nicht verlassen, er war von seinen Landsleuten weggesperrt.

Die neuen Lehrer der Nation/West, Walter Dirks und Eugen Kogon, meldeten sich mit dem teilweise überraschenden Titel „Verhängnis und Hoffnung im Osten. Das Deutsch-Polnische Problem. Betrachtungen im Mai 1947" (in: Benz, Vertreibung 125-142) zu Wort, denn worin dabei Hoffnung sein sollte, daß in den polnischen Konzentrationslagern dieser Zeit (nach denen von 1919 und 1939) noch tausendfach gemordet wurde, mochte den wenigen, die von den Binnendeutschen davon Kenntnis hatten, als Verhöhnung erscheinen. Dirks kennt die „schlesische(n) Greuel", er rechnet mit ‚kalter' Rache, mahnt dafür Verstehen an und weist auf eine „andere Deutung: die Ansteckung" und „das Geheimnis des Bösen" (128). Das mußte den der Hölle Entkommenen ein Trost sein, von dem zweimal gewendeten, immer in Sicherheit lebenden Sinndeuter (1934-1945 „Frankfurter Zeitung", 1945 ff „Frankfurter Hefte") diese Offenbarung zu erfahren. Daß die Ansteckung wohl eher vom September 1939 in Bromberg herrührt und die Deutschen befallen hat, mochte die feine Seele doch lieber nicht sagen. Sein neuer Gefährte ließ die Geschichte 1939, aber auch nicht in Bromberg, beginnen und immerhin mit dem "durch die nationalsozialistisch-deutsche Wahnsinnspolitik und eine grausam-methodische Härtepraxis im gesamten Osten wild aufgestachelt(en) polnischen Nationalismus" (139) enden. (Die „Härtepraxis" würde ihm heute, wäre er nicht Kogon (gewesen), eine Offizialklage einbringen).

Kogon vermittelt zwei Einsichten: „Die überwiegende Mehrheit der zwölf bis vierzehn Millionen wird nicht zurückkehren können..." und „Ein Jahrtausend deutscher Geschichte im Osten, wie sie war, ist abgeschlossen." Dies wohl als Hoffnung und er schließt: „Ein neuer Abschnitt hat begonnen, in Blut und Dreck und Tränen, aber auch unter Arbeit der Mutigen, begleitet vom Gebet der Geduldigen...." (142).

Dies ist wohl auch die sinnbildhafte Beschwörung der von den Alliierten/West der ausersehenen Koalition KPD-SPD-Kirchen übertragenen Aufgabe. Kogon hatte in seiner abgedeckten Zeit viel gelernt, nicht nur über den „SS-Staat".

Jetzt gab er den Vertriebenen Wegweisung.

Diese waren im Land zerstreut. Die steuernden Organe bei den westlichen Militärverwaltungen in Deutschland gingen bei der Übernahme der Transporte gerne auf den Vorschlag besonders ihrer tschechischen Zuarbeiter ein, Orts-, Sippen-, auch Familienverbände aufzulösen und die Menschen vereinzelt in das westliche Deutschland zu streuen, ohne genehmigte Kontaktmöglichkeiten, unter Koalitionsverbot wegen der unterstellten kollektiven Schuld-Vergangenheit. Einigen Ortspfarrern gelang es, einen Teil ihrer Gemeindemitglieder zu erreichen. Über handkopierte Blätter wurden Gottesdienste und Wallfahrten mitgeteilt, Vermißtenlisten erstellt, Hilfestellung im Verwaltungsgang geboten. -

Die Militärverwaltung und ihre deutschen Helfer in der SBZ versprachen sich von einer dichten Ansiedlung der aus dem Sudetenland ‚erbetenen' „Aussiedler" aus den Arbeiterbezirken, die - und dies nicht zu Unrecht - als besonders weltanschauungsfest galten, eine spürbare Auffrischung oder gar erst Grundlegung sozialistischen Geistes in den bisher fast ausschließlich agrarischen Gebieten, besonders im Spree- und Odergebiet. - Nebenbei erhofften sich jene, die auch im Zusammenbruch ihre deutsche Prägung nicht verloren hatten, ein Gegengewicht zu der erwarteten und dann durch die slawischen Nachbarn massiv unterstützten Kampagne der sorbischen Bevölkerungsgruppe, die eine Art Wiedergeburt erfahren durfte. Verschlungene Wege des nachbarlichen Zusammenlebens!

Die Ärmsten der Armen im geschundenen Deutschland hingen keinen unbilligen, materiellen Hoffnungen nach. Sie wollten jedoch anerkannt sein in ihrem Schicksal, sie wehrten sich gegen Verdächtigungen, wie sie den aus der Ferne Zuziehenden üblicherweise entgegengebracht werden, sie müßten Schuld im Unmaß auf sich geladen haben, da sie doch im Unmaß verfolgt wurden. - Dies war der mentale Hintergrund des Zusammenlebens im westlichen Besatzungsgebiet; in der „Zone" versuchte die Besatzungsmacht mit der Auflösung der alten Stände das soziale Problem für immer zu lösen. Aus „Aussiedlern" wurden Umsiedler, mit etwas

Hofland, dann verlor sich - außerhalb des Wohneigentums - der Eigentumsbegriff.

Hier wie dort gewannen viele dem Wort von der „historischen" Notwendigkeit, wie dies Bednař wünschte, viel Verständnis ab; den Vertriebenen dies zu erklären, bedurfte es kräftiger Meinungspflege von Seiten der Vertreiber und besonders der hiesigen Helfer. Sie ist noch nicht zu Ende.

Bilanz des Schreckens

Als den Ländern der Trizone von den westlichen Siegermächten eine föderale Republik zugestanden wurde und deren Viertel-Souveränität einiges an demokratischem Unterfutter entsprechen sollte, konnte der vertriebene Teil der Bevölkerung nicht weiter unter Quarantäne gehalten werden. Das Koalitionsverbot fiel auch hier. Die kurz zuvor zugelassenen weltanschaulich geprägten Heimatverbände fanden sich im Bund der Vertriebenen (BdV). Wirksamer aber war die Partei BHE/Bund der Heimatvertriebenen und Entrechteten, die in der Wahrung auch der immateriellen Interessen des Volkes Anfangserfolge erzielte, bald aber mit der rasch einsetzenden Gesetzgebung zur Behebung ärgster Not (Soforthilfe) und der Förderung wirtschaftlichen Eingliederungswillens (Lastenausgleich) als Partei zu engen, nämlich nur wirtschaftlichen Interesses denunziert werden konnte.

Das war ein entscheidender Einbruch im Feld gesamtdeutscher Verantwortung, das außer der dann auch bald zerriebenen Deutschen Partei keinen genuinen Wahrer mehr hatte, nachdem der nationale Schumacher-Flügel der SPD mit dessem Tod 1952 von dem internationalen bedrängt und dann verdrängt wurde. Es war klar, daß das vertriebene Fünftel des Volkes, über fast alle Länder verteilt, eine natürliche Klammer hätte sein können. - Die deutsche Teilrepublik, in ein Rheinbund-Gefüge gedrängt und gezwungen, nahm nun den Weg in die von den feindlichen Nachbarn vorgesehene Einhegung. - Dem Verbot landsmannschaftlicher Zusammenschlüsse in der SBZ/DDR entsprach im Westen bedingt die Eingrenzung und schließlich Gängelung des Volkes, dem zusammen mit der Verpflichtung aus der Präambel die Verantwortung für das Gesamtvolk und seinen Kulturraum ausgebleut wurde. - Es konnte dabei einiges an Teilerfolgen abfallen, da die Weltanschauungs-, nun Gesellschaftsparteien aus dem zersprengten BHE und den anderen nationalen Resten rund ein Achtel der Wählerstimmen abschöpfen konnten, die erst einmal zu kanalisieren waren.

Immerhin: die Anfangskoalitionen in Bund und Ländern lenkten das Interesse erstmals auf das Vertreibungsschicksal. Es entstand, gefördert durch das Bundesministerium für Vertriebene, Flüchtlinge und Kriegsgeschädigte, 1959 eine erste Bibliographie, vorher waren schon Quellenwerke zur Frage der mit der Vertreibung eng verwobenen Entstehung der Oder-Neiße-Linie erarbeitet worden. Parallel dazu hatten seit 1951 im Auftrage des (kurz:) Vertriebenen-Ministeriums die Vorarbeiten zur "Dokumentation der Vertreibung der Deutschen aus Ost-Mitteleuropa" begonnen, welche dann - in einer Auswahl - als vielbändiges Werk zwischen 1954 und 1963 erschien. Sie wurde Grundlage aller weiteren Forschungen und Veröffentlichungen zur Vertreibung, auch zu denen, welche Verluste sie brachte.

Das Statistische Bundesamt Wiesbaden brachte 1958 das Grundlagenwerk "Die deutschen Vertreibungsverluste. Bevölkerungsbilanzen für die deutschen Vertreibungsgebiete 1939/50" heraus, führte also die Forschungen bis zu jenem Jahr, das gemeinhin als Schnittstelle genommen wird, da daraufhin einesteils die Eingliederung gesetzlich gefaßt wird, anderenteils dem weiteren Druck in den Vertreiberstaaten wenigstens ein Mindestmaß an Entscheidungsmöglichkeit der dort noch lebenden Deutschen entgegensteht. Seitdem ist der Begriff „Aussiedler" in Maßen zulässig, der als „Spätaussiedler" sachlich falsch, da demnach die unter existentiellem Zwang und Todesdrohung des Landes Verwiesenen „(Früh-)Aussiedler" hätten sein müssen, was begrifflich nicht möglich ist.

Die „Dokumentation" leistete auch die systematische Auflistung aller quasi-rechtlichen Grundlagen der Vertreiberstaaten für die Zwangsausweisung und die Inbesitznahme des beweglichen und unbeweglichen Eigentums sowie der immateriellen Grundlagen (Patente u.ä.) der deutschen Bewohner, weiters die territoriale und zeitliche Übersicht des gesamten Vertreibungsvorganges, und sie steuerte beispielhafte Berichte aus der Fülle der bezeugten Unterlagen bei. Da bei dem Werk zu den „Bevölkerungsverlusten" in hoher Zahl verursachende Verbrechen notiert werden mußten, die bekanntgewordene Zahl für einige Opferfelder mehr als 610.000 Tote betrug und zehn Jahre nach Kriegsende immer noch rund 2.200.000 Schicksale als ungeklärte Verluste galten, sollte eine „Dokumentation von Vertreibungsverbrechen" darin Aufklärungshilfe leisten. Der Bundesinnenminister erteilte am 19.7.1969 dem Bundesarchiv dazu die Weisung, Grundlage war wie bei der „Dokumentation" das auch dort herangezogene Material. Die Arbeit wurde 1974 abgeschlossen, die Veröffentlichung jedoch von der neuen Bundesregierung unterdrückt, deren abgedeckte Kernmannschaft schon 1963 - noch ohne Staats-Würden - über die KPI erste Kontakte zur KPČ und von dort zur KPdSU gesucht hatte. Es galt, „mehr Demokratie (zu) wagen".

Zehn Jahre vor dem Veröffentlichungsverbot schon hatte eine Art konzertierter Aktion der EKD, der Reeducationsorgane und deren publizistische Helfer sowie starker Gruppen aus Parteien unter deutlicher Hilfe der Desinformationsstellen in Prag, Posen und Moskau wie auch Berlin-Ost eingesetzt, welche die Vertriebenen und ihre wenigen Helfer im politischen Raum mundtot machen sollte.

Eine Bilanz des Schreckens, also des im Osten angesiedelten Staats- und Privatterrors, sollte es nicht geben.

Bevölkerungstabelle

Vor der Flucht		
Deutsche Bevölkerung im Jahr 1939		9 575 000
Ostgebiete des Deutschen Reiches		
davon Ostpreußen	2 473 000	
Ost-Pommern	1 884 000	
Ost-Brandenburg	642 000	
Schlesien	4 577 000	
Tschechoslowakei		3 477 000
Baltische Staaten und Memelland		250 000
Danzig		380 000
Polen		1 371 000
Ungarn		623 000
Jugoslawien		537 000
Rumänien		786 000
zusammen*		16 999 000
Geburtenüberschuß 1939-1945		+ 659 000
Kriegsverluste 1939-1945		17 658 000
Deutsche Bevölkerung bei Kriegsende		- 1 100 000
		16 558 000
* dazu in der Sowjetunion 1,5 bis 2 Mill.		
Kriegsverluste		- 1 100 000
Verluste durch Flucht und Vertreibung		2 111 000
Gesamt-Verlust		3 211 000

Flucht, Vertreibung (1945-1950) und Deportation (1941-46)		
Flüchtlinge und Vertriebene		
aus den Ostgebieten des		
Deutschen Reiches		6 944 000
aus der Tschechoslowakei		2 921 000
aus den übrigen Ländern		1 865 000
		11 730 000
In der Heimat Verbliebene		
in den Ostgebieten des		
Deutschen Reiches		1 101 000
in der Tschechoslowakei		250 000
in den übrigen Ländern		1 294 000
		2 645 000
Vermutlich noch lebende Gefangene (1950)		72 000
Tote und Vermißte während der Flucht und Vertreibung		
in den Ostgebieten des		
Deutschen Reiches		1 225 000
in der Tschechoslowakei		267 000
in den übrigen Ländern		619 000
		2 111 000*
		16 559 000
Gesamtzahl der Vertriebenen 1966 (geschätzt)		
in der Bundesrepublik Deutschland		10 600 000
in der DDR		3 500 000

Das heißt: von den 1939 in den Vertreibungsgebieten ansässigen Deutschen ist jeder Fünfte gefallen oder umgekommen.

in Österreich und anderen westlichen Ländern   500 000

Quelle: Bundesministerium für Vertriebene, 1967

Von 1950 bis 1985 nahm die Bundesrepublik Deutschland über 1 000 000 Spätaussiedler aus den Vertreibungsgebieten auf.

* - Von den in die Sowjetunion verschleppten deutschen Zivilpersonen (874 000) starben 393 000 - Reparationsverschleppte")

- Von den innerhalb der Sowjetunion verschleppten und „repatriierten" Deutschen läßt sich die Opferzahl nicht errechnen.

Sie dürfte ein Viertel der 1,5 bis 2 Mill. betragen, also 380 - 500 Tausend.

- Demnach ist die Gesamtzahl der Opfer (aus deutschen Siedlungsgebieten) (Tote und Vermißte) auf etwa 2 954 000, also rund 3 Mill. anzusetzen.

Heimat in der Fremde? Fremde in der Heimat?

Während der Ruf nach „Reinigung" des Landes von den Deutschen, wie er in Generationen gewachsen war, mit den „geregelten" Transporten den übergroßen Teil der zum Verlassen der Heimat Vorgesehenen über die Grenze geschafft hatte und es nun darum ging, für exportintensive Betriebe Zurückbehaltene entweder zu assimilieren oder zu gegebener Zeit abzustoßen, besannen sich Gruppen aus Böhmen/Mähren/Schlesien Stammender, welche Katholiken, Sozialdemokraten und Nationale sammeln wollten, wie es gelingen könnte, die Heimat nicht endgültig zu verlieren.

Die „Ackermann-Gemeinde" (AG), die dafür „in Kirche, Volk, Staat und Gesellschaft" wirken wollte, sah dafür 1946 (in einem Flugblatt 1948 veröffentlicht:) „in erster Linie... die geistigen und sittlich-religiösen Kräfte" als wesentlich an, „die unser Volk in der gegenwärtigen Notzeit zu erwecken vermag. Entscheidend hängt es aber von dem Selbsthilfewillen und der Opferkraft der Vertriebenen ab, ob die verderblichen Folgen, welche die furchtbare Gewalttat der Vertreibung von 15 Millionen Menschen in jeder Hinsicht für Deutschland und Europa nach sich ziehen muß, aufgehalten und nach und nach beseitigt werden können".

Zur Bewältigung dieser Aufgaben heißt es in den Leitsätzen: „1. Wir Vertriebenen werden nie das Recht auf unsere Heimat aufgeben. Wir werden aber als freie Menschen in unsere Heimat nur zurückkehren, wenn die Völker Europas ihre nationalen und sozialen Gegensätze in der höheren Ordnung des Humanen, Sittlichen und Christlichen lösen werden" (Dokumente 316f). Zurückstellen materieller Forderungen, Solidarität und Verzicht auf Rache und Vergeltung sollten dieses Ziel erreichen helfen. 1956 stellte die AG fest, daß die vor zehn Jahren verkündeten Grundsätze sich aufzureiben beginnen, im „täglichen Kleinkrieg um das Lebensnotwendige...", da „die Millionen der Vertriebenen im Abgrund bitterer Armut und größter Hoffnungslosigkeit (liegen)".

Die erneuerten Leitsätze betonen, daß die Jugend..."das Erbe unserer Vorväter in die Zukunft tragen soll" (319). - Diese Aufgabe hat sich in den folgenden Jahrzehnten als die schwierigste herausgestellt. Wie soll Heimat in der Fremde begründet werden können, wenn die zugezogenen Menschen den Heimatverbliebenen fremd bleiben, da sie - existentiell entblößt - offensichtlich auch sonst nichts einzubringen haben. Entgegen diesem Vorurteil ist es in weitem Maß in jenem Sektor gelungen, wo es darum ging, unmittelbar Übertragbares aufzubauen. Nicht nur Bayern hat den entscheidenden Anstoß hin zu Wachstum und Industrialisierung von den Vetriebenen erhalten. Auch in der landesweiten Förderung des Kulturlebens, im Schulwesen, gab es wesentliche Impulse. Den heimatverbliebenen Deutschen aber die Vertreibungsgebiete in ihrer Eigenart als gemeinsames Kulturgut entscheidend näherzubringen, blieb überwiegend Wunsch. -

Eger ist entfernter als Trient und Danzig fremder als Barcelona.

Die „Thesen der Seliger-Gemeinde" (322f) betonen 1947, daß der „Erfahrungsschatz der sudetendeutschen Arbeiterbewegung... ein wertvoller Besitzstand des europäischen Sozialismus (ist)". Die Sozialdemokratie im industriell am weitesten entwickelten Heimatgebiet des östlichen Mitteleuropa konnte auf zukunftsträchtige Bemühungen um den nationalen Ausgleich (1905), das nationale Selbstbestimmungsrecht (1918) und des Kampfes gegen nationalistische Unterdrückung (tschechische wie deutsche) verweisen, so daß sie, damals noch auf Wenzel Jaksch in London hoffend, eine Zukunftsvision „des Sozialismus sudetendeutscher Prägung" hatte. Wiewohl „sie die Schicksalsverbundenheit der vertriebenen Deutschen mit dem ganzen deutschen Volk" beschwor, grenzten die Gegner in der Sozialdemokratie, vom Ausland gesteuert und von dort mit Argumenten versorgt, dann Jaksch gnadenlos aus, bevor er 1966 einem Autounfall erlag.

Der national geprägte „Witiko-Bund", „eine Vereinigung von Menschen, die aus der Tradition des früheren Selbstbehauptungskampfes in ihrer sudetendeutschen Heimat die Verpflichtung in sich fühlen, auch künftighin am Schicksal der heute aus ihrer alten

Heimat vertriebenen Volksgruppe auf allen Lebensgebieten gestaltend mitzuwirken (324ff), hatte keine Eideshelfer in Rest Deutschland. Der vom Kameradschaftsdenken geprägte Bund sah die Heimatgruppe als integrierenden Teil des Volkes, so daß er, als er sich gefestigt hatte (1962), nur wenig Zeit hatte, bevor die Vertriebenengegner sich insgesamt formiert hatten. Er war eines der ersten Ziele und wurde in der 1965 anlaufenden politischen Diskussion zur Vertreibungsfrage sofort ausgegrenzt.

Es ist nicht erstaunlich, daß die zeitersten und von den Heimatverliebenen als Anwälte der Vertriebenen - wenn auch unwillig - angenommenen Verbände solche aus den Sudetengebieten waren. Da die Potsdamer Konferenz vom Gebietsstand des Deutschen Reiches vom 31.12.1937 ausging und es also bei den Deutschen aus der (wiederbegründeten) ČSR um eine zweifach existentielle Gefährdung ging, da sie aus der Heimat vertrieben als Volksdeutsche angenommen wurden (bis 1955!), eine Unterscheidung gegenüber den anderen Oststämmen aber verhindert werden sollte, standen die Sudetendeutschen für das Gesamtvolk, das sie z.t. über ihre Teilstämme ethnisch verbanden, und waren denn auch ein erklärtes Angriffsziel. Dies blieb bis in die Gegenwart, nur für einige Etappen stand die Schlesische Landsmannschaft im Vordergrund.

Die Landsmannschaften aus dem östlichen Deutschland konnten bis 1970 und dann bedingt bis 1990 (als dem deutschen Staatsvolk, ohne Gebietsübertragung, etwa 120.000 km^2 abhanden kamen) davon ausgehen, daß die 1949 als eine Art Geschäftsgrundlage zum GG beschworenen Eingangssätze, die Präambel, die Verpflichtung zur Solidarität des Staatsvolkes für alle Teile sein sollte und würde. Sie spricht vom deutschen Volk, das in bestimmten Ländern sich demokratisch äußern kann und in anderen (noch) nicht.

In dem Maße, in dem Politikergruppen immer einflußreicher wurden, die über die Präambel in Kabaretts und Leitartikeln Witze reißen ließen, wurde es für den Ostpreußen, Pommern, Schlesier klar, daß er sich in Restdeutschland wohl eine Heimat begründen

41

könne, aber ohne die Traditionslinien seiner ‚alten' Heimat. In diesem Aspekt also sollen die Vertriebenen fremd bleiben, ganz zu schweigen davon, daß das verlassene Land als fremd ‚abgehakt' wurde. Damit hatte das Gesamtvolk seinen schwächsten Gliedern einen Teil der Solidarität entzogen.

Vom Opfer zum Täter

Es ist wohl die Ausnahme, daß sich in Zeiten wirtschaftlichen Aufschwunges die inneren Regenerationskräfte einer Ethnie oder eines Staatsvolkes entwickeln.

Die Anspannung der vergangenen Jahrzehnte, in denen der Appell an Ausharren, Hoffen und wiederum Ausharren „bis zum bitteren Ende" das Volk bis zum Zerreißen in Anspruch genommen hatte, löste sich Mitte der fünfziger Jahre in einer Zeit der Ergebnisse, sichtbarer, vorzeigbarer, genießbarer Ergebnisse. Die Produktionszahlen stiegen kontinuierlich, Beharrung und Mühe lohnten sich. Das Volk hatte einen so bescheidenen Hoffnungshorizont gehabt, daß ihm etwa als „Wirtschaftswunder" dargestellt werden konnte, was in jedem vernünftig geführten Haushalt, also in Millionen Beispielen, ganz ohne Wunder erklärt werden kann: Konsumverzicht schafft Aufbauchancen. Die Ziffern der öffentlichen Haushalte entsprachen dem. Die den Vertriebenen gewährten Aufbauhilfen ermöglichten in kurzer Zeit, daß sie den Sozialkörper nicht mehr gefährdeten, ihre Biographien banden sich ein, sie machten kein Aufsehen, bastelten keine Todesmaschinen, warfen keine Bomben, nicht im Land und nicht außerhalb.

Sie waren demnach keine Weltnachricht wert. Kein Vertreiber starb durch sie, keiner der Mörder mußte Rache oder Vergeltung fürchten, auch nicht solche, wie 1948 die aus der ČSR Geflohenen, die 1945/46 mit die Ärgsten gewesen waren.

Am 30. November 1949 waren sich die Vertreter der im öffentlichen Raum wirkenden sudetendeutschen Verbände einig, daß das

Selbstbestimmungsrecht nicht durch Kollektivbeschuldigungen gegenüber einem Volk und nicht durch Gewalt hergestellt werden soll („Eichstätter Erklärung"). Dies führte zur "Charta der Heimatvertriebenen", welche am 5. August 1950 in Cannstatt bei Stuttgart von den Vertretern aller deutschen Vertriebenenorganisationen beschlossen wurde. In ihr wurde das Heimatrecht als „Grundrecht der Menschheit" für das Zusammenleben der Völker beschworen: "„..Heimatlose sind Fremdlinge auf dieser Erde. Gott hat die Menschen in ihre Heimat hineingestellt. Den Menschen mit Zwang von seiner Heimat trennen, bedeutet ihn im Geiste töten."

Als „Grundgesetz" wird erklärt „1. Wir Heimatvertriebenen verzichten auf Rache und Vergeltung..." (Dokumente 358). Es ist wohl nicht zulässig, daß diese Erklärung weggeschoben wird, als käme ihr, da die Vertriebenen für diese Entscheidung ohne Machtgrundlage waren, etwas zu tun oder nicht zu tun, kaum Bedeutung zu, auch nicht als mittel- oder langfristig wirkende Möglichkeit. Äußerungen sehr viel geringerer Repräsentanz - hinter der Charta stand wohl die Mehrheit von 12 Millionen - hatten Zukunftkräfte und haben als solche verherrend gewirkt.

Aus der Vertriebenen-Charta leiteten die Machtträger in den Vertreiberstaaten und besonders der sie stützenden und steuernden Garantiemächte mittelfristig ab, daß der deutsche Teilstaat Bundesrepublik Deutschland dem genuinen Anliegen der Vertriebenen nach einem auch nach außen wirkenden Recht auf Heimat keine Priorität einräumt, da er sonst die Verfassungsorgane dazu politikwirksam hätte bestimmen müssen.

In der Vorbereitungsphase für die von den Alliierten zugelassenen Teil-Souveränität war der Problemkreis „Vertreibung" offenbar kein Gegenstand (über gelegentliche Erwähnungen hinaus), wiewohl er volks- und auch staatspolitisch die wesentliche Ausgangssituation war und blieb. Die Vertriebenen-Charta machte den Weg frei für die ‚Lösung nach innen', also in Abstimmung mit den Verbänden bei Inkaufnahme von gelegentlicher Konfrontation und ohne Außenziel. Sie nahm vom entstehenden Staatswesen in seinen sehr begrenzten Möglichkeiten die Last, gegenüber den Nachbarn ein Jahrhundert-Unrecht einzuklagen, sie erlaubte es aber auch, daß der Staat später, als Ansatzmöglichkeiten bestanden, die erwiesene Solidarität der Vertriebenen in dieser kritischen (Anfangs)Zeit nicht honorierte. - Ein Versuch, die Sudetendeutsche Frage nach außen, vor die Vereinten Nationen zu tragen, kam über eine Eingangs-Bestätigung (3. November 1949) nicht hinaus. Auch dies erlaubte der „Regierung der Tschechoslowakischen Republik und (der) Provisorischen Regierung der Deutschen Demokratischen Republik" am 23. Juni 1950 die Erklärung, „...daß die durchgeführte Umsiedlung der Deutschen aus der CSR unabänderlich, gerecht und endgültig gelöst ist" (Dokumente 355f).

Der sog. Freundschaftsvertrag Polens mit der DDR über die „Anerkennung der Oder-Neiße-Grenze" vom Juni 1950 festigt auf seine Art die Solidarität der Vertreiberstaaten . - Dazu äußerte sich der Deutsche Bundestag wie auch zum Prager Vertrag natürlich ablehnend. Die Obhutserklärung vom 14. Juli 1950 für „die Deutschen aus der Tschechoslowakei" ist appellativ, der Staat selbst aber ergreift keine Grundsatz-Initiative, sondern überläßt es den Vertriebenen, quasi anstelle des Staatsvolkes für die Bundesrepublik Deutschland zu sprechen, was am 5.8.1950 geschah. Damit wird auf Sicht und als Grundsatz für lange die bedeutendste nationale Frage zu einer Angelegenheit der Vertriebenen, also der geringen Macht wegen einer Randgruppe, ohne Verankerung in den Staatsgrundsätzen mit Außenwirkung, vom Artikel 116 GG („Deutscher im Sinne dieses Grundgesetzes") abgesehen.

Die politische Entwicklung kann demnach, ohne daß es einer verfassungsrechtlich qualifizierenden Mehrheit bedarf, in die „Angelegenheiten" massiv eingreifen, besonders, wenn die veröffentlichte Meinung dies zuläßt oder fordert. Jene, welche den verlorenen Krieg am bittersten zu büßen hatten, kann man zu Staatsfeinden machen, aus Opfern können Täter werden, dies im Anwendungsbereich des „Gesetz(es) über die Angelegenheiten der Vertriebenen und Flüchtlinge (BVFG)".

Eugen Kogon, die EKD und die Lage der Vertriebenen

Als Eugen Kogon von der Psychological Warfare Division (PWD) des Alliierten Hauptquartiers 1945 einen Auftrag bekam, hat er ihn so verstanden, wie er gedacht war, aufklärend nicht nur über den SS-Staat zu wirken. Die PWD arbeitete weiter - es war Waffenstillstand, kein Frieden - und da die Vertreibung der Deutschen mit das wesentliche Kriegsziel war, mußte die als Reeducation fortwirkende psychologische Kriegsführung den günstigen Zeitpunkt wahrnehmen, das ‚letzte Wort' auch über dieses große Thema zu sprechen. Voraussetzung war, daß es keine existentielle Not der Vertriebenen mehr gab, Knappheit und Mangel die Energie der Millionen auf das wirtschaftliche Feld lenken würden und meinungssetzende Leitgruppen nun begrenzte innere „Horizonte" dort öffneten, wo als Gegenbild, in den alten Heimatgebieten, immer noch Verhängnis und Terror drohten und den dort noch lebenden Deutschen begegneten. Der inzwischen mit einem Lehrstuhl ausgestattete Umerzieher (o. Prof. für wissenschaftliche Politik an der TH Darmstadt, 1951 - 1968), der gegen den ihm angedienten ‚Preaceptor germaniae' nichts einzuwenden hatte und auch sonst nicht an Bescheidenheit litt, nutzte 1963 die Leitung des Fernsehmagazins „Panorama", um auszuloten, ob es schon möglich sei, zusammen mit dem östlichen Deutschland auch die Vertriebenen aus der politischen Diskussion auszusperren.

Die Rollen waren gut verteilt und man verstand sich wortlos, wie dies bei allen großen Vorhaben so ist, die viele Väter haben:
- Die SPD-Parteispitze richtete an die Landsmannschaft der Schlesier zum Deutschlandtreffen vom 7./9. Juni 1963 folgendes Grußwort: „Breslau, Oppeln, Gleiwitz, Hirschberg, Glogau, Grünberg, das sind nicht nur Namen, das sind lebendige Erinnerungen, die in den Seelen von Generationen verwurzelt sind und unaufhörlich an unser Gewissen klopfen. Verzicht ist Verrat, wer wollte das bestreiten... Das Recht auf Heimat kann man nicht für ein Linsengericht

verhökern - niemals darf hinter dem Rücken der aus ihrer Heimat vertriebenen oder geflüchteten Landsleute Schindluder getrieben werden. Der Wiedervereinigung gilt unsere ganze Leidenschaft... Wir grüßen die Schlesier. Erich Ollenhauer; Willy Brandt; Herbert Wehner."
- Zu eben dieser Zeit knüpfte Egon Bahr, der Briefträger und später so benannte „Konstrukteur" der neuen Ostpolitik, erste Kontakte zur kommunistischen Internationale der Vertreiberstaaten.
- Der Links-Katholik Eugen Kogon, der auch schon einmal austrofaschistische Neigungen haben durfte („Österreichischer Beobachter") und demnach als erfolgreicher Büßer für seinen Umerziehungs-Auftrag hervorragend geeignet war, ließ die „Panorama"-Crew alle Tricks aus der Fernseh-Kiste holen, um aus dem Deutschlandtreffen einen Reichsparteitag zu machen. - Die Wirkung der bestellten Empörung erfüllte die Erwartungen. Die „Panorama"-Inszenierung hatte gezeigt, daß der Zeitpunkt für eine Um-Wertung der Vertreibungserfahrung und des Landraubes wohl noch nicht da, aber nahe war.

Die Unsicherheit, welche auch das Adenauer-Kanzler-Präsidenten-Wechselspiel brachte, bereitete den Boden für eine Aktion aus der Mitte der EKD, nämlich der „Kammer der EKD für öffentliche Verantwortung", die 1965 unter Vorsitz von Ludwig Raiser, Tübingen, im Verlag des Amtsblattes der Evangelischen Kirche in Deutschland, Hannover, eine Ausarbeitung in Hunderttausender-Auflagenziffer herausbrachte: „Die Lage der Vertriebenen und das Verhältnis des deutschen Volkes zu seinen östlichen Nachbarn. Eine evangelische Denkschrift." Sie behandelt, dies vorab, nur das Verhältnis zu Polen, täuscht also schon im Titel.

Im ersten Abschnitt „Die Vertriebenen in Gesellschaft und Kirche" werden sie „in besonderer Weise für ihr Schicksal" nicht „verantwortlich gemacht" (Denkschrift, 15), es wird auf die „Schuldverstrickung der Menschen" hingewiesen, den für die politische Aussage der Propagandeschrift zukunftsweisenden Gedanken (s.u.). Vorbereitet wird er durch die Frage, ob die „Rechtsbehauptungen" (Annexion und Vertreibung seien Verstöße gegen das „Recht auf Heimat") haltbar seien. - „Die gegenwärtige Lage in den Gebieten jenseits der Oder-Neiße-Linie" (18-24) wird einseitig nach polnischer Lesart dargestellt. - Da die Verfasser die geschichtliche Entwicklung von den Teilungen über die Teilungszeit, bis zur Wiederbegründung Polens und seine aggressive Ausweitung 1918-1938 nicht zu kennen scheinen, nutzen sie stramm Reeducations-Muster: „...Die leidvolle Geschichte deutscher Unterdrückungsmaßnahmen gegenüber dem immer wieder seiner politischen Selbständigkeit beraubten Volk" (28) bedinge „Wiedergutmachung für das erlittene Unrecht" (29). Der so von Vorurteilen einseitig geprägten Sicht der „Völkerrechtlichen Fragen" folgen „Theologische und ethische Erwägungen" (31-41). Daß es vielleicht keine Heimat als „dem Menschen schöpfungsmäßig zugehörigen geschichtlichen und gesellschaftlichen Raum" gibt, - wovon die „Charta der Heimatvertriebenen" (noch) ausgeht -, ist bedenkenswert, nicht aber, daß daraus gefolgert wird, gewaltsam in Anspruch genommener Raum müsse („in Verheißung des Vaterhaus(es) Gottes") als solcher geduldet werden.

Gegen die „Lübecker Thesen", „Recht auf Rückkehr" (35), betont die Denkschrift die für sie überzeugendere Äußerung eines „Bielefelder Arbeitskreis(es) der Kirchlichen Bruderschaften" aus 1963 (!): „Die Versöhnung in Christus und die Frage des deutschen Anspruches auf die Gebiete jenseits der Oder und Neiße".

Die Bundesrepublik Deutschland ist von der Entstehung und von ihrer gezeigten Verantwortung her völkerrechtlich in der Nachfolge des Deutschen Reiches. Anspruch erheben also nicht die Deutschen. Die These 17 der Bielefelder geht aber davon aus, "daß die Preisgabe des deutschen Anspruches und der Verzicht auf die Rückkehr dorthin" geboten sei: „Zu solcher Erkenntnis befreit das Evangelium die politische Vernunft" (These 17), andernfalls sei es, „wie den Kriegszustand aufrechterhalten..." (These 18) (36).

Die „Bruderschaften" bedienen damit alle seitdem üblichen rabulistischen ‚Argumente' für die Schuld- und Haftungsgemeinschaft des deutschen Volkes: „Aus der Anerkennung politischer und geschichtlicher Schuld müssen Folgerungen für das heutige politische Handeln gezogen werden" (40), also „VI. Die deutschen Ostgrenzen als politische Aufgabe" (42ff). Die Denkschrift verengt „... Vertreibung und die Gebietsveränderungen als von den Polen in Anspruch genommene Entschädigung für eigene Verluste und Leiden" (39), als gäbe es nur *einen* Verursacher und als hätte die polnisch-deutsche Auseinandersetzung am 1.9.1939 begonnen und am 8.5.1945 aufgehört oder auch wieder nicht, die Todesmärsche und das Morden waren da und dort noch nicht zu Ende.

Die Alleinschuld-Versessenheit, die aus der Erklärung der EKD vom Herbst 1945 gegenüber dem Ökumenischen Rat erwachsen ist, wird nun als Handlungsanleitung für die Umdeutung der Vertreibung eingesetzt. Dabei arbeitet dieser immer stärker werdende Kern in der EKD in unheiliger Koalition den nationalistischen und internationalistischen Vertreibern zu. Der innerkirchliche Kampf in der EKD ist seitdem entschieden, die „Lage der Vertriebenen" diente neben anderem als Kampffeld.

Bei den politikwirksamen Abschnitten der Ostdenkschrift (fünf von sechs) wurde niemand hinzugezogen, über dessen Heimat verfügt wurde, auch niemand, der bei den Vertriebenen Verantwortung trug. Das Wort der Buße richtete sich an die Opfer; wer weiter fragte, war Kriegstreiber („den Kriegszustand aufrechterhalten"), also Täter.

Seitdem ist ein lustvolles Aufatmen in den Vertreiberstaaten hörbar. Denn man braucht nun auch weniger Rücksicht auf die in der Heimat noch lebenden Deutschen zu nehmen. (Die christlichen Brüder aus Bielefeld hatten sie schlicht übersehen). - In einem „Memorandum zur Lage der Deutschen Evangelischen Kirche in Böhmen, Mähren und Schlesien (in der Zerstreuung)" vom Dezember 1965 (Dokumente 518ff) wendet sich diese Vertretung vor allem gegen die These 17 des Bielefelder Arbeitskreises, „denn sie entspricht dem Prinzip der Anerkennung von Gewaltmaßnahmen

zur Gewinnung materieller und politischer Vorteile einer Personengruppe auf Kosten einer anderen..."
Die von der EKD gestellte „politische Aufgabe" hat die Bundesregierung innerhalb eines halben Jahres gemacht: „.. Wir müssen mit Bedauern feststellen, daß in ostpolitischen Erklärungen der Bundesregierung... weder Tatbestände der Vertreibung erwähnt werden, noch das Schicksal unserer Landsleute, die als „Menschen ohne Menschenrechte" in der alten Heimat zurückgehalten werden..", stellt Wenzel Jaksch am 14. Mai 1966 auf der Deutschlandkundgebung des BdV in Bonn fest. - Bald wird dieser vereinzelte Rufer in der SPD (und darüber hinaus) verstummt sein.

„Versöhnung"

Wenn in der Zeit der Religionskriege die „Bekenntnisse" sich zu einem Frieden verstanden, mochte es schon Sinn haben zu sagen, daß sie sich „versöhnen" wollten oder versöhnt haben. Sie hatten einen Frieden besiegelt zur Wiederherstellung ihres gestörten Verhältnisses zum Schöpfer, unter dessen Namen sie sich bekämpft hatten; Voraussetzung war das vollzogene Erlösungswerk durch den Sohn. - Das Schwinden der religio beendet Erlösungswerke; Versöhnung ist eine personale Entscheidung.

Aus dem kostbaren Siegel unter einer Friedens-Urkunde ist billige Laufmünze geworden, unterjubelt dem Vertrauensvollen, aufgedrängt dem Vorsichtigen und Geschädigten, zum Weitergeben zugesteckt dem Gleichgesinnten. - „Versöhnung" geht natürlich besonders jenen ganz glatt von den Lippen, die nichts davon wissen oder die täuschen wollen. - Städte werden versöhnt, Regionen, Völker, Kontinente .. Ein Verhandlungs-Status, demzufolge die Parität zwischen Währungsgebieten neu festgelegt wird, ist „Versöhnung", eine Erklärung, derzufolge eine Seite auf die Inanspruchnahme von Rechten verzichtet, die andere nicht, ist „Versöhnung"...

Diese so geartete „Versöhnungs"-Lawine, in der nicht nur das Begriffliche völlig talab stürzte, sondern auch Wahrheitsgefühl und Würde, wurde losgetreten von Menschen und Institutionen, denen es allein schon von Ausbildung und Amt hätte bewußt sein müssen, wohin sie sich begeben, wenn sie mit diesem personalen Begriff hineingehen in das Gewirr und Gewürge von Siegesrausch, Unduldsamkeit, Habgier und Neid.

Die „Bielefelder" hatten sich 1963, von Sachkenntnis ungetrübt, entschlossen, den Protestantismus aus der Thron- und Altar-Ecke herauszuholen, sie hatten die Lage der Vertriebenen genutzt, sich bei Polen mit dem Angebot einer „Entschädigung" auf deren Kosten angedient und dies als „Versöhnung in Christus" bezeichnet.

Den bibelfesten Bielefelder Brüdern war sicher bewußt, was im alttestamentlichen Vorbild, dem Versöhnungstag, an Opfergaben nötig war: Wer schlachtet den Stier zur Besänftigung Gottes, wer wirft das Los über beide Böcke, wer opfert den einen Jahwe und wer treibt den Sündenbock dem Dämon der Wüste Asasel zu?

Wer über Deutungshoheit verfügt, dringt in den Menschen ein: „Versöhnung", das Schlüsselwort zur Einhegung der Vertriebenen, wurde instrumentalisiert, zum Werkzeug gemacht. Der Deuter war unangreifbar, er sprach aus den Kirchensekretariaten, den Parteihäusern, aus Mediengeweben, die sich auch auf Kosten der Vertriebenen ausweiteten.

„Versöhnung" sprang von einem Interessenten zum anderen, von Gläubigen zu Nicht-Gläubigen, von Rechts-Protestanten und Links-Katholiken zu Marxisten und Stalinisten.

Zeitgleich mit der Versöhnungs-Kampagne in der EKD und den Berührungsversuchen von Adenauer und Erhard gegenüber Polen formulierten katholische deutsche und polnische Bischöfe, bescheidener als die Brüder, am Rande des 2. Vaticanums (1962-65) Verständigungs-Botschaften. Die polnischen „gewähren Vergebung und bitten um Vergebung" (18.11.1965), die deutschen bekennen Schuld und nehmen die Vertriebenen gegen den Vorwurf in Schutz, deren Wort vom „Recht auf Heimat" sei aggressiv (5.12.). Die Einladung der polnischen Bischöfe zum Millenium

1966 und die Annahme durch die Deutschen rief sofort den Koalitionspartner des polnischen Klerus bei der Inbesitznahme der ‚Westgebiete' und der Vertreibung, die polnischen Staatsorgane, auf den Plan. Sie warfen der polnischen Kirche Verrat am polnischen Volk und den Bruch des zwischen ihnen am 14. April 1950 geschlossenen Übereinkommens vor, wonach sich der polnische Episkopat verpflichtet hat, in allen politischen Fragen „sich von der Staatsraison leiten zu lassen" und am Grundsatz festzuhalten, „daß die wiedererlangten Gebiete für alle Zeit zu Polen gehören müssen". Einen Bruch dessen brauchte man der polnischen Kirche nicht zu unterstellen, war sie doch zu jeder Zeit seit der Wiederbegründung des polnischen Staates dafür eingetreten, eher und stärker jedenfalls als irgendein Kommunist.

Dies war auch bei ihrer Botschaft Grundlage ihres nationalen Handelns gewesen. Sie hatte sich in ihrer Verständigungs-Geste lediglich von dem Alleinschuld-Vorwurf etwas entfernt, während die Staatsführung diesen als Hebel für ein offizielles Schuldanerkenntnis und die endgültige Übertragung der Gebietshoheit jenseits von Oder und Neiße einsetzte.

Dies stärkte die Eroberer- und Vertreiberfraktion in der polnischen Bischofskonferenz wieder, die nachbarlichen Konzilsbänke waren vergessen und der Anflug brüderlichen Verstehens. Im Fastenhirtenbrief 1966, keine vier Monate nach der Einladung, auf allen Kanzeln verlesen, verwies der Episkopat auf die „alten polnischen Gebiete unserer Väter, die Grundlage unserer Existenz" und stellte unmißverständlich klar, „kein Pole braucht sich zu entschuldigen, da kein Pole je den Deutschen Unrecht zugefügt" habe. Damit knüpfte er auf seine Weise an den Satz an, den Kardinal Wyszynski 1948 an die Gläubigen gerichtet hatte: „Die Kirche war mit Euch, als die Stunde der Abrechnung mit den Deutschen geschlagen hatte".

Beim (81.) Deutschen Katholikentag in Bamberg aber dankten die Laien den polnischen Bischöfen „für ihr befreiendes Wort" (vom Herbst) und den polnischen Katholiken für deren „bewegende Zustimmung", was sicher stimmte, hatten sie doch in ihrer Schuldblindheit den Gang der Dinge übersehen.

Diesem allen gestand man den Beinamen „Versöhnung" zu, während Papst Paul VI. in kluger Einschätzung dessen, was nun möglich war, die ostdeutschen Diözesen Breslau, Oppeln, Allenstein und Landsberg mit polnischen Generalvikaren „mit den Amtsbefugnissen residierender Bischöfe" versah. Dieser „Versöhnungs"-Geste begegnete eine handverlesene Auswahl einflußreicher Katholiken („Bensberger Kreis") damit, den evangelischen Brüdern in deren Verzichtüberlegungen aus 1963 zu folgen, so daß sich nun endlich mit dem Wort des Außenministers - und bald Kanzlers - Brandt „keine neue(n) Vertreibungen" die vor sechs Jahren begonnene Politik in ihren einzelnen Strängen zusammenbinden ließ: hart- und weichgesottene Sozialisten, soziale Demokraten und christliche, schuld- und schamversessene Brüder und Schwestern, Karriereritter und Mediokraten.

Die lautstarken „Versöhnungs"gesänge überdeckten nicht nur völlig die Rufe der in die Ecke und bald an die Anklagewand gestellten Vertriebenen, sie waren auch stark genug, nicht deutlich werden zu lassen, daß die neue Ostpolitik zu allererst und zuletzt die Dominanz der Sowjetunion als die hier nun einzige Garantiemacht für die Vertreibung die gesamte Kriegsbeute vertraglich garantierte und die Teilung Deutschlands und Europas festigen sollte: „(Die Regierungen) betrachten heute und künftig die Grenzen aller Staaten in Europa als unverletzlich, wie sie am Tage der Unterzeichnung dieses Vertrages verlaufen, einschließlich der Oder-Neiße-Linie, die die Westgrenze der Volksrepublik Polen bildet, und der Grenze zwischen Bundesrepublik Deutschland und der Deutschen Demokratischen Republik" (Artikel III Moskauer Vertrag 12. Aug. 1970).

Eine freigewählte deutsche Regierung hatte ihr Plazet nicht nur zu den Jahren 1944, 1945, 1946, 1948, 1956, 1961, 1968 gegeben. Der Deutsche Bundestag ratifizierte am 17. Mai 1972 mit einfacher Mehrheit die Ostverträge. Die Bundesrepublik Deutschland hatte auch dem Jahr 1949 der Gründung eine für manche überraschende

Wendung gegeben. Die Obhutspflicht für das gesamte Volk wurde verletzt, insbesondere die für jene Deutschen, die jenseits von Oder und Böhmerwald bei deutlich eingeschränkten Menschenrechten lebten.

Polit-Wissenschaft und Vertreibung

Da Wissenschaft öffentlich ist, gibt es besonders in jenem Bereich, der sich mit der Darstellung von Welt-Lehren, von Völkerverbänden und Völkern befaßt, kein Vorhaben, das unberührt von Einflüssen sein könnte. Es geht demnach nur darum, wie weit die Distanz zu den meinungssteuernden Kräften ist. - Die gemeinhin überlieferte Sicht auf die Perserkriege ist die der Griechen, auf die der Reconquista die der Spanier usf. Daß es jedoch auch in Zeiten, die nicht den Anspruch hatten, Wissenschaft sei ein Wert an sich, klare Zeichen gegen den Deutungsanspruch der Mächtigen gab, belegt etwa die Sicht, daß die Eingeborenen in Amerika einen Eigenwert haben, unabhängig davon, ob sie der Schar der Gläubigen zugeführt werden.

Die Deutschen haben es seit 1919 mit der „Geschichte der Sieger" zu tun, der auswärtigen Sieger und der im Innern. 1919 konnte der Alleinschuld-Vorwurf wohl mit dem Art. 231 VV als Gewicht auf den Waagebalken der europäischen Mächte geschoben werden, aber nur Verbiesterte klopften damit an die Türen wissenschaftlichen Anspruchs.

Mit dem Kriegsziel einer bedingungslosen Kapitulation wurde 1943 - unabhängig von dieser alliierten Selbstbindung - eine neue Stufe für die Geschichts-Sicht erreicht, genauer: ein Zurückgehen in überwunden geglaubte Deutungskammern, welche die Aufklärung verlassen hatte: Hexenaustreibung, Ketzerjagd, Heidenverfolgung.

Ein von einer Wahnidee Besessener, die Welt sei reif für eine Weltregierung und für ein Weltgericht, Roosevelt also, rief schon vor dem Kriegseintritt der USA: „Vorwärts, christliche Soldaten...

wir werden vorwärtsschreiten..." (11.8.1941). Die Machtübernahme in Deutschland erlaubte den totalen Zugriff auch auf die Geschichte, „das Gedächtnis der Menschheit" (Hebbel). Da nach dem Verständnis der angloamerikanischen Koalition die Geschichtssicht des nationalen Deutschland - das war der Feind, weniger Hitler - getilgt werden mußte, galt es vorrangig, den Rest des Volkes in den zeitlich und örtlich zulässigen Rahmen zu fassen: die zwölf Jahre, die man vorschob, um sie zu kriminalisieren und als Welt-Verschwörer anzuprangern, und das Siedlungsgebiet nur im westlichen Mitteleuropa.

Vertreibung und Vertriebene sind als Gegenstand innerhalb des Restgebietes nach vorgegebenen Deutungsmustern zugelassen (Foschepoth, in Benz 62), außerhalb auszugrenzen, die Übergangsflächen sind abzudecken.

Ein gutes Beispiel lieferte dazu der von den Bosslern einer ‚neuen' Ostpolitik gesteuerte Anspruch, den Geschichtsunterricht über Richtlinien mit wissenschaftlichem Anspruch mit den Ergebnissen der von den Vertreiberstaaten durchgedrückten Bereinigung jenseits von Oder und Böhmerwald („Ostverträge") in Übereinstimmung zu bringen. - Dazu bediente man sich in der Vorbereitungsstufe eines Wissenschaftlers, der vor 1945 Volkskundler, also jetzt gängelbar war, der unter dem weiten Mantel der SPD seit 1948 die Geschichte der Arbeiterbewegung samt Marx und Engels entdeckte und als - nun - Pädagoge sich mit einem Institut zu umgeben begann. Dieses (bald) „Internationale Schulbuchinstitut Braunschweig" betrieb vergleichende Pädagogik-Forschung.

Da dessen Hauptthematik der Geschichtsunterricht war, war es von großem Vorteil, daß Georg Eckert weder Geschichte studiert hatte noch auch sonst genug davon und daraus verstand. Unter seinem Vorsitz, inzwischen zur Welt-Bedeutung gebracht („Präsident der deutschen UNESCO-Kommission"), wurde eine deutsche Expertengruppe zusammengestellt, welche mit einer polnischen „Empfehlungen zur Behandlung der deutsch-polnischen Beziehungen in den Schulbüchern der Volksrepublik Polen und der Bundesrepublik Deutschland" erarbeiten sollte. Da in den Ostverträgen

„Vertreibung" und die gewaltsame Inanspruchnahme nachbarlichen Siedlungsgebietes kein Gegenstand war, mußten neue Sachzusammenhänge dafür eintreten. Demnach wurde in der Empfehlung „21. Territoriale Veränderungen" betont, daß es sich bei den in Potsdam bezeichneten Gebieten um kein „revidierbares Provisorium" handle, was auch im Görlitzer Vertrag 1950 so festgestellt sei. Die Empfehlung „22. Bevölkerungsverschiebungen" enthält bezogen auf die Deutschen, folgende Deutungshilfen: evakuiert, flüchten, ausgewiesen bzw. zwangsumgesiedelt, integriert. Zu den Umgesiedelten wird angemerkt, daß der Versuch eines großen Teiles, „durch eine eigene Partei (BHE) eine besondere politische Kraft zu bilden .. bereits im Jahre 1957 (scheiterte). Sofern in diesen Gruppen, von den früheren Bundesregierungen unterstützt, ein Recht auf Heimat proklamiert wurde, werden sie in Polen als Hort des Revisionismus angesehen." (Empfehlungen 35, 37).

Den schwierigsten Teil in den Verhandlungen hatte die Gruppe der deutschen Historiker, in deren Auseinandersetzung mit den weisungsgebundenen polnischen Staats-Historikern, mehr aber noch in der Abklärung innerhalb der deutschen Delegation, da sie von strammen GEW-Funktionären umzingelt war, die in den Fachkommissionen, wiewohl bar entscheidender Kenntnis und vor allem wissenschaftlichen Verständnisses, die Mehrheit hatten und, bedrängt von ihrem Minderwertigkeits- und zugleich Überheblichkeitskomplex, ihre Macht auskosteten.

Die beschämenden Ergebnisse, etwa, daß die völker- und staatsrechtliche Lage Deutschlands falsch dargestellt, Stalins Teilhabe an der Aufteilung Polens unter den Teppich gekehrt wird, sind den massiven Eingriffen einer borniertеn Funktionärs-Clique und der sie steuernden Politiker auf beiden Seiten zu verdanken. Einige Länder der Bundesrepublik Deutschland lehnten das Polit-Ragout ab; jedoch hatte eine Politikrichtung mit ihren vielen publizistischen Helfern weit über die Koalitionsgrenzen hinaus einen Teilerfolg erzielt: Vertreibung war seitdem - nachdem sie in der SBZ/DDR nie eines gewesen war - an den meisten deutschen Schulen im westlichen Deutschland kein genuines Thema mehr.

Die Vertriebenen aber konnten nun - friedensfördernd - auch schon einmal pauschal als Revisionisten und bald auch als Reaktionäre und Friedensfeinde gelten.

Die neue Ostpolitik, also die Preisgabe des Rechtsrahmens für den ruhenden Gesamtstaat, sollte für den Vertreibungsaspekt durch einen verfälschenden Geschichtsunterricht unterstützt werden, gespeist durch „Wissenschaft": „Daß hier Zwänge vorliegen, daß außerwissenschaftliche Erwägungen eine Rolle spielen - wer wollte das bestreiten?", bekundet Gotthold Rhode, Mitglieder der deutschen Delegation, am 31.1.1977 in der FAZ. Vom 28. bis 30.11.1977 wurde das Ergebnis, welches die polnische Seite, entgegen dem Wortsinn, als verbindlich betrachtete, in einer gemischten Konferenz für die politische Tagesarbeit aktiviert. -

Dieses Beispiel kennzeichnet *eine* Möglichkeit, in einem pluralistischen Staatswesen über (teil-)wissenschaftliche Kommissionen Sonderinteressen medienwirksam umzusetzen. - Es kann sich aber auch ein Institut selbst an die Spitze einer Entwicklung setzen, welches dann das Parteienspektrum in Bewegung setzt.

Die Entstehung des Nationalsozialismus zu erforschen, war die vorgeschobene Begründung für ein Reeducations-Institut, das künftig die gesamte Geschichtssicht in Deutschland/West verwalten, steuern und festigen sollte, wenn erst die Deutschen - volkspsychisch - erziehungsfähig wären.

Am 27./28.2.1949, bevor noch der westliche Teilstaat begründet wurde, war es soweit: Das „Deutsche Institut zur Erforschung des Nationalsozialismus" wurde eingerichtet, an dem wissenschaftliche und besonders politdidaktische Arbeit geleistet werden sollte. Die Soziologen setzten sich in dem - seit 9.11.1951 - „Deutschen Institut für Geschichte der nationalsozialistischen Zeit" gegen die Historiker durch, Bundespräsident Heinemann nahm das (nun) „Institut für Zeitgeschichte (IfZ)" unter seine Fittiche. 1959 wurde ein 1932er PG Generalsekretär, was absolute Loyalität gegenüber dem hypothetischen Supervisor jenseits des Atlantik garantierte.

Mit einer Buchveröffentlichung, durchgedrückt gegen fachliche Bedenken von Experten, (Celovsky, Das Münchner Abkommen 1938, 1958), tastete sich das IfZ an jeden Bereich heran, den es aus dem östlichen deutschen Siedlungsgebiet allein zu bearbeiten gedachte, vorgebliche oder tatsächliche NS-Vergangenheit. Wenzel Jaksch nannte das IfZ 1958 schlicht ein „Institut für einseitige Zeitgeschichte". Diesem Diktum wurde es voll gerecht. Es mauserte sich zum zeitgeschichtlichen Oberschiedsrichter, - dazu mußte man bestimmt werden, was staatliche Stellen taten - und lag bald im Trend der Zeit. Der neuen Ostpolitik arbeitete es so begeistert zu, daß sogar eine Mitarbeiter-Ergebenheitsadresse an W. Brandt als nicht unter der Würde einer wissenschaftlichen Einrichtung erachtet wurde. Ein neuer Typ wissenschaftlichpolitischer Arbeit hatte Deutschland erreicht, sieht man von Instituten in der DDR ab.

Für ein „Institut für Zeitgeschichte" wäre es Auftrag gewesen, den wesentlichsten Einschnitt der neuen deutschen Bevölkerungs- und Sozialgeschichte nach Bedingungen, Verlauf und Auswirkungen zu untersuchen.

Das IfZ aber beschwieg die Vertreibung mit äußerster Konsequenz, als gäbe es die 18 Millionen Menschen, die in Flucht, Vertreibung, Deportation und dann Aussiedlung einbezogen waren, nicht: „In den sechziger und vor allem in den siebziger Jahren ist... die wissenschaftliche Aufarbeitung des sekularen Ereignisses .. fast völlig zum Erliegen gekommen. Die wenigen in den letzten zwei Jahrzehnten noch erstellten beachtenswerten Arbeiten zu dieser Problematik sind zudem fast ausnahmslos außerhalb der Bundesrepublik verfaßt worden oder erschienen. So wird verständlich, warum im Jahre 1983... in aller Öffentlichkeit gefragt wurde, warum diesem Thema... -„vergleichbar doch nur der Völkerwanderung" vor 1500 Jahren - von den bundesdeutschen Wissenschaftlern so wenig Beachtung geschenkt werde" (Schlau 1996, 161). Er zitiert Eugen Lemberg: „Die große Zeit der wissenschaftlich brauchbaren Literatur zum deutschen Vertriebenen- und Flüchtlingsproblem scheint vorbei zu sein .." (FAZ 3.3.1966).

Das Wirken des IfZ machte sich bemerkbar. Wer wollte es sich mit dem Oberschiedsrichter verderben, dem Vertreibung als gleichgültig, ja als Thema schädlich galt. Der Meinungsdruck auch auf die Wissenschaftler seit etwa 1963 wirkte. Als dann die 1969 von der Bundesregierung noch in Auftrag gegebene Untersuchung zu den Vertreibungsverbrechen von der neuen unterdrückt wurde (1974), machte sich der Grundsatz nach freiem Zugang zu wissenschaftlichen Ergebnissen, beschämend für ein demokratisches Land, aber auch wieder hoffnungsvoll, in einem Raubdruck Luft (Ahrens), weitere Auflagen folgten, wohl auch, da die Ankündigung einer „geistigen Wende" (1982) Hoffnung geweckt hatte, die sehr bald enttäuscht wurde. Das „Institut für einseitige Zeitgeschichte " (Jaksch) hielt es 1985 zur Abwehr unanständiger Forschungsergebnisse, aber nur deshalb, für angemessen, sich zu äußern, und dies, wie es sich für einen Oberschiedsrichter versteht, abschließend. Der Herausgeber W. Benz selbst setzt die einleitenden Gedanken „Vierzig Jahre nach der Vertreibung" (Benz, 7ff). Er versucht die Vertreibung als Gegenstoß zu einer „gewaltsamen" „Ostbewegung" einzuordnen. Er übergeht - oder übersieht - völlig, daß, im Generationszeitraum gerechnet, die deutsche Wohn- und Sprachbevölkerung seit den 80er Jahren des 19. Jahrhunderts in einer deutlichen Westbewegung begriffen ist und 1939/44 für fünf Jahre gehemmt wurde. Wer freilich nur auf die Stätten deutscher Schuld starrt, übersieht diese Kleinigkeiten, wie eben dann auch die Vertreibung selbst.

Benz wendet sich gegen die „Legende fortwährenden Vertreibungsschicksals", ungeheuerlich angesichts der noch lebenden Vertriebenen, die neben dem Verlust der Heimat Angehörige beklagen oder selbst körperlichen Schaden tragen, und gegen die „Aufrechnung". Er selbst aber rechnet und urteilt, wenn auch in nicht nachvollziehbarer Art: „...die Zahl der bei Flucht und Vertreibung Umgekommenen steht in keiner rechenbaren Beziehung zu der der Opfer nationalsozialistischer Judenverfolgung" (10) und läßt offen, ob in einer anderen. Dies besagt, daß die in Untersuchungen erhobenen namentlich als Tote bezeugten oder als Lebende nicht mehr feststellbaren Opfer von Flucht, Vertreibung und Deportation, also nahe drei Millionen, entweder wegen ihrer geringen Menge oder ihrer geringen Bedeutung als Deutsche nicht mit einer anderen Opferzahl in Vergleich gebracht werden dürfe, die in Deutschland seit der Vorlage eines Textes zum IMT-Prozeß 1946 aufgrund der „Offenkundigkeit", seit neuem unter Offizialschutz stehend, zu gelten hat.

Dabei ist, neben dem Hinweis auf diese Art der Logik, zu fragen, warum der Autor solche Vergleiche heranzieht, da kein Sachzusammenhang besteht, es sei denn, er wollte dem Vergeltungsmotiv, so es eines war, eine rechenbare Größe geben. Wahrscheinlicher ist, daß sein bevorzugtes Arbeitsgebiet ihn nicht auch auf andere schauen läßt, weiters, daß er den im IfZ entwickelten Nazi-Hammer erprobt. Nach dieser zweiten Fehlleistung nimmt es nicht wunder, daß er (3.) in Verwechslung von Anlaß und Ursachen apodiktisch feststellt: „Die nationalsozialistische Politik war Ursache des Unglücks, das am Ende des Zweiten Weltkrieges über die Opfer von Flucht und Vertreibung hereinbrach" („Generalplan Ost", in: Benz 48). Nachdem er als einer der oberen Reeducationswächter ein „fortdauerndes Vertreibungsschicksal" als „Legende" - und damit sich selbst - disqualifiziert hat, überläßt er das Feld seinen Kollegen aus dem IfZ und Gästen, die in sehr unterschiedlicher Qualität eine „historische" Begründung versuchen, die Verhandlungen notieren, den Vorgang an einigen Beispielen skizzieren, deutsche und ausländische Stellungnahmen und die Eingliederung darstellen.

Der nach Benz' Reeducationspensum in dieser Art bemerkenswerteste Aufsatz ist der von D. Strothmann „"„Schlesien bleibt unser" Vertriebenenpolitiker und das Rad der Geschichte" (209-218), der sich an einer hämischen Abrechnung mit den Ewiggestrigen versucht. Der seit 1961 bei der "Zeit" mit Reeducations-Aufgaben Betraute richtet sich an den „um die Jahreswende 1984/85 absichtlich vom Zaun gebrochenen Streit um das abwegige Losungswort der Schlesischen Landsmannschaft zum... „Deutschlandtag" in Hannover" (209) zu voller journalistischer Größe auf. U.a. versucht er das Bemühen um sachliche historische und völkerrechtliche Darlegungen in Wissenschaft, Unterricht und Medien in die Lachecke zu stellen.

Den undankbarsten Part hat Helmut Auerbach „Literatur zu Thema: Ein historischer Überblick" (219-231) zu spielen. Er hat nachzuweisen, daß die deutsche Geschichtswissenschaft die Vertreibung keineswegs ausgeklammert hat. Seine Dokumentation zeigt jedoch, daß das IfZ selbst - bezogen auf seine sonstige Produktion - bis 1960 wenig und dann kaum etwas beigetragen hat.

Es war den von Strothmann als „Leuchtturmwächter" und „Berufs-Vertriebenen" verhöhnten wenigen Politikern zu verdanken, daß durch staatliche Tätigkeit in Dokumentation und Ausarbeitung das geschah, was genuine Aufgabe eines Instituts für Zeitgeschichte gewesen wäre. Nichts zeigt dessen Lauf mit Scheuklappen auf der p.c.-Bahn besser, als zuerst die Vertreibung zu beschweigen und dann darüberzuwischen, als seien Vorgang und Opfer wenig erheblich.

Der Hinweis in der Einleitung, das historische Geschehen habe „..für Millionen.. unermeßliches Leid" gebracht, ist vergleichbar auch in einer Präsidentenrede 1985 festzustellen, in der die Opfer durch die Deutschen zahlenmäßig penibel aufgelistet werden, auf der Seite der Vertriebenen aber - nur - ein „Gebirge von Leid" liegt. Weizsäcker wägt hier wie Gott, er rechnet bei den Deutschen nicht, zudem ist es nicht „rechenbar" (Benz).

Eine Polit-Wissenschaft hat auf ihre Art die Vertreibung be- und überwältigt.

Revanchismus

Bei der Ausgrenzung der Vertriebenen in Deutschland sind zwei Handlungsstränge festzustellen, die zeitlich versetzt greifen. Im ersten wurden sie als aussterbende Spezies lächerlich gemacht, so daß sie sich möglichst schnell dem Totengräber übergeben oder in ihrer Identität aufgeben sollten. Dem entsprach in den Vertreiberländern, welche den deutschen Handlangern Motive und Geschichten lieferten, die dortige Lehre von der ‚biologischen Endlösung' (1), nach der man den Hunderte-Milliarden-Raub in Ruhe genießen können wird. - Der zweite Handlungsstrang setzte auf die Kriminalisierung. Hierin sollten jene einbezogen werden, die sich weiterhin als Vertriebene fühlten, indem sie gegen die ‚Kabarettisierung' immun geworden, nun aber gerechterweise als jene zu bezeichnen waren, als die sie sich gegen den „Friedens"kanzler und seine Nachfolger - allein durch ihre Existenz - erwiesen haben, als späte „kalte Krieger". Dem entsprach im östlichen Friedenslager nach der Lehre von den Deutschen als Nazis und Verbrechern die ‚juristische' Lösung (2).

(1) Am 26.6.1970 veröffentlichte Wilfried Schlau im „Rheinischen Merkur", der nicht gerade als vertriebenenfreundlich gelten konnte, hatte er sich 1963 doch auch an ihnen gütlich getan, - für den RM vielleicht als Buße - den Beitrag: „Die Farbigen der Bundesrepublik?" (in: Schlau 1995, 155-160).

Er schildert den Besuch bei zwei vertriebenen Landwirten, die er vor dem Krieg kennengelernt hatte. Einer bewirtschaftet, zu 80% des Verkehrswertes seines früheren Besitzes entschädigt, einen neuen Hof; der andere lebt, abgestuft, als Hilfsarbeiter mit einem Negativ-Image, wiewohl er anständig ist, keine Bomben wirft, ein Vertriebener eben. „Trotzdem würden sie verteufelt oder lächerlich gemacht; besonders hatten ihn einige Sendungen des Fernsehens - für ihn als Invalide und Rentner eines der wenigen Zugänge zur großen Welt - gekränkt, so z.B. die Szene des „Kom(m)ödchens" mit den beiden Betrunkenen, die vom Begräbnis des letzten Vertriebenen kommen", und die Diskussion um den Gütt-Kommentar zu Pfingsten 1969, in der sich für die Vertriebenen ja doch die Rolle „eines Spucknapfes der Nation" ergeben habe. Er stand fassungslos vor diesen Vorgängen; er fragte mich, wieso so etwas möglich sei. Ich aber hatte nicht den Mut, ihn an das Sprichwort zu erinnern, daß, wer den Schaden hat, für den Spott nicht zu sorgen braucht. Und doch ist hier zu fragen, wie es den „Schaustellern auf dem politischen Jahrmarkt" eigentlich gelingt, ein Schaf so lange und so nachdrücklich als Wolf zu bezeichnen, daß sich das empörte Publikum schließlich auf das „blutrünstige Raubtier" stürzt und es zertrampelt." (157).

Schlau gibt die Lösung, wo die beiden leben: in Finnland, in Deutschland/West; er spart aus, daß vom Zahlenverhältnis her die volle Integration dort möglich war, betont jedoch als wesentlich, daß der Wille zur vollen Übernahme unter Wahrung der Traditionslinien dort bestand und noch besteht. Ost-Karelien sei jedem Finnen präsent. Er folgert: „Denn nur wenn wie in Finnland die Gesamtheit bereit ist, die Sorgen der Vertriebenen zu ihren eigenen zu machen, sich mit ihnen uneingeschränkt zu identifizieren und wenigstens im innenpolitischen Bereich die sich daraus ergebenden Konsequenzen zu ziehen, ist das gleiche Verhalten auch bei den Vertriebenen zu erwarten." (159).

Der Eingangstext zeigt, wie sich aus der Kabarettnummer eine Art Autodafé ziehen läßt. -

Die Deutschen insgesamt wurden - und werden - immer wieder in weltweit von Geheimdiensten organisierte Hakenkreuz-Schmierereien einbezogen, wie 1959, als die Kriegsverbrecher-Prozesse wieder angeworfen werden sollten, wozu man eine antideutsche Welt-Stimmung aufbaute. Die nun auch bedrängten Gut-Deutschen versuchten Ballast abzuwerfen. Die „Salzburger Nachrichten" vom 16.7.1966 betrachteten, wie man die ‚juristische' Lösung voranbringt:

(2) „Die Prügelknaben des Prügelknaben. Kesseltreiben gegen Vertriebene bedeutet nicht nur für die Bundesrepublik eine Gefahr: Es ist eine wahre Schande - sagen nicht wenige einsichtige Deutsche - wie unter dem jetzigen System in Deutschland die Vertriebenen, die stellvertretend für das ganze deutsche Volk die Sünden und die Verbrechen des NS-Systems gebüßt haben, noch weiter büßen und übel wie keine anderen Mitglieder des deutschen Volkes behandelt werden. Das deutsche Wirtschaftswunder wäre ohne sie, ihre Arbeit und ihren guten Willen niemals in dem Umfang, den es hatte, möglich gewesen. Ihnen muß das ganze deutsche

Volk und die ganze freie Welt dafür danken, daß sie sich 1945 nicht der Anarchie hingaben...
..- Aber in Bonn dankt man ihnen dies... schlecht.... Fernsehen, Rundfunk, große Presse und nicht zuletzt die Gleichgültigkeit Bonns haben es erreicht, daß die Vertriebenen von den anderen Deutschen als lästige Querulanten empfunden und nahezu wie Verfemte und Vogelfreie gewertet werden. Das ist bedrückend traurig und zeigt, daß das deutsche Volk in seiner Gesamtheit als Folge des Zusammenbruchs noch krank ist" (Schlau 1996, 165).

„Krank" sind eher jene Gruppen, die dem Druck auf Deutschland dadurch begegnen wollen, daß sie einen Sündenbock bereitstellen und sich selbst damit unvermerkt auf die Seite der Sieger stehlen wollen.

Eugen Lemberg hatte am 3.3.1966 in der FAZ zusammengefaßt: (Es) „wird seit 1961 fast nur noch polemisiert. Die Vertriebenen, zunächst wider Erwarten nicht proletarisch oder nationalistisch-revolutionär und deshalb auch als Mitgestalter des Wirtschaftswunders anerkannt, erscheinen jetzt fast nur noch als nationalistische Revanchisten und als Verhinderer einer fortschrittlichen Ostpolitik, als beliebtes Objekt von Kabarettspäßen... ",(Schlau 1996, 161). Vorläufigen Höhepunkt darin bildete die Sendung „Heterologe Insemination oder: die Endlösung des Vertriebenenproblems" (9.6.1970 im Süddeutschen Rundfunk), die zur Verstärkung wiederholt wurde.

Innerhalb eines Jahrzehnts wurde - bildlich gesprochen - aus dem braven, handsamen, fernverwandten Gast, der sich im Haushalt mehr als nützlich macht, ihn mit voranbringt und bescheiden bleibt, ein aggressiver Eindringling gemacht, der das Gastrecht mißbraucht und nach Revanche schreit. Für die Vertriebenen kamen die aus den verschiedensten Seiten vorgetragenen Angriffe völlig überraschend, scheinheilige Ratschläge und schmutzige Anwürfe begegneten sich, der Kreis schloß sich um sie.

Die Stichwortgeber aus den Vertreiberstaaten konnten sich auf die deutschen Nobel-Gazetten verlassen. Diese stilisierten die „Revanchisten" zu bedrohlicher Größe auf und enthielten ihnen das befreiende p.c.-Zeichen vor, wenn der Welt-Rache-Engel wieder einmal durch das deutsche Land ziehen würde.

Verschlußsache Vertreibung

Die beiden nach Deutschland getragenen Komplexe, wie den Vertriebenen zu begegnen und damit die Vertreibung historisch zu ‚bewältigen' sei, die biologische bzw. Identifikationslösung oder/und die Kriminalisierung der Opfer, verlangten nach einer Antwort zuerst durch die in Deutschland föderativ gegliederten Organe, erheblicher aber war die, welche sich in der veröffentlichten Meinung verfestigte. Die Stimme der Kirchen war seit der Nachblüte (Besinnung und Atemholen) schwächer geworden, es sei denn, daß sie mit geliehener Aufmerksamkeit rechnen konnten.

Seit der Kollektivschuld-Erklärung 1945 konnte sich die EKD davon nicht mehr befreien; 1965 war es die Ungeduld der Vertreiberstaaten nach einem Plazet für das glücklich abgeschlossene Vorhaben. - Die deutsche katholische Kirche hatte, solange ihr mitprägender Anteil in Rom noch nicht zurückgedrängt war, eine deutliche Stütze in der Kurie, welche ihr aber endgültig 1970 entzogen wurde, so daß sie ihren Gläubigen erklären mußte, daß die Dinge der Menschen nicht die Gottes wären, eben wegen und trotz Hlond, Beran, Wyszinski, Glemp und - Wojtyla, nicht zu vergessen.

Das links-republikanische Kartell hatte sich, mit massiver Förderung durch die Neu-Frankfurter, sehr rasch gegen den Versuch einer nationalen Erneuerung - als „Restauration" verunglimpft - durchgesetzt und predigt seitdem blanke Genuß-Beliebigkeit, köderte damit weite Teile des konservativen Spektrums, beherrschte bald den Mittelbau der staatlichen und privaten Medienmultis und verzichtete nur um das Scheinproporzes wegen auf die Besetzung aller Leitungsstellen.

Das war der Aufstieg der formalakademisierten neuen Oligarchie unter Zulassung weiter Gruppen bis hin zu einem Gesellschafts- und Staatsmodell, das Beliebigkeit vertritt. Verantwortungslose reklamieren für sich - ohne Rückbindung zum Volk - Deutungshoheit. - Als im 19. Jh. die Deutschen im Wissenschafts-, Technik- und Sozialbereich zu einer prägenden Kraft nicht nur in Europa geworden waren, setzten ihre Spitzen die Herrschaftsmuster und verantworteten sie auch. Nach 1945 hatte es Deutschland ihnen zu verdanken, daß es gegen die Pauschal-Verleumdungen noch gehört wurde. - Die Europa- und Weltverflechtung entzieht dem Land nun zusehends diese Kraft. Mietlinge (in der Sprache der Bibel), denen die Herde nichts bedeutet, übernehmen deren Platz.

Die staatlichen Ränge selbst wurden zurückgedrängt, da es eine „Berufs"laufbahn zum Politiker nicht mehr gibt und Sachverstand sich nur in Ausnahmen aufbauen kann; sie haben die Deutungshoheit eingebüßt, die auch den Vertriebenen- und Vertreibungskomplex bestimmt.

Dieser wird weggesperrt, in seinen Bedeutungsstufen gegliedert. Eine umgeformte Verschlußsachenanweisung (VSA) scheint den formalen Rahmen zu liefern, sie läßt sich auf den V-Bereich übertragen: „Im öffentlichen Bereich Tätige können mit Angelegenheiten befaßt werden, von denen die Meinungskonsumenten („Unbefugte") keine Kenntnis erhalten dürfen, weil schutzwürdige Interessen... ihre Geheimhaltung erfordern. Eine einheitliche Behandlung durch alle Meinungszellen in Deutschland ist Voraussetzung dafür, daß Verschlußsachen unbedenklich zwischen allen Zellen ausgetauscht werden können...

§ 1 (1) .. (2) Von einer VS dürfen nur Personen Kenntnis erhalten, die aufgrund ihrer Öffentlichkeits-Rechte von ihr Kenntnis haben müssen. Keine Person darf über eine VS umfassender oder eher unterrichtet werden, als dies... unerläßlich ist (*Grundsatz: „Kenntnis nur, wenn nötig"*). -

§ 2 (1) Die Meinungsführer sind innerhalb ihres Bereiches für die Durchführung der VS-Übereinkunft verantwortlich. (2) Meinungsführer größerer Zellen können ihre Aufgaben... ganz oder teilweise auf die einer kleineren übertragen....§ 5 (1) Verschlußsachen sind.... Erkenntnisse, unabhängig von ihrer Darstellungsform (z.B. Schriftstücke, Zeichnungen, Karten, Fotokopien, .. Lichtbildmaterial, elektronische Datenträger, .. oder das gesprochene Wort). Sie werden entsprechend ihrer Schutzbedürftigkeit von der Meinungszelle eingestuft.

Geheimhaltungsgrade § 7 1. Streng geheim, wenn die Kenntnisnahme durch Unbefugte den Bestand oder lebenswichtige Interessen des Überwachungsfeldes gefährden kann. 2. Geheim, wenn... schweren Schaden zufügen kann. 3. VS-Vertraulich, wenn... schädlich sein kann. 4. VS - für den internen Gebrauch, wenn .. nachteilig sein kann.

Für den Komplex Vertreibung besagt 1) etwa, daß sie lange vor und unabhängig von Hitler entstand. - Da wesentliche Meinungsführer davon ausgehen, daß die Bundesrepublik Deutschland auf der Alleinschuld des deutschen Volkes beruht, wäre ihr Bestand gefährdet.

Wesentliche Inhalte der Verschlußsachen-Übereinkunft werden bei der Behandlung der einzelnen Bereiche sichtbar werden. Es gibt unter ihnen Stufungen und wechselnde Meinungsführerschaft.

Die prägende Anfangskraft für den Komplex V sind die alliierten Vorgaben für den Aufbau des Teilstaates, der ihn zu einer stringenten Innenlösung verpflichtete. Demnach konnte es eine Diskussion über die Vertriebenenfrage erst geben, wenn die Binnenlösung einen Gesetzesrahmen haben würde. Das Vorhaben BVFG war in den Kernteilen 1956 abgeschlossen, die Umsetzung währte einige Jahre, so daß die staatliche Meinungsprägung bis in den Beginn der 60er Jahre nicht bestritten war. Nach der wirtschaftlichen Eingliederung brach die Diskussion auf, auch, als deutlich wurde, daß die Forderung, die kulturellen Traditionslinien der Vertriebenen nicht abreißen zu lassen, den Gesamtkomplex betraf.

Den sehr unbequemen Fragen versuchten zuerst die staatlichen Organe mit einer partiellen und gestuften Einordnung in ein VSähnliches System zu begegnen, bevor die eingangs bestimmten anderen Träger der Deutungshoheit die Meinungs-Führerschaft übernahmen.

Wohin mit der Kultur der Vertriebenen? Integration?

Seitdem eine Bundesregierung einem Nachbarn in Angelegenheiten der Vertriebenen vertraglich Zugang zu internen Fragen erlaubte, sind diese verschlußsachenwürdig. Die mit einem Kulturabkommen zum Vertrag mit Polen eingehebelten „Schulbuch-Empfehlungen" sortieren die Vertriebenen und wollen deutsche Schulverwaltungen zur Übernahme polnischer Staatspropaganda nötigen (1977). Diese Einflußmöglichkeit in eine Ländersache machte deutlich, daß die Vertriebenensache, die durch das BVFG beruhigt schien, teilweise offenblieb.

Ein Blick in die Anfänge der Eingliederung der Vertriebenen zeigt, daß sie die häufig gebrauchte Bezeichnung „Integration" nicht zurecht trägt.

„Integration" würde voraussetzen, daß die zusammengeführten Teile sich zu einem vervollständigten Ganzen fügen. Bedingung wäre gewesen, die Heimatvertriebenen in allen Seinsäußerungen mit den Heimatverbliebenen zusammenzubinden, zuerst im Recht auf Wahrnehmung des Anspruches auf Eigentum, aus dem sie vertrieben worden waren, so daß also das nun integrale Ganze alle Kraft einsetzt, daß jedem seiner Teile gleiches Recht wird. Die Bundesrepublik Deutschland war in ihrer Entstehung durch alliierten Druck auf Sicht nicht in der Lage, dies durchzusetzen. Dem wäre wegen des existentiellen Zwanges mit einer Hinnahme unter Protest zu begegnen gewesen, spätestens in der Zeit der Teilsouveränität, wenn der Begriff überhaupt etwas bedeuten soll. - Da das Völkerrecht eine Art auf Staaten angewendetes Privatrecht ist, in dem Verhandlungsfreiheit besteht, wäre einer späteren Lösung nicht vorgegriffen worden.

„Integration" würde weiter bedeuten, daß ein Abgleich der Teile hin zu einer übergeordneten Form angestrebt wird. Wer sich aber nicht mit ‚Heimat-Raum' umgeben kann, ist nicht nur ungeschützt, er ist auch im Aktivbereich eingeschränkt. - Die in jener Zeit noch unbestrittene Qualifikationshöhe deutscher Ausbildung und der existentielle Zwang haben hier manches ausgeglichen, aber nicht dazu geführt, daß das kulturelle Erbe allgemein genutzt wurde. Dem Finnen ist Ost-Karelien ein Teil seiner Heimat, dem Deutschen - im Querschnitt - sind Ostpreußen, Pommern, Schlesien keine Heimatgebiete; sie werden bald zur Verschlußsache.

Den Garantiemächten der Vertreiberstaaten war nicht Integration, sondern „Eingliederung" in Teilbereichen Ziel. Die Vorstellung vom deutschen Kulturraum sollte sich nachhaltig auf die Gebiete westlich von Oder und Böhmerwald verengen. Alle dortigen Äußerungen im Informationsbereich seit Kriegsende zeigen dies. Geringe Ausnahmen waren zugelassen, historischer Bernstein durfte aus Samland kommen.

Die Bundesrepublik Deutschland behalf sich im heiklen Eigentumsbereich, indem sie sich dazu nicht äußerte. Sie hat gegenüber den jetzigen Besitzern, die ohne Eigentumsrechte sind - solche sind nicht übertragen worden -, keine Forderungen erhoben. Der sog. Lastenausgleich ist, wie der Name schon sagt, kein Vermögensabgleich, damit hätte er Eigentumsansprüche entschädigt, er ist ein Teilausgleich zwischen den tatsächlichen Einkünften der Heimatverbliebenen und den entgangenen fiktiven der Heimatvertriebenen. - Anspruchsrechte liegen unter Verschluß.

Als das BVFG-Konzept schon fast abgeschlossen war, wurde auf nachdrückliche Vorstellungen des damals noch parlamentarisch wirkenden BHE hin vor den Schlußbestimmungen ein Paragraph eingefügt:

„§ 96 Bund und Länder haben entsprechend ihrer durch das Grundgesetz gegebenen Zuständigkeit das Kulturgut der Vertriebenengebiete in dem Bewußtsein der Vertriebenen und Flüchtlinge, des gesamten deutschen Volkes und des Auslandes zu erhalten, Archive, Museen und Bibliotheken zu sichern, zu ergänzen und auszuwerten, sowie Einrichtungen des Kunstschaffens und der Ausbildung sicherzustellen und zu fördern. Sie haben Wissen-

schaft und Forschung bei der Erfüllung der Aufgaben, die sich aus der Vertreibung und der Eingliederung der Vertriebenen und Flüchtlinge ergeben, sowie die Weiterentwicklung der Kulturleistung der Vertriebenen und Flüchtlinge zu fördern. Die Bundesregierung berichtet jährlich dem Bundestag über das von ihr Veranlaßte."
Dieser § 96 BVFG hätte, konsequent angewandt, den Anspruch der Vertriebenen, ihre Tradition einzubringen, erfüllen können. Nötig wäre gewesen, vom staatlichen Bereich nachhaltig auf alle Bildungsträger gleichmäßig einzuwirken, da ja eine übergeordnete Aufgabe bestand. Die nicht-staatlichen Bildungsträger entzogen sich ihr in weiten Teilen, beriefen sich auf den Vereinsstatus, wo dies möglich war, der eine Einwirkung auf Inhalte in der Regel ausschloß. Die ja durchwegs staatlichen Hochschulen verwiesen auf eigene Forschungstraditionen und die Lehrfreiheit - bei honorigen Ausnahmen. Die Wissenschaftstraditionen der Hochschulen des östlichen deutschen Kulturbereiches, jede für sich und insgesamt, wurden nicht so fortentwickelt, daß sie als integraler Teil des deutschen Kulturerbes präsent geblieben wären. In leichter Abwandlung eines ehedem gängigen Wortes konnte gelten: „Vertriebenensachen werden nicht gelesen (behandelt)". Viele der Lehrstuhlinhaber und Nachwuchswissenschaftler hatten sich gerade aus dem Entnazifizierungs-Keller herausgetastet, die Vertreiberstaaten hatten die Aufmerksamkeit schon auf die Ostforschung gerichtet, das Wort vom „Ostlandritt" war bald aktiviert, wenige Forscher zeigten Format.

Um das in Göttingen ausgelagerte Staatsarchiv Königsberg scharte sich eine Gruppe von Forschern, der Göttinger Arbeitskreis, manche fanden in anderen Universitäten eine begrenzte Wirkmöglichkeit, etwa in Mainz, beim J.G. Herder-Institut in Marburg, in München. Da die zugezogenen Wissenschaftler besonders in der Ostforschung tätig waren, erschien deren Beschäftigung „allzu leicht als eine Angelegenheit der aus diesem Raum stammenden Wissenschaftler, und nicht als das, was es ist: eine

Angelegenheit der deutschen Forschung in ihrer Gesamtheit" (G. Rhode, in: Merkatz 312).

Die finanzielle Förderung für den gesamten Bereich, den der § 96 anspricht, ist in den öffentlichen Haushalten in ‰ ausgedrückt, von 1962 bis 1972 mit jährlich rund 15 Millionen. Diesem Aufwand stellt ein Beobachter den Einkommensverlust gegenüber, den die Vertriebenen als Gruppe erlitten, da aus ihren Reihen überproportional Wehrpflichtige eingezogen wurden (weniger UK-Stellungen). 1956 bis 1966 beläuft sich die Einbuße auf jährlich rund 45 Millionen (Schlau 160).

Die Wissenschaft insbesondere hatte es in dem doch sehr intimen Feld schwer, gehört zu werden, wie dies ein Beispiel zeigt. Eine Untersuchung zur krisenhaften Zuspitzung der polnischen Verdrängungs- und teilweise auch schon Vertreibungsphase bis 1939, zu den Vorgängen also um die Internierungszüge und die Ermordung Tausender, konnte nur in kaum wahrnehmbarer Form erscheinen. Erst dem Einsatz von Prof. Rhode war es zu verdanken, daß sie - mit seinem Vorwort - als Buch in größerer Auflage herauskam (Aurich). Sie ist ein Teilergebnis einer geplanten umfangreichen Dokumentation über die Ereignisse vom September 1939 um die Volksdeutschen in Polen.

Als Ergebnis ist festzuhalten:

Außerhalb der staatlich veranlaßten oder durchgeführten Dokumentation hat der Wissenschaftsbereich die ersten eher privat verantworteten Ansätze zur Weiterführung der ostdeutschen Kulturarbeit nicht so aufgegriffen und umgesetzt, daß sie als Aufgabe der Deutschen insgesamt hätten verstanden werden können. Das anfangs sehr hoch gewertete Feld Forschung und Lehre entzog sich dem in weiten Teilen, und diese folgten dem politisch gegängelten Meinungstrend nach Ausklammerung der östlichen deutschen Stammesgebiete. Dies hatte verheerende Auswirkungen auf die Lehrerausbildung und damit den Unterricht, aber auch im Bereich allgemeiner Bildung und Information. Die Behandlung der Verschlußsache Vertreibung hat in letzter Zeit eine – nicht – überraschende Nebenwirkung. Die deutsche Öffentlichkeit, die Führungsränge eingeschlossen, ist angesichts der in Frage stehenden EG-Osterweiterung kenntnisarm und in Teilen ahnungslos.

In die Mitte verschoben: Ostdeutschland

Als 1966 in der Bundesrepublik Deutschland die Diskussion um die Vertriebenen aufbrach, hat sie diese völlig überrascht. Im Prozeß wirtschaftlicher Eingliederung steckt immer auch der Ansatz und ein Aspekt zum gesellschaftlichen. Um das Handicap zu überwinden, daß ihnen in einem immer dichter besiedelten Land Grundeigentum fehlte, und Produktionseigentum in einer prosperierenden Volkswirtschaft meist dazu, konnten sie über Berufsqualifikation und auch Heirat angenommen werden. - Da die Vertriebenen mehr als die anderen im Aufstiegsbemühen verhaftet waren, übersahen sie noch mehr als diese, daß die relativ gute Zeit, welche die weltpolitische Lage der Deutschen im „atlantischen" Teilstaat gebracht hatte, mit der krisenhaften Entwicklung amerikanischer Weltverflechtung (Vietnam) zu Ende ging, aus den Musterknaben nun wieder Prügelknaben wurden - mußte man sich doch mit der SU verständigen - und also aus den Vertriebenen die „Prügelknaben des Prügelknaben". Das hatte unmittelbare Auswirkungen auch darauf, wie man Vertreibung sah.

Es hatte sich in der Zeit gesellschaftlicher Eingliederung, die nun gestört wurde, als Zeichen guten nachbarlichen Willens in vielen Orten eingebürgert, daß, weil dieses auch nicht mehr kostete, Namen von östlichen Städten, Flüssen, Siedlungslandschaften zu Straßennamen wurden, und der Blick auf den Wetterkarten und Nachrichtenhinweisen sich an Bekanntem festmachen konnte: „Daher komme ich", „Das ist die untere Weichsel", „Auf der Schneekoppe war ich 1937", „Breslau ist eigentlich weit weg"... . Auch gab es vieles aus der ersten Eingliederungszeit, was von den Unbeteiligten eher als „folkloristische Subkultur" gewertet wurde, nun aber zur Bedrohung geriet.

Daraus nährte sich nun der Unwille des Mehrheitsteiles, genauer: jener, die ihn darzustellen vorgaben, sie möchten nicht länger hineingezogen werden in diesen „Ostlandritt", die „Aggressivität" der „Umsiedler" oder auch dieses lächerliche Festhalten der „Heimweh"-Flüchtlinge an längst Abgeschlossenem und Abgelegtem. Der Schlittenführer, von den Wölfen verfolgt, wirft Ballast ab. Der Deutsche, im Kalten Krieg als ruhiger, arbeitsamer Hiwi genutzt, doch wohl auch ein wenig ausgebeutet, stand nun dem Entspannungsausgleich mit dem Mitsieger entgegen. Der Vertreibungs-Komplex als unmittelbarer Raum- und Zeitfaktor stört.

„Panorama" Nr. 196 vom 1.4.1968 zeigt dies beispielhaft mit „Zabrze oder Hindenburg?". Zum Diktum von de Gaulle („Es lebe Zabrze, die schlesischste aller schlesischen Städte, und darum die polnischste aller polnischen") wird notiert, „...daß Preußen Oberschlesien erst 1740 eroberte..." (Panorama 28). Teilwahrheiten sind die gefährlichsten Lügen. Da im Kontext nur von Polen und den Polen die Rede ist, folgert der Zuschauer, daß diese die Opfer waren. Die „historischen Tatsachen", mit denen „Panorama" die „Berufsvertriebenen" (31) mundtot machen will, sind andere: Der Unterlegene war Österreich, Schlesien gehörte als Nebenland von Böhmen zum Hl. Römischen Reich deutscher Nation und blieb in ihm. Es hatte seit etwa 400 Jahren Polen mit Schlesien auch völkerrechtlich nichts zu tun, der 1. Schlesische Krieg hatte mit vielem, aber sicher nichts mit einem Gegensatz Deutsche - Polen zu schaffen. Die Grenzgebiete sind gemischt besiedelt, aber auf beiden Seiten!

Die Merseburger-Sendung will mit dem sonst von niemandem gebrauchten „Die deutscheste aller deutschen Städte" die Sache der aus dieser Stadt 1945 Vertriebenen ins Lächerliche ziehen. - Zwei Jahre später hatte „Panorama" gesiegt, wie auch Brandt, für den der Krieg jetzt zu Ende ging, wie er stolz bekundete, der Sieger.

Es greifen nun die Mechanismen, die Vertreibung zur Verschlußsache zu machen. Als erstes wurden Begriffe ausgemerzt: „Ostdeutschland" und „Mitteldeutschland" wurden aus dem geographisch verorteten allgemeinen Sprachgebrauch geworfen.

Zehntausende von Karteikästen wurden ‚systematisiert', Hunderttausende von Büchern, Karten usf. neu zugeordnet. Dabei stieß man wieder auf „Mitteleuropa", das sich immer noch herumtrieb. Wenn nämlich Ostpreußen begrifflich mit Deutschland in einer Beziehung stand, kann jenes nun sicherlich nicht Westeuropa sein, usf... So waren auch Usedom und Wollin nach „Osteuropa/Sowjetunion" zu schieben, wodurch beide Kamtschatka sehr nahe kamen, dem deutschen geographisch unterbelichteten Leser aber dadurch weder ferner erschienen noch überhaupt präsent waren.

Nachdem die allgemeine Deutungshoheit nicht weiter bestritten wurde, auch nicht von staatlichen Stellen, lagen die Namen von Orten des ostdeutschen Siedlungsgebietes vor den Augen der Moderatoren. Was dieser nicht sehen wollte, Breslau, konnte sein Mund nicht formen: Wrocł(uw)aw (Wrocław). Die politisch korrekten Redakteure vermochten den Nachrichtensprechern in kaum einem Fall beizuspringen. Wenigstens konnte man zeigen, daß Breslau, wenn man schon mit ihm wenig anzufangen wußte, jedenfalls mit dem Deutschen nichts zu tun hat, lag es doch jetzt, ohne einen Hinweis, daß östlich 800 Jahre eine Grenze verlief, dort, wo die sibirischen Hochs herkamen auf der Wetterkarte. -

Die Bundesbahn war eilfertig bereit zu zeigen, daß sie nicht revanchistisch war. Deshalb mußte es jetzt auch „Milano" heißen, damit man Sźeczyn und Kedzierzyn schreiben durfte. Das Land hinter Oder und Böhmerwald wurde vom Deutschen leergefegt, wie vorher von den Deutschen, in einer Aktion katzenbuckelnden Kommis-Handelns, das alle Kennzeichen einer Gleichschaltung trug.

Was Millionen widerfuhr, was ungeheure Opfer forderte, was in schrecklichen Erfahrungen in vielen lebte, gab es nicht mehr, richtig: es war eine „Legende fortdauernden Vertreibungsschicksals" (Benz), es war, wenn irgend etwas, eine „Umsiedlung". Ein Bundespräsident fand 1985 dann das alles erklärende, erlösende, heilende, politisch-korrekte Wort: Eine „Völkerwanderung" war es gewesen. Da konnten die unteren Ränge nicht zurückstehen. Stadt-Beigeordnete, Kreis- und Bezirksräte machten sich Gedanken, wie man im Zuge von Eingemeindungen und Gebietsreformen die revanchistischen ostdeutschen Städte und Landschaften wieder herausbringen könnte aus den demokratischen Orten „Westdeutschlands", dem man, es war Hilfe, woher immer, 1990 das begrifflich notwendige "Ostdeutschland" zuordnen konnte, nachdem man die Mitte entfernt hatte. Da es weiterhin Nord- und Süddeutschland gibt, muß sich Mitteldeutschland mit der Fläche zufriedengeben, auf der der „mdr" steht, mitten in Ostdeutschland, genauer: etwas im Osten dessen, ein begrifflicher und geographischer Solitär.

Eine Vertreibung hatte schon deshalb nicht stattgefunden, da die Heimatgebiete nicht mehr zu orten sind, während bei einer „Völkerwanderung" (Weizsäcker) es ja höchstens Rastplätze oder Orte kurzen Verweilens gibt und die Herkunftsorte unsicher sind.

In einer der angesehendsten Bibliotheken Deutschlands ist im Januar 1999 das Standardwerk „Das östliche Deutschland" in der Handbibliothek in einer Reihe von Büchern zur „DDR" eingeordnet.

Wenn zu Pfingsten an verschiedenen Orten Menschen zusammenkommen und an irgendwelche imaginäre Provinzen erinnern, sind dies beklagenswerte Opfer von „Berufs-Vertriebenen", es sei denn: zurecht Verführte, da sie die Zeichen der Zeit noch immer nicht verstanden haben.

Menschen, die es sich zum Beruf machen, Vertriebene zu sein oder so zu tun, als wären sie Vertriebene, Menschen also, die so agieren wie Schausteller oder Clowns.

Wer hier von einem „Schattenreich" spricht, in dem sie agieren, kennt die Macht der Geschichte nicht.

Was nicht in den Büchern ist,...

„Was nicht in den Büchern ist, ist nicht in der Welt." Wenn es nur so wäre, daß Texte sichere Kenntnis geschichtlicher Vorgänge bieten würden. Da gibt es Irrtum, Lässigkeit, Vergeßlichkeit, Verunklarung, Fälschung und den langen Weg von der Quelle zum Gefäß, aus dem Labsal geschöpft werden soll oder Notwendigkeit. - Heute noch wird für einige wenige gelten, daß die geschichtliche Sicht aus dem Schulbuch gespeist wird. Auch in Deutschland gab es eine Zeit, wo sich anerkannte Wissenschaftler nichts vergaben, Schulbücher zu schreiben. Deren Schöpferkraft wird heute durch den Curricularen Lehrplan (CULP) ersetzt. Der Verfasser eines Geschichtslehrbuches wird auf Kenntnisse und Fertigkeiten bauen wollen, wesentlich für ihn ist aber, was in Instituten usf. zu einem Tableau gerann, aus dem alle Überschriften gezogen werden. Diese aber sind häufig von niederschmetternder Schlichtheit, wie sie eben seit der lapidaren Feststellung einer Besatzungszeitung vom Frühjahr 1945 wirkt:

„30. Januar 1933... Deutschland unterwarf sich der absoluten Herrschaft eines Mannes, dessen rücksichtslose Macht- und Eroberungspolitik sicheren Untergang bedeuteten... ", (Matz, 49).

Demnach ist auch alles, was mit Vertreibung zu tun hat, von diesem beeindruckenden Schlüsselsatz herzuleiten: in einem Buch für die Sekundarstufe 2 mit „ausgewählten" Quellen und Diagrammen belegt, in einem S1-Buch handgreiflicher, wobei man mit Anspruch den Anschein pflegt, auch ein 15jähriger sei sehr wohl in der Lage, mit zwei, drei Texten ein Geschichtskapitel zu begreifen, wobei häufig Wertungen verwendet werden.

Ein „Geschichtsbuch 4" (Hüttenberger 159 ff) löst 1993 die Aufgabe, Vertreibung in das o.g. Schema einzuordnen, also nicht als eigenständigen Komplex zu werten, in folgender Weise nach der Gliederungssystematik x Deutsche und Polen im 20. Jh. xx Polen im Zweiten Weltkrieg. Als Übersicht zur Entwicklung bis 1939 genügen „1916 Proklamation .." „1926 Pilsudski..." und schon ist der Verfasser beim „1. September 1939 Angriff

Deutschlands auf Polen... 1945-1947 Flucht und Vertreibung der deutschen Bevölkerung aus Ostpreußen und den polnischer Verwaltung unterstellten Gebieten".

Außer dem Sachfehler, als sei „Ostpreußen" nicht zur Verwaltung unterstellt, er meint wohl den südlichen Teil oder vielleicht doch den ganzen, weil er hier etwas von „endgültig" im Ohr hat, werden Flucht und Vertreibung aus der 1. Republik unterschlagen. Als Begründung für die Vertreibung werden Textauszüge eingesetzt (Brandt-Rede 1970... „Das polnische Volk hat Unsagbares erleiden müssen... auch uns Deutschen wurden viele Opfer abverlangt"; es gibt eben den gewissen Unterschied). Die Stufung wird in eine Skizze übernommen. Dabei werden in kräftiger Füllfarbe „von 1939-1945... verschleppte Polen" und „in die SU verschleppte" kräftig und unübersehbar eingebleut, während die Pfeile für die Deutschen ohne Füllfarbe schwach bleiben: „von 1945-1950 geflüchtete und vertriebene Deutsche".

Damit wird der Eindruck erweckt, die (zeitweise) Verschleppung sei existentieller und dauernder als die Vertreibung. Die Rückkehr der Polen wird ebenso schwach eingetragen wie die gewaltsame Inbesitznahme deutscher Gebiete „Nach 1945 angesiedelte bzw. heimgekehrte Polen". Die wahrheitswidrige Gestaltung wird textlich gefälscht begleitet; denn in die deutschen Gebiete „kehrten" aus dem Osten nur verschwindend kleine Bevölkerungsteile „heim", da sich diese vor 1939 in einem ganz kleinen Zahlenfeld bewegt hatten. Hier wird die polnische These von dem uralten Siedlungsgebiet verbreitet! Die bewußte Vermengung und Verfälschung der Schicksale wird mit einer "Quelle" ‚belegt', die selbst nach gleicher Vorgabe erarbeitet wurde: „... der von zahlreichen Deutschen und Polen erlittenen Verlust ihrer Heimat durch Vertreibung und Aussiedlung.." (Deutsch-polnischer Vertrag 11.11.1990, Vorspruch). Ein mit Gewalt bewirkter Heimatverlust betrifft einen Teil der 1,5 Mill. Polen aus den mehrheitlich von Ukrainern und Ruthenen besiedelten Gebieten; sie wurden überdies in ein durch Vertreibung entleertes Gebiet verbracht. Auch insofern ist eine Verquickung mit dem Schicksal der 8 Mill. Deutschen, die in dichtbesiedeltes Gebiet vertrieben wurden, sachfalsch.

Die im Wortsinn manipulierte Grundlegung wird mit dem Ergebnis einer "Spiegel"-Befragung „Wie sicher ist die ON Grenze nun für Polen?" abgestützt. Vertreibungsopfer gibt es nicht, jedoch „Vergeltung für die grausame Besetzungsherrschaft der Deutschen..." und „Unter großen Verlusten wurden von der Kriegsmarine... 2 Mill. Menschen.." (gerettet) (144), als hätten Deutsche die Verluste zu verantworten.

Die Zusammenfassung „Insgesamt etwa 12 Millionen Flüchtlinge, Vertriebene und Umsiedler strömten in die Zonen oder konnten nicht mehr in Ihre Heimat zurück" folgt der Weizsäcker-Sicht von der „Völkerwanderung".

- Vertreibung ist weder eine Kapitelüberschrift noch ein Untertitel, es gibt im Text keinen in Fettdruck herausgehobenen Bezug dazu, nur die Wörter „Polen... Westdeutschland... Ostdeutschland" der Meinungsumfrage des „Spiegel" sind hervorgehoben, wohl, um die Endgültigkeit der verfälschenden geografischen Zuordnung zu festigen.

In einem Geschichtslehrbuch für die gleiche Jahrgangsstufe (Bergmann) aus dem Jahr 1997 wird textwidrig berichtet, in einem „Potsdamer Abkommen" sei die Vertreibung der Deutschen „beschlossen" worden. Der Vorgang (1944 ff) wird mit Pfeilen auf eine Landkarte projeziert, in der Polen im Status 1992 in Flächenfarbe so kräftig sichtbar ist, daß die 1937er Grenze aussieht wie eine untergeordnete Verwaltungsgrenze. Damit werden auch jene Schüler, welche einer Sache nachgehen wollen, irregeführt.

Das Geschichtsbuch prägt, indem der Lehrer die im CULP vorgegebene Sicht als die doch wesentliche Grundlage des Unterrichts verstärkt weiterführt. Das Buch ist nicht vorrangig Kenntnisquelle, es ist eher eine Art Beichtspiegel, den der Lehrer mit den Schülern durchgeht, um die Verfehlungen der Vorfahren, nach dem Gewicht gestuft, zu notieren und in das deutsche Schuld- und Schamregister einzutragen. Dank einer verfälschenden Darstellungsart läßt sich also auch bei der Vertreibung, wenngleich sie - im Gewicht -

nichts Wesentliches gewesen zu sein scheint, bei den Deutschen vieles ankreiden, womit der o.g. Fundamentalsatz aus 1945 in einer weiteren Facette ‚belegt' wird. Manche Länder behalten sich vor, bei der Schulbuchzulassung die ärgsten Sachwidrigkeiten zurückzuweisen, so daß die Verlage etwa eine „Ausgabe Bayern" anbieten mußten, nicht ohne die unzumutbaren Mehrkosten - für eine bessere Sachdarstellung (!) zu beklagen und das Land deswegen zu schelten.

Vor dem Einbruch der Weizsäcker-These in die Schulbücher gab es insgesamt gediegene Sachinformation, wie beispielsweise ein Werk für die Sekundarstufe I aus 1980 belegt, das auch das Miteinander der Vertriebenen mit den Heimatverbliebenen anspricht (Heumann 99 ff).

Kaum ein Schulabgänger wird heute das Lehrbuch heranziehen, wenn ihm später danach ist, einiges nachzulesen. Er greift zu opulentem Glanzpapier, wie es einer der Geschichts-Setzer für Deutschland herausgibt. Wer zum Sinndeuter bestimmt ist, nutzt die amtliche Eigenschaft („„Bildarchiv Deutsches Historisches Museum Berlin"): „Das Buch setzt Schwerpunkte, um das Geflecht der Ereignisse und Entwicklungen deutlich zu machen .. (.. um 1500, um 1800, um 1900/1914, um 1933/45") (Stölzl 1995, 8). Die „Deutsche Geschichte in Bildern" sieht 1945/50 mit dem Schicksal von Millionen nicht als erheblich genug an, einen Schwerpunkt zu setzen. Vertreibung ist keines der 38 Kapitel, natürlich nicht, in der Kernaussage auch keine der 559 Seiten, es reicht zu folgenden zwei Sätzen im zusammenfassenden Textteil: „Aus allen Gebieten, die unter sowjetischen Einfluß geraten waren, wurde die deutsche Bevölkerung zum Teil brutal vertrieben. Nach heftigen Protesten der Westmächte einigten sich die „Großen Drei" darauf, daß die als „Transfer" umschriebene Vertreibung der deutschen Bevölkerung „in geregelter und menschlicher Weise vollzogen werden sollte." (486).

Unter der Überschrift „Besatzungszeit und Kalter Krieg" versteckt, werden im Bildteil auf einer Seite ein Plakat „Lindert die Not - Flüchtlings-Hilfs-Aktion 1. Juni" (*1948*), ein „Ausweis für

Vertriebene und Flüchtlinge C" (*1953*) und eine „Suchanzeige: Achtung! Schlesier!" abgedruckt. Zu dem in einer halben Spalte knapp bezeichneten Vertreibungsvorgang findet sich also in einer „Deutschen Geschichte in *Bildern*" *keine* entsprechende Dokumentation. - Der Verschlußsachen-Zelle Stölzl/Deutsches Historisches Museum war die Sache eine Erwähnung, aber kein Bild wert.

1997 wird das Buch um 270 Seiten ausgeweitet, demnach der Komplex Vertriebene und Flüchtlinge bei gleichbleibendem Raum eingeengt. Sachfehler werden nicht behoben, die Anmerkung, „England hätte .. im September 1938 auf der Münchner Konferenz mit Frankreich und Italien... der Abtretung der Sudetengebiete..." zugestimmt, ist sachfalsch, da es in München nicht um die Abtretung, sondern allein um die Art der Gebietsübergabe geht (Stölzl 1997, 645). Der Bearbeiter der Folgen von Versailles läßt in „westlichen Teilen Ostpreußens" abstimmen, Westpreußen kennt er nicht. Zum Inferno der Vertreibung hat der Bildband wiederum nichts beizutragen, aber er holt einen Bildhauer mit einer politisch korrekten „Inferno"-Skulptur in einer ganzen Seite in die Öffentlichkeit. - Unverzichtbare Bilder wie „Sandmännchen im Hubschrauber", „Trockenvollmilch Babysan" und „Interflug-Pralinen" (801) sind eher geeignet zu zeigen, was „Deutsche Geschichte" ist. - Es wird Beliebigkeiten nachgegangen, damit das Bilder-Museum, dem Wesentliches vorenthalten wurde, gefüllt werden kann.

In einer anderen Darstellungsebene geht ein weiterer Sinndeuter die Sache an: „Geschichte griffbereit" (Geiss). Im Teil „Begriffe" (5. Band) gibt es „Vertreibung" - natürlich - nicht, sie ist weggeschlossen. Im „Potsdamer Abkommen", das es so nicht gibt, hier: richtigerweise nicht im Register (7. Band), sei von „Umsiedlung („Transfer") von Deutschen und Volksdeutschen aus Polen, ČSR, Jugoslawien"(!) die Rede (bemerkenswert die Sachkenntnis des p.c.-Historikers) (5/709). „Aussiedler" kennt er nicht, wiewohl es seit 1950 weit über eine Million gibt, bei „Deportation (Umsiedlung)" für die er viele Beispiele weiß, notiert er "Zwangsumsiedlung oft größerer Menschenmassen aus politischen oder strategischen Gründen; zuerst... praktiziert von Assyrien" (5/59). Hier sind sie rubriziert, die es nicht gibt: „...nach dem Zweiten Weltkrieg wurden Deutsche, vor allem aus den an Polen und die UdSSR gefallenen Ostgebieten nach Deutschland deportiert (1945/46)...". Diese Art der Verfälschung ist kaum mehr steigerungsfähig.

Enzyklopädien, an die sich Ratsuchende als letzte Rettungsboje anhalten, kennen die Vertreibung, aber keine in unmittelbaren Bezug stehenden Vertreibungsverluste, es sei denn, es handle sich um Nicht-Deutsche: MEL Bd. 24, 283,1 notiert „(über 1 Mio. Tote)" zur Vertreibung von über 8 Mio Hindus. Es wird das Stichwort notiert, aber eines wesentlichen Begriffsinhalts entleert.

Wie schon notiert, hat die Zeitgeschichtsschreibung in Deutschland seit Beginn der 60er Jahre keinen allgemeinen Impuls mehr zur Darstellung der Vertreibung gegeben. Sie wurde zur Sache der Vertriebenen eingegrenzt und dort unter Revanchismus- und Faschismusverdacht gesetzt. Daraus erklärt sich die äußerst schwache Resonanz in den weiteren Veröffentlichungen.

Die an zwei Beispielen gekennzeichneten Schulbücher sind sicher die verbreitetste, wenn auch wenig motivierende Erkenntnis-Ebene. Sie folgt der politisch korrekten Deutung, Vertreibung sei nur in Verbindung mit dem deutschen Schuld-Komplex darstellwürdig und darstellbar. - Populärwissenschaftliche Darstellungen verstärken diese Sicht. Wenn sie denn überhaupt darauf eingehen, stufen sie die Vertreibung in ihrer Bedeutung ab (Stölzl) oder verstecken sie (Geiss). Die Wurzeln der Vertreibung aus der Zeit vor 1933/39 werden zugedeckt, falls sie denn überhaupt gesehen werden. Es dürfte in der Darstellung der deutschen Geschichte keinen Komplex von ähnlichem Gewicht geben, der im Kern und in den Äußerungen so entscheidend weggeschlossen ist.

Die Öffentlich-Rechtlichen und die Vertreibung: kein Bedarf mehr

Sollte es so sein, daß die Öffentlich-Rechtlichen kein Material haben und deshalb nicht präsent sind? Für andere Bereiche gibt es einen Fundus an Streifen, der sich in unendlicher Folge zu immer neuen Serien zusammenschneiden läßt. Es dürfte genügen, daß sich die Staats-Anstalten auf ihren Auftrag besinnen und die bedeutendsten Einschnitte und Entwicklungen wie in den Anfangsjahren darstellen. Dazu gehört die Vertreibung; sie griff so mächtig wie nichts anderes in das Volk ein, in die Schicksalsgemeinschaft und die Staatsnation.

In den ersten Jahren kamen die Rundfunkanstalten mit ihren begrenzten Mitteln und der knappen Gesamtsendezeit ihrer Aufgabe nach. Bei den größeren Anstalten wurden Abteilungen für Fragen des Ostens begründet, die dann auch die „Angelegenheiten der Vertriebenen und Flüchtlinge" betreuten. Viele Sendungen liefen unter dem Bezug auf die „Heimat", die alte und die neue, wobei auch die SBZ/DDR-Flüchtlinge einbezogen waren. - Besonders Länder mit hohem Neubürger-Anteil bemühten sich um Information, Dokumentation und auch einige Lebenshilfe. So strahlte der SDR „vom Juni 1948 bis Dezember 1976... insgesamt 2988 spezielle Ostsendungen..." aus (Merkatz 391), der BR, durch die Schirmherrschaft des Landes über die Sudetendeutschen (1954/1962) in besonderer Pflicht stehend, konnte auf die Dokumentation und wissenschaftliche Aufarbeitung durch verschiedene Institute und Lehrstühle bauen. Der NWDR/WDR strahlte Vertriebenensendungen auch nach 1970 aus, widmete jedoch wie die anderen Anstalten die Information nun verstärkt auf die Herkunftsländer um: „Es wurde und wird bei diesen Sendungen versucht, die Lebensverhältnisse der uns umgebenden Ostblockstaaten durch Städte- und Landschaftsbilder dem Hörer näherzubringen. Natürlich klingen auch solche Landschaften auf, in denen heute noch, wie im Falle Rumäniens oder Oberschlesiens, größere deutsche Volksgruppen leben... Weiterhin gehören Gespräche mit ostdeutschen Schriftstellern, Künstlern und Wissenschaftlern, aber auch solchen aus dem Ostblock, zu den Bestandteilen dieser Sendungen. Die Aufmerksamkeit der Redaktion richtet sich im Augenblick besonders auf die Probleme der Spätaussiedler...", äußert sich der SDR 1977 (390).

Der in den drei Beispielen bezeichnete Hörfunk-Bereich nahm insgesamt seine Aufgabe wahr.

Die Fernsehanstalten traten in der ARD nach knapp zehn Jahren (1954), mit dem ZDF nach fast zwanzig Jahren (1963) in die Dokumentation und Betrachtung des Einschnittes 1945 ff ein. In einer Zusammenfassung der Aktivitäten des neuen Mediums äußert sich Heinz Rudolf Fritsche ernüchternd: „... Die wertungsfrei informierende Berichterstattung über die Vorgänge der Vertreibung, über die landsmannschaftliche Herkunft und Zugehörigkeit der Vertriebenen, über ihren gesellschaftlichen und damit auch politischen Standort schlechthin wurde indes nur ganz vereinzelt nachgeholt" (397). Diese Äußerung eines Medienkenners aus 1979 könnte auch für die nächsten zwanzig Jahre gelten. Während die Fernsehanstalten alle sonstigen historisch wichtigen Sachverhalte ‚nachholten', einige in überschießender, überbordender Fülle und auch in betont inquisatorischer Art, und dies weiterhin tun, engten sie hier Wahrnehmung und Kenntnis ein, versagten es sich aber nicht - ohne eigene sachbezogene Grundlegung -, zu werten. „Dabei konnte es nicht ausbleiben, daß sich mitunter Ungleichheiten zwischen diesem Bild der Vertriebenen und ihrem Abbild einstellten..." (397).

Im Deutschen Fernsehen wurden seit 1963, nicht ohne Zufall mit der Gründung des ZDF und deshalb sich aufschaukelnd, Sendungen ausgestrahlt, die gegenüber den Vertriebenen vom Revanchismus-Vorwurf lebten, nicht aber Information und Kenntnislage verbesserten. Es gehörte zum guten Ton, an den „Prügelknaben" sein Mütchen zu kühlen. - Als das Jahr 1945 in jeder sonst nur möglichen Art „30 Jahre danach" betrachtet wurde, die Vertreibung aber nicht, zog auf deutliche Anmahnung hin das ZDF 1976 mit zwei Sendungen nach. Beim zwanzigjährigen Gedenken hatte es immerhin bei der ARD noch eine Sendung gegeben, ohne Nachhilfe. Seitdem ist in der Regel nur bei politischen Anlässen ein Alibi-Beitrag zu erwarten, welcher die in Ostfragen personell und fachlich schwach ausgestatteten Redaktionen kurzfristig aktiviert. So konnte es geschehen, daß ein eher beiläufig motivierter und kaum kompetenter Journalist wie Klaus Bednarz zum Spezialisten aufsteigen konnte. - Das Dritte Fernsehprogramm des BR versuchte wegen der Einwirkung durch den Rundfunkrat eine bessere allgemeine Information, während die entsprechenden anderen Sender sich auf lokale Berichterstattung (Eingliederungsfragen für Aussiedler, d.h. also innere Fragen) zurückzogen. - „Das Fernsehen hat... seine Mühe mit der Darstellung etwa der Sicherung und Weiterentwicklung dessen, was mit dem hergebrachten Begriff „Ostdeutsches Kulturerbe" zu umschreiben wäre. Ihm fehlen offenbar nicht nur sachkundige Mitarbeiter, sondern wohl auch Mut und Muße, sich hier unverfänglich zu engagieren. Die Dritten Fernsehprogramme wären der sich anbietende Platz für derlei Programm-Überlegungen" (402).

Das Fernsehen hat die Vertriebenen in ihrem Wunsch, sich insgesamt einzubringen, weder gefragt, noch auch zu Wort kommen lassen. Daraus entstand Unsicherheit, Unverständnis und dann auch Unmut. Da die Aufsichtsräte entweder aus Ohnmacht oder geringem Interesse versagt oder sich versagt hatten, meldete sich in einem Anflug von Mut vor Wissenschafts- und Medienthronen jemand aus der Regierungskoalition, die sich anheischig machte, eine „geistig-moralische Wende" zustandezubringen, zu Wort und versuchte einen Pflock einzuschlagen. Der Bundesminister des Inneren, Dr. Friedrich Zimmermann, äußerte sich am 31.5.1983 im Bayerischen Rundfunk: „Die Vertreibung der Deutschen aus ihrer Heimat im Osten ist ein Ereignis von weltgeschichtlicher Tragweite. Dieser gewaltige Exodus von mehr als 15 Millionen Menschen hat die Landkarte Europas politisch und ethnographisch von Grund auf verändert.... Über 2 Millionen Frauen, Männer und Kinder fanden bei Flucht und Vertreibung den Tod. Viele wurden Opfer grausamer, ja grausiger Verbrechen" (Ahrens 38). „Gemessen an ihrem Ausmaß und ihrer Auswirkung" faßt der Beobachter des Innenministers Worte zusammen, „habe diese politische und menschliche Katastrophe im Ausland nur geringe Beachtung gefunden. Viel unverständlicher sei noch, daß das Ereignis auch bei uns selbst, im Schulunterricht, in den Medien, in der Geschichtswissenschaft, relativ wenig behandelt werde..." Zimmermann: „Was immer die Gründe dafür sein mögen: Ich halte es für verhängnisvoll, wenn in der notwendigen zeitgeschichtlichen Diskussion über Massenverbrechen während des Zweiten Weltkrieges die Vertreibung der Deutschen aus Ostmitteleuropa ausgespart oder nur am Rande erwähnt wird... Geschichtliche Vorgänge eines solchen Ausmaßes können nicht ohne tiefgreifenden geistigen Schaden verdrängt werden...."

In dieser zeitgeschichtlichen Auseinandersetzung beanspruchten die Öffentlich-Rechtlichen jedoch Deutungshoheit.

Nicht nur die Bildmedien verdrängten vorher und verdrängen auch danach, wie zu zeigen war. Es ist nicht von der Hand zu weisen, daß manche mit dem Schaden rechnen, ja, ihn einplanen, denn (Zimmermann:) "So entstehen verzerrte Bilder der Vergangenheit und entstellende Legenden, deren Verbreitung den Ideologen und Radikalen überlassen bliebe" (38). Da aber deren Bekämpfung zum selbstgestellten Auftrag bestimmter Medien-Historiker gehört, wird die Arbeit auch nach sieben mal fünfzig Jahren nicht erledigt sein, wenn es denn weiterhin nach ihnen gehen sollte.

Das BMI unterhält das IfZ, deshalb lieferte dies nach zwei Jahren seine Schlußstrich-Arbeit ab (Benz). Seitdem können die Öffentlich-Rechtlichen mit noch besserer „Begründung" der Verschlußsache V besondere Sorgfalt widmen. -

Die faktisch unkontrollierte Medienmacht ist mit der o.g. Hilfe über den Einwurf eines zuständigen Ministers ungerührt hinweggegangen.

Vertreibung - was soll das sein?

Willy Brandt hatte 1970 mit Hilfe der Vertreiberstaaten seinen ganz persönlichen Krieg siegreich beendet und als ein Ergebnis konnte sein Nachfolger die Verbrechen als ein Kennzeichen der Vertreibung wegschließen (1974), so daß diese künftig als „Völkerwanderung" oder ein sanfter Ausdruck der „Bevölkerungsverschiebungen" gedeutet werden konnte, als ein junger amerikanischer Völkerrechtler an wunde Stellen rührte. Er fragte 1977, warum dem alliiertem Ruf nach kollektiver Bestrafung der Deutschen von den Machtträgern niemand widersprach, warum die Vertreibung in all ihrer Grausamkeit parallel zur Menschenrechts-Diskussion ablaufen konnte, vor allem aber ging er als einer der wenigen zurück hinter 1939 bzw. 1933. Damit durchbrach er das (in diesem Fall:) geschriebene Gesetz der Roosevelt-Churchill-Stalin-Koalition, daß alles Übel nur von Deutschland ausgegangen sei und die Welt - in gerechter Empörung - nur reagiert habe. Dies führte ihn notwendigerweise dazu, „Versailles" zu bewerten, nämlich Minderheiten von den namengebenden Staatsnationen erobern und unterwerfen zu lassen. Zur Behandlung ihrer „Minderheiten" durch die angemaßten Nationalstaaten nahm er besonders die ČSR als Beispiel und folgerte, daß die Revision von 1919 im Jahr 1938 zu spät erfolgte, mithin von einer deutschen Allein- oder auch nur überwiegenden Verantwortung für die gewaltsame Lösung in ihrer Entwicklung bis 1945 nicht die Rede sein könne.

Damit rührte er an das Tabu, das die deutsche Zeitgeschichtsschreibung, seit das Münchner Reeducationsinstitut (IfZ) hier die Deutungshoheit erlangt hatte, als wesentliches Ergebnis ihrer Aufarbeitung der deutschen Vergangenheit in dieser Sache gesetzt hatte. Deshalb übte sich der Mitarbeiterkreis um W. Benz bei dessen Pflichtarbeit in Schadensbegrenzung, in dem er durch seinen Kollegen Auerbach diesen auswärtigen Beitrag herabstufen ließ: Es sei „...keine wissenschaftliche historische Darstellung... Der Verfasser hat zwar umfangreiches Aktenmaterial durchgearbeitet, führt eine immense Literaturliste an und hat viele Zeugen befragt (besonders deutsche Vertriebene), aber er argumentiert aus moralischem Impetus heraus sehr subjektiv, einseitig und in machen Punkten (z.B. was die deutsch-tschechischen Verhältnisse betrifft) einfach historisch falsch" (Benz 222). Auerbach gibt leider kein Stichwort an, dem der Leser nachgehen könnte; er lenkt statt dessen vom Kern der Sache, der Zeittiefe, ab, indem er anschließt, der „Gedanke einer Bereinigung der Minderheitenrpobleme in Ostmitteleuropa durch die Umsiedlung ganzer Volksgruppen ist auch nicht erst durch die Vorschläge von Beneš 1941 aufgekommen, sondern von Hitler seit Ende 1939 praktiziert worden" (223). Natürlich weiß der IfZ-Mitarbeiter, daß die Vorgänge keineswegs vergleichbar sind, aber durch häufige Vermengung der Sachverhalte glaubt er den Leser für diesen Parforce-Ritt schon hinreichend durchgewalkt. Wesentlicher aber ist: Ein deutscher Zeitgeschichtler, der, seiner quasi-amtlichen Berufsstellung wegen, Quellen und Literatur zu überblicken verpflichtet ist, kennt weder die vielfältigen Wurzeln der Vertreibung noch auch den ersten Plan einer „Umsiedlung ganzer Volksgruppen" in Ostmitteleuropa, nämlich den vom September 1938, soweit er nämlich zu Aktenkundigkeit gediehen ist, als Beneš ihn ganz offiziell durch seinen Minister Nečas bei der Garantiemacht seines Staates in Paris vorlegen läßt, um eine Volksabstimung für die ČSR zu verhindern! Ist dies nun Unverfrorenheit, Chuzpe oder tatsächlich blanke Unkenntnis?

Bevor der IfZ sich gegen de Zayas erklärte, hatte dessen Buch gewirkt - im Rahmen dessen, was schon zu dieser Zeit nicht abzudecken möglich war. Es hatte der deutschen - auch wissenschaftlichen - Öffentlichkeit bewußt gemacht, was der wesentliche Ansatzpunkt war: „Obwohl das Thema in Amerika und Großbritannien nicht unmittelbar Tabu ist, so hat die Presse die Vertreibung der Deutschen doch niemals ausführlich behandelt. Die meisten Amerikaner und Briten wissen kaum, daß sie überhaupt stattgefunden hat... Zweifellos hat erst die anglo-amerikanische Zustimmung zum Grundsatz der Zwangsumsiedlung die Katastrophe von 1945 - 1948 möglich gemacht" (de Zayas 194). -

Das IfZ hat die dafür notwendigen Kenntnisse nicht verbreitet, wiewohl es zwanzig Jahre Zeit dafür gehabt hätte.

Fast gleichzeitig kam vom Osten her, wieder durch einen Ausländer, diesmal einen mittelbaren Betroffenen, ein weiterer Stoß in das Selbstverständnis des quasi-amtlichen Zweiges der deutschen Zeithistorie. 1978 wurden acht Thesen eines „Danubius" zur Aussiedlung der Deutschen aus der Tschechoslowakei 1945-1947 veröffentlicht, von denen bald auch übersetzte Teile über einen Exil-Druck aus Paris in Deutschland bekanntwurden. Der Autor gab den Text übersetzt 1985 in München heraus.

Entgegen der Tendenz des politisch tätigen, gegängelten oder geführten Zweiges der deutschen Zeitgeschichtsschreibung und auch der Populärwissenschaft stellt These 1 fest, daß die „Umsiedlungen im 20. Jahrhundert ein außergewöhnliches historisches Phänomen dar"(stellen) (Mlynarik 1), auch da - These 2 - eigene Staatsbürger (hier:) „deutscher Nation" sie erlitten (6), nicht Fremde. Nachdem „Danubius", ein slowakischer Historiker, die Schuldanteile im Staatsvolk in den Thesen 3 - 6 bezeichnet hat ((23 - 36), betrachtet er in These 7 die „katastrophal(e)" Wirkung für die ČSR und stellt schließlich in These 8 fest: „Die Aussiedlung der Deutschen... bedeutete die größte und folgenreichste Verletzung des menschlichen Grundrechts: des Rechts auf Heim und Heimat" (51).

Spätestens hier mußte bei den fortschrittlichen deutschen Kräften die Verständnislosigkeits-Klappe herunterfallen. Was bedeutete es doch diesen Welt-Bürgern, die sich in den USA, in Spanien, Norwegen, Schweden, Polen und auch einmal in Deutschland wohlfühlen, wenn jemand mit Blick auf mehr als ein Dutzend Millionen hier von einem „Recht auf .. Heimat" redete?! Taten dies nicht auch diese „ewigen Nörgler, Unzufriedenen, Störenfriede..", die „Schreihälse im Lager der Vertriebenen", die "„Berufs-Vertriebenen" (Strothmann in: Benz 216)?

Die Wirkung von de Zayas und „Danubius" war dank der modernen Form der Gleichschaltung, der gleich-sinnigen Öffentlichkeitsarbeit, von der Art, daß sich an dem seit nun schon zwanzig

Jahre wirkenden Trend - nicht unterbrochen durch den Zwischenruf Zimmermanns 1982/83 - nichts änderte, er sogar verstärkt wurde.

In einer „Illustrierte(n) Chronik der Bundesrepublik" breitet der Verfasser, nachdem er mit der äußerst spaßhaften Überschrift „Deutschland, Deutschland unter allem in der Welt?" (Albrecht 12 ff) das Geheimnis gelüftet hatte, daß es um dieses Land geht und nicht um Österreich, das auch eine Bundesrepublik ist, Hunderte von Bildern aus, ganz- oder doppelseitige zuhauf darunter, über die Vorlauf-Zeit 1933 - 1945 in breiter Dokumentation, eine Vertreibung aber, die den Autor laut Titel auch nur zu einem Bild aktiviert hätte, hat es nicht gegeben. Aber zu einem Alibi-Textchen reicht es, unter einer Spaltenüberschrift „Die Rache der Sieger" u.a. versteckt, „Die neuen Herrscher verjagten etwa sechs Millionen Deutsche aus den Ostgebieten; über zweieinhalb Millionen vertrieben die Tschechoslowaken. Hunderttausende verhungerten oder kamen anderweitig zu Tode..." (36): „anderweitig", 8 ½ waren es also wohl insgesamt... .

Wie sehr die neue Zeitsicht „bundesrepublik"-weit sich längst und auch schon in den staatlichen Rängen verbreitet hatte, belegt der Foto-Sammler Albrecht mit seiner „Zeittafel der Bundesrepublik (zusammengestellt nach Informationen für die Truppe 5/79 Hrsg. Bundesministerium für Verteidigung. Führungsstab der Streitkräfte I 4)" (598 ff), in der es ein BVFG mit der Wirkung auf Millionen natürlich nicht gibt. Als letzter Eintrag ist notiert: „1987 19. April Vor zwanzig Jahren starb Konrad Adenauer, erster Kanzler der Bundesrepublik Deutschland". In dieser Art füllt der Chronist die Zeilen und die Seiten (er bildet sich bei den Kapitelvorsatzblättern dreimal ab!) und deshalb fehlen sie ihm: Im Stichwortverzeichnis (606 ff) gibt es weder Vertreibung, Vertriebene, Flucht, aber einen äußerst wichtigen „Fang Ji, Chinesischer Vize-Ministerpräsident" oder „etwa (den) Gießener Staatsrechtler Professor Helmut Ridder", der - auf Seite 374 - vor den ersten Notstandsplänen warnt.

Der Foto-Chronist hält aber im Literaturverzeichnis (605) zu den Vertriebenen - als einzigen Titel - einen sinnigen Hinweis bereit: "„Kather, Linus: Die Entmachtung der Vertriebenen, Olzog München". Das hat N. Albrecht gefreut.

Das Unverständnis darüber, daß der Verlust der Heimatgebiete und die Vertreibung seiner Bewohner weder in der Literatur noch in Film oder Fernsehen als große Themen einen adäquaten Niederschlag gefunden haben, hat viele berührt und auch zu Veröffentlichungen geführt, aber die Meinungszellen haben die Verschlußsache für die allgemeine Öffentlichkeit gut bewahrt, einiges den Vertriebenen selbst zu einer Art Eigen-Zensur übergeben, bei der Eingeständnis eigener Schuld erwartet wurde, so daß ein Zeitzeuge 1987 feststellen mußte: „Die Solidarität, das Mitgefühl mit Opfern der Vertreibung, den Toten, den Verletzten, den Entehrten, den Folgegeschädigten ist heute unter uns Deutschen gering oder so gut wie nicht mehr vorhanden." (E. Kuhn 13). Die Opfer kamen eben „anderweitig" zu Tode.

Da mit dem Polen Jan Lipski, „Zwei Vaterländer - zwei Patriotismen", sich 1984 in Paris neben „Danubius" ein weiterer Angehöriger eines Vertreiberstaates zu Wort gemeldet hatte, war nach der deutschen Veröffentlichung (1989) eine Diskussion auf einer sehr abgehobenen Ebene, in fast schon ätherischen Rängen, nicht mehr ganz abzuwürgen. Am 23. Januar 1995 gibt J. G. Reißmüller in der FAZ zu bedenken, ob nicht bei aller Schuld der Deutschen - er wendet sich gegen Aufrechnung, aber nimmt sie an - „im Gedächtnis der Nation auch die ungezählten Deutschen einen Platz haben" (sollen), „die am Ende des Krieges und nach dem Krieg von massenmordender Hand starben. Doch es sind wenige unter unseren Politikern, die zu solchem Gedenken aufrufen".

Die Antwort gab eine Politikerin, Vollmer, von der CDU auf den BT-Vizepräsidenten-Stuhl gehoben und also in ihrer Art dankbar, mit der Forderung, gegenüber der Tschechischen Republik einen „Schlußstrich unter die Vergangenheit von Okkupation, Krieg und Vertreibung zu ziehen" (FAZ 21.12.1995).

In einer Deligiertenkonferenz des sudetendeutschen Priesterwerkes vom 11. - 14. Februar 1996 gaben die Versammelten als Zeitzeugen und in vielen Fällen auch Opfer dazu ihre Antwort, in der sie sich gegen das manipulierende und unhistorische Zudecken stellten und auf die Genese der Vertreibung in der ČSR verwiesen (Mitteilungen 2 ff). Die Argumente von Sachkennern und Betroffenen erreichen die Top-Spalten jedoch selten. - Nachdem der Vatikan die deutsche Vertriebenen-Seelsorge zurückgestuft hatte, stellte ein Beobachter am 27.03.1998 im RM angesichts eines UNO-Entschließungsantrags 1997 und einer Bundestagsresolution von 1994 fest: „Die Betroffenen sehen mit Sorge, wie das Thema Vertriebene in Deutschland immer stärker an den Rand gedrückt und zudem mit zweierlei Maß gemessen wird... Die vertriebenen Deutschen müssen sich wohl damit abfinden, „Vertriebene zweiter Klasse" zu bleiben... Ihre Anliegen... legt (man)... zu den Akten" (Zewell).

Der Landtag in NRW lehnt seit 1997 eine Beflaggung zum Gedenken der Vertriebenen am „Tag der Heimat" ab und kündigt somit die Solidarität mit ihnen auf. - Wie weit der Meinungsdruck gewirkt hat, wird am besten an - wie es scheint - beiläufigen Hinweisen deutlich: FS BR 3 23.4.1998 19.30 - 20.15: „In neuem Glanz" zeigen die „böhmischen Bäder" die „tschechische Tradition"! Die „Hörfunkwoche" MM vom 18./19.4.1998 erinnert zum 18.4. an Joseph Keilberth, der mit dem Orchester „seine (Prager) Wirkungsstätte infolge des Krieges verloren hatte..."!

Das Wort von der "zweiten Vertreibung", der aus den Medien und der sonstigen Öffentlichkeit, will dies kennzeichnen, und es ist guter Brauch der EKD, darin nicht zurückzustehen. Der Landesbischof von Bayern Hermann von Loewenich führte sich bei seinen Brüdern in der ČSR am 7.6.1998 mit der Forderung an die Vertriebenen mit folgendem Wort ein: „Es entspricht dem Geist christlicher Versöhnung, daß wir die Zugehörigkeit ihres Landes zur Europäischen Union ohne Vorbedingungen wünschen". Dies heißt wohl, die Beneš-Dekrete nicht in Frage zu stellen. „Denn der Geist der Versöhnung wird überschattet, wenn er sich mit Rechtsforderungen im Blick auf die Vergangenheit vermischt" (Loewenich). Abgesehen von der absurden Sprachlogik (Es wird vom gleichen überschattet, was sich vermischt!), die einiger himmlischer Nachhilfe bedarf, ist das theologische Konzept bemerkenswert. Er belädt die Opfer mit dem Vorwurf von „Forderungen", sie verlangten also Unbilliges, wenn ein jedem Recht hohnsprechendes Dekret in aller Form kassiert wird, es brauchen aber die Vertreiber Unrecht nicht zu heilen.

Die Kollektivschuld-Erklärung vom 19.10.1945, mitten hinein in das Inferno auch der Vertreibung abgegeben, wurde und wird in der Rezeption des Geschehens und seiner Deutung weiterentwickelt.

„Vertreibung" äußert sich in den vier Stufen des Umgangs mit Verschlußsachen:

VS- für den internen Gebrauch: Nachteilig ist es, wenn sie für sich dargestellt wird.

VS- Vertraulich könnte sein, daß es „schädlich" ist zu wissen, daß sie ein gewaltsamer Vorgang war, der bezeichenbare Opfer kostete.

Geheim: Schwerer Schaden wird den Deutschen zugefügt, wenn in der Öffentlichkeit verbreitet würde, daß sie eine Aktion zur Schwächung des Volkes war.

Streng geheim: Bestand oder lebenswichtige Interessen der Bundesrepublik Deutschland sind gefährdet, wenn deutlich würde, die Vertreibung gründe auf einem Schuldsyndrom unabhängig vom NS-Komplex, mit großer Zeittiefe, unabhängig davon, unter welchen Umständen dann die ‚totale Lösung' bewerkstelligt werden konnte. Die dominierende Politik-Schule des ‚Verantwortungs'-Patriotismus fußt ja auf der Annahme, unser Staat habe sich auf Schuldeingeständnis und auf sonst nichts zu gründen.

Die Veröffentlichungen und die Beiträge in den elektronischen Medien haben die VS so verinnerlicht, daß manche die Vertreibung ganz verschweigen, andere notieren den Vorgang, beschönigen aber, damit der ‚Schaden' begrenzt bleibt. Vor schwerem Schaden bewahren jene, die nicht beschönigen, aber ihr Ergebnis als notwendig ansehen, während schließlich bei sonstiger Offenheit die Zeitgrenze 1939 bzw. 1933 absolutes Tabu ist.

Ein Tabu-Bruch bei Deutschen ist kaum vorstellbar. Wenn ein Ausländer ihn begeht, haben die Reeducationswächter die Wirkung zu mindern, bis sie durch Zeitablauf gegen Null abgeschwächt wird.

Da ist die Lage nach etwas mehr als fünfzig Jahren, nachdem das Inferno über die Millionen hereinbrach.

ENTMACHTUNG UND EINENGUNG DEUTSCHLANDS

Die äußeren Bedingungen der Vertreibung

Einer der Nachfolger Churchills erinnert in einer Rede vor den politischen Rängen Deutschlands 1998 daran, daß im 20. Jahrhundert ein Dreißigjähriger Krieg um Deutschland geführt wurde, vergleichbar dem im 17. Jahrhundert, der - wie wir wissen - mit dessen Machtzersplitterung endete. Da das Wort vom (2.) Dreißigjährigen Krieg vom Karlspreis-Premier stammt, werden sich die Redenschreiber Blairs etwas dabei gedacht haben. Diese Wendung war nicht eine ‚zur Seite gesprochene' Abschweifung in freier Rede, sondern offizieller, fixierter Text, so wie er auch von der zuständigen britischen Dienststelle verbreitet wurde.

Da der Sachverhalt - daß nämlich seit 1914 von der damaligen Super-Weltmacht Großbritannien unter Frankreichs Teilhabe und der abschließenden Dominanz der USA die Entmachtung und Einengung Deutschlands in einem Generationen-Krieg betrieben wurde - den Deutschen nach politisch-korrekter Deutung nicht bekannt sein oder werden darf und Nachfragen bei der Bundesregierung einliefen, verbreitete das Presse- und Informationsamt eine Übersetzung des betreffenden Teiles der Blair-Äußerung. Darin ist nun nicht von einem Dreißigjährigen Krieg die Rede, sondern von zwei Weltkriegen in dreißig Jahren, womit auch der Bezug zu 1618-1648 verschwimmt.

Das für die Öffentlichkeitsarbeit der Bundesrepublik Deutschland zuständige Amt hantiert an der Blair-Rede herum, in dem es eine offenkundig falsche Übersetzung an jene herausgibt, die entweder den Text nachprüfen wollen oder ihn erstmals zur Kenntnis zu nehmen wünschen. Diese Handhabung zeigt, daß in mehr als in einem Sinne die Koordinaten verschoben sind.

Dies aber ist auch die Grundlage unseres Staates, der innerhalb der Reeducations-Zeit in seiner Semi-Souveränität aus der Nationalverfaßtheit in die Gesellschaftsbeliebigkeit verdrängt wurde. Da die Zeitachse bei 1933 gekappt und der Raum bis zur Mittelstaat-Größe beschnitten wurde, sind deutliche Hinweise auf die geschichtliche Kontinuität Deutschlands tabu-belastet. Daß ganz unabhängig von der jeweiligen Staatsform und Führung ein 30jähriger Krieg um und gegen Deutschland geführt wurde, wird durch 1919 ganz deutlich belegt, indem man die demokratische Republik auch unter Gefährdung ihrer und der europäischen Sicherheit in Schuld-Haftung nahm, oder auch im Verhältnis zum deutschen Widerstand gegen Hitler, dem man seit 1937 alle Mittel aus den Händen schlug.

Vorher diente der vom französisch-englischen Bündnissystem geführte gnadenlose Wirtschaftskrieg dazu, das Land zu isolieren und vorbehaltlich der Reparationsleistungen zu drücken. - Die Machtübernahme durch die Nationalsozialisten war vom westlichen Nachbarn mit möglich gemacht worden - Francois-Poncet begleitete dies in Berlin als Botschafter -, das Ziel war der finale deutsche Bürgerkrieg nach dem ‚Mißerfolg' 1923, der das Land aufsprengen sollte, der aber dann - leider - ausblieb. Diese Fehleinschätzung mußte mit einem weiteren Krieg ‚geheilt' werden.

Mittlerweile hatte schon die von einer europäischen Emigrantengruppe gesteuerte Roosevelt-Administration die Führerschaft gegen die Mittelmächte in die Hand genommen. Der 1920 im Isolationismus in Europa zurückgelassene Kampf für eine ‚demokratische Welt' wurde wieder aktiviert und durchformte die Wirtschafts-Macht-Interessen in einem bemerkenswerten Propagandafeldzug, der die Welt säuberlich in Gut und Böse und nicht mehr in Richtig oder Falsch einteilt. - Da Frankreich 1919 seinen Revanchekrieg äußerlich mit Größe abschließen konnte, dann aber bald in eine innere Blockierung Nationale Front - Volksfront verfiel und auch damit den Zusammenbruch des Versailles-Systems verursachte, England von seiner kolonialen Hypothek über Gebühr in Anspruch genommen war, nahmen die USA die europäischen Geschäfte wahr, scheiterten wohl 1938 mit der ČSR, in der sie schon große Industrieanteile hielten, waren dann aber 1939 mit Polen erfolgreich, dem sie propagandistisch und in der Einwirkung auf dessen Garantiemächte den Rücken für einen Kampf mit Deutschland stärkten. Militärische Hilfe wurde nach deren Kriegseintritt sofort angeboten und dann auch gegeben, nachdem die 1937 angeworfene Kriegsindustrie neben dem pazifischen Stellvertreter-Krieg gegen Japan nun auch den atlantischen gegen Deutschland bedienen konnte.

Dem Machtaufstieg der SU mußte und konnte mit einer dann sehr schnell umgesetzten Teilung Europas begegnet werden. Damit schien 1944/45 die Bedingung auch für die deutsche Lösung geregelt und gewährleistet: Zersplitterung und Verkleinerung des Staats- und Volksraumes.

Die Sache Vertreibung als der wichtigste Faktor in diesem Macht-Deal wurde in einer Art umgesetzt, die allein schon von der kurzen Frist her keine Aus- oder Umsiedlung sein konnte.

Die - nun - beiden Weltmächte konnten hier auf in ihren Ländern bewährte Vor-Bilder zurückgreifen. Der rote Zar - Spezialist für Volksgruppenfragen und als solcher zur Macht gelangt - führte die Behandlung von Völkern und Stämmen im eurasiatischen Reich der weißen Zaren weiter, die Gottes-Krieger aus den Vereinigten Staaten hatten ihre Erfahrungen mit den Indianerumsiedlungen und -schlächtereien im 19. Jahrhundert. Es war keineswegs so, daß man auf das Beispiel der Griechen-Türken-Umsiedlungen angewiesen war, wenn man in den Vorarbeiten auch auf sie verwies: es gab nämlich 1945/46 keinen Austausch.

In den Werken und Aufsätzen über die Vertreibung werden zwei Umstände kaum einmal erwähnt, geschweige denn behandelt: die Aufstufung aus den Vorbedingungen und Vorläufern und damit auch die zeitliche Tiefe. Dabei dürfte es einleuchten, daß ein Vorgang dieses Umfanges und dieser Nachhaltigkeit und Wirktiefe nicht vorrangig aus Reaktionen gespeist sein kann und daß der völligen Losreißung von Millionen aus deren Heimatgebieten allmähliche oder auch phasenhaft sichtbare Teilhandlungen vorgeschaltet sein müssen.

Denn es ist doch nicht wie in einem denkbaren Einzelschicksal, wo etwa ein Tötungsdelikt vergleichsweise aus einer verhängnisvollen Verkettung von geringen Umständen entspringen kann. Wo es um Schicksale geht, die in großen Räumen in millionenfacher Verflechtung, unter verschiedensten Rechts- und Verfassungstiteln, ablaufen, ist der dem allen gemeinsame Grund zu untersuchen, der ja dann nicht nur den einzelnen, sondern die vielfältig verbundene Volksgemeinschaft trifft.

- Wo ein Volk aus dem Land gejagt wird, ist es zuvor in den Gedanken vieler, ja, im äußersten Fall in denen derer, die dies veranlassen, daran mitwirken oder dulden, aus dem Land gejagt worden. Es ging hier nicht um Geheimnisse, sondern um eine protzig und stolz gehandhabte öffentliche Handlung. -
- Wo das Eigentum vieler Millionen von einem Tag zum anderen unrechtmäßig in Besitz genommen wird - und dies war allen Beteiligten sehr wohl bewußt -, ist es lange vorher schon begehrt worden und es hat in diesen Ländern auch schon hunderttausendfach geglückte Versuche des Raubes und der widerrechtlichen Enteignung gegeben. –
- Wo Recht und Tradition der Verjagten getilgt wird, hat es vorher an vielen Orten Umwidmungen des Kulturgutes und Rechtsbeugungen gegeben. -

Deshalb ist nach den vielfältigen Bedingungen zu fragen, unter denen im östlichen Mitteleuropa und in Osteuropa dieses Jahrhundertgeschehen ablaufen konnte. Dabei wird sich zeigen, daß die heute üblicherweise vorgeschobenen „Gründe" nicht die tiefen verursachenden Kräfte sind, sondern eher Anlässe und äußere Wirkumstände. - Die Schadensflut ist nicht durch brechende Dämme verursacht, sie wird durch diese gekennzeichnet, abgebildet. Die Faktoren, welche die Vertreibung möglich machten, wirkten schon lange in den Herkunftsländern, sie bündelten sich dann unter den besonderen Umständen der politischen Lage in Europa. Die Vertreibung ist nicht die (eher:) beiläufige Folge des verlorenen Krieges, sie ist vielmehr der verborgene, aber verhältnisvollste Aspekt des Kampfes um ihr Land, der die Deutschen nach einer Anspannung von einer Generation niederwarf.

Die Vertreiberstaaten als Vorposten der Mächte

Keiner der Staaten, aus denen lt. Potsdamer Protokoll der „transfer" durchzuführen war, konnte aus eigener Macht handeln. Die sog. ‚wilde' Vertreibung wie auch die ‚geregelte' waren wohl in zweien der Staaten, der ČSR und Polen, der Idee und dem Ursprung nach entstanden und gewachsen, sie waren aber nur im Siegerkonzept der Mächte ganz umzusetzen. Für den Umgang mit den deutschen Mitbürgern, der „Minderheit", hatte man sich schon vor dem Krieg gegenwärtiger und späterer Hilfe versichert oder zu versichern versucht. Beneš, bis Anfang 1936 noch Außenminister, mißtraute der Garantie allein durch das Versailler Machtduo und bemühte sich bei den Flügelmächten USA und der SU um künftige Absicherung, wobei dies vor dem Krieg nur nach Osten auch in eine Bündnisverpflichtung einmündete (1935, 1943 erneuert), da die USA von Roosevelts Machtgruppe 1936 noch nicht auf Konfrontations- und Kriegskurs eingeschworen waren. Polen hatte in völliger Fehleinschätzung seiner Lage den Krieg seit Frühjahr 1939, nach 1932, also ein weiteres Mal, herbeigebetet und mit vielen Arten innen- und außerstaatlicher Machinationen betrieben und ihn dann von England zur gesetzten Frist bekommen.

Im letzten aber konnte der angloamerikanische Freibrief zur Vertreibung für das wiederbegründete Staatskonstrukt ČSR (diesmal ohne ukrainischen Anteil) und der für Polen, das nun zu über einem Drittel auf deutsches Gebiet geschoben wurde, nur im Rahmen sowjetrussischer Macht in Anspruch genommen werden.

Das auf sonderbare Weise ins Potsdamer Protokoll geratene Ungarn war gewissermaßen als Ersatz zur Vertreiberehre gekommen. Der Vertreibungsgedanke ist vom Ursprung her eine allslawische Komponente des 19. Jahrhunderts. Davon wird im dritten Teil des Buches zu handeln sein. Der eigentlich genuine Mitvertreiber außerhalb Rußlands war Süd-Slawien. Hätte sich Tito nicht von Stalin zu lösen versucht, hätte er in Dreiheit mit Beneš, dem tschechischen Nationalsozialisten, und dem Kominterngenossen des Lubliner Komitees die Vertreibungserlaubnis erhalten. So aber nahm er sie sich aus eigenem Machtwillen und mit stillschweigender Billigung der Angloamerikaner, die ihn gegen Stalin stärken wollten, und dezimierte die deutsche Bevölkerung in der Batschka, im südwestlichen Banat, in Slawonien, Kroatien und Slowenien nicht nur, er viertelte sie.

Die Russen brauchten von niemandem eine Erlaubnis für das Jahrhundertwerk, mit den slawischen Brüdern das Land bis zur Linie Odermündung - Adria von den Deutschen leerzufegen. Nemmersdorf war ein Omen für Königsberg und Tausende von Orten.

Die Ungarn standen wieder einmal unter russicher Dominanz; die eigenen Stammesbrüder waren in der Slowakei selbst mit dem Retributionsdekret Beneš' bedroht. Demnach war es nur konsequent, daß die Vertreibung aus Ungarn, als halb befohlen, abgebrochen wurde, als die ausgewiesenen Ungarndeutschen die Hälfte der vorgesehenen Zahl erreicht hatte. Die Überfüllung Restdeutschlands war für den Abbruch z.T. ausschlaggebend, wie die Zuzugszahlen aus den anderen Gebieten belegen.

Wenn es auch keine vergleichbare Gesetzmäßigkeit ist, als ob Staaten sich wie Personen verhielten, so ist doch nicht von der Hand zu weisen, daß auch dort die Büttel nach der Miene des Herren schielen und - da sie mit geliehener Macht handeln - gerade deswegen ihre Mittel unversöhnlich einsetzen. Die wenigen Äußerungen zum Vertreibungsvorgang aus einem der Staaten, hier: ČSR, belegen, wie bei den Garantiemächten vermutete oder abgelesene Motive bedient werden. Den evangelischen Brüdern auf der Insel und in den Staaten meldet ein Kirchenmann schmerzhafte Erfüllung christlicher Pflicht gegen die deutschen Glaubensangehörigen (Bednař 8), den glaubenslosen Demokraten/West und Demokraten/Ost humanes vernunftsbetontes Handeln gegenüber Wesen, die sich der Einordnung in die Welt der Menschen entzogen: „Wilde Bestien" (Sedlmeyer 508).

In großer Schwierigkeit im Umgang mit dem Gewissen befanden und befinden sich die Verantwortlichen in Polen. Denn der geschichtlichen Größe und der Auserwähltheit des Volkes und Landes entspricht es so gar nicht, daß irgendwer etwas erlaubt oder nicht erlaubt. Im Fall Vertreibung aber versteckt man sich über die vorgeschobenen „Gründe" hinaus nur allzugern hinter dem „Beschluß von Potsdam", dem quasi Weltbefehl, ganz ähnlich den Äußerungen aus der ČR, von der man sich sonst in Fragen nationaler Ehre nur zu gerne absetzt. - Und also bewegt sich die Volksrepublik, nun: Republik Polen durch die Geschichte in der unsicheren Lage eines Ausführenden, der sich eigentlich selbst immer den Befehl zum Handeln gegeben hat. Das macht diesen Staat unberechenbar.

Als die Drei Mächte in Potsdam die unerquickliche Aufgabe zu erledigen hatten, angesichts des schon ausgebrochenen Streites USA - GB, USA/GB - SU und USA - SU die im groben schon aufgeteilte Siegesbeute zu sortieren und zu bewerten - es war ein Geschachere auf hohem Niveau -, wurde die Vertreibung nach Zeitaufwand und öffentlich zugemessener Bedeutung wie eine Nebensache behandelt. Das war nur konsequent. In San Francisco wartete schon der große Welt-Frieden-Deal UN mit all den zu erwartenden Erklärungen, u.a. etwa zu den Menschenrechten. Deshalb wurde die Vertreibung nicht als internationale Sache - wie etwa die des Demokratiestatus´ Polens oder die Aufsicht über die Resourcen Deutschlands - behandelt, sondern als innere Angelegenheit des Landes gewertet, für das die Drei nun leider handeln müßten: Wie hat der Abschaum der Welt mit seinen Resten umzugehen, das Land der Besatzungszonen mit der Hinterlassenschaft Deutschlands in den Grenzen von 1937 und den Deutschen in ihren Volksgrenzen.

Der Beginn der Entwicklung aber, soweit er die Weltmächte betrifft, liegt Jahrzehnte zurück, am Beginn des (2.) Dreißigjährigen Krieges.

Das Versailles-System und seine Krise 1918 - 1938: Anfänge, Pläne und Verdrängung in der ČSR (1) und in Polen (2)

(1) Die seit 1919 geschlossenen Koalitionen bereiteten sich schon vor dem Kriege vor. In Böhmen forderten die Jungtschechen unter Kramář die Dominanz gegenüber den mitwohnenden Deutschen und die Vereinigung mit den Slowaken Oberungarns; die radikaleren tschechischen Nationalsozialisten übernahmen seit ihrer Gründung 1898 darin die Meinungsführerschaft und die Agitation unter Vaclav Klofáč offen mit nationalistischen und hussitischen Gedanken einer „Reinigung" des Landes vergleichbar der im 15. Jahrhundert. Als vor dem Kriegsausbruch eine hochverräterische Verbindung mit St. Petersburg in der Frage einer künftigen Gestaltung und Grenzziehung eines tschechoslowakischen Staates zustandekam und ein „Hanuš Kuffner" einen ersten Entwurf dieses Staates unter gestalterischem Ausschluß der Deutschen im Lande fertigte, war die Zeit der Blaupausen unvermerkt in die Zeit des Hochverrats hineingewechselt.

Der Kriegspakt Frankreichs mit Rußland festigte die Hinwendung der Tschechen Böhmens zur westlichen Kontinentalmacht, die über das Revancheziel das Deutsche Reich in Mitteleuropa schwächen würde. T.G. Masaryk, sinnbildhafterweise im Gründungsjahr der tschechischen Universität in Prag auf den Lehrstuhl für Philosophie dorthin berufen (1882), zuerst Jungtscheche, dann Abgeordneter der von ihm gegründeten Realistenpartei im Wiener Reichstag, wechselte als Hochverräter mit dem Kriegsausbruch die Front und begab sich nach Genf. Anläßlich des 500-Jahrestages des Todes von Jan Hus begann er mit der Gedenkrede den offenen Kampf gegen das Habsburger Reich, dem er im November 1915 einen „Tschechoslowakischen Nationalrat" entgegenstellte. Zugleich ließ er die Verbindung zu Rußland nicht abreißen, er organisierte die dortige „Tschechische Legion".

In eben diesem Jahr 1915, am 2. Februar, begann die Vertreibung der Deutschen aus Ostmitteleuropa mit dem „Liquidationsgesetz" der Regierung des Zarenreiches gegenüber den Wolhyniendeutschen mit deren Deportation. Seitdem wächst diese Gewaltwoge über die Verdrängung der Deutschen in Polen bis zur totalen Lösung unter Beneš und den klerikalen und kommunistischen nationalen Führern Polens, welche die panslawistische Linie zu Ende führten.

Masaryk brachte in der anderen Flügelmacht die Verbindung zu slowakischen Emigranten zustande, was am 30.5.1918 in das Pittsburger Abkommen einmündete. Im Sommer 1915 überschritt sein engster Mitarbeiter, Edvard Beneš, Dozent an der TH Prag, bei Asch die Grenze zum Deutschen Reich und begab sich unbehelligt ebenfalls in die Schweiz. Finanziell wurden sie durch den tschechisch fühlenden Teil des böhmischen Hochadels ausgehalten. Die Zugehörigkeit zum Freimaurertum ebnete beiden wichtige Verbindungen zu den Staatsrängen der Alliierten und jene waren stark genug, die Friedensbemühungen des jungen Kaisers Karl (1916) und dann seine Proklamation für alle Völker Österreichs (1918) abzuwehren.

Damit war ein Tschechoslowakischer Nationalstaat ohne Mitwirkung der Deutschen Böhmens und gegen sie möglich geworden. Die Verfassung des mit gewaltsamer Besetzung in Anspruch genommenen Staates mit den Grenzen aus der vornationalen Zeit für Böhmen, den für die nationale in Oberungarn und der usurpierten Linie in der Karpatoukraine schließt mit dem Art. 1 „Wir, das tschechoslowakische Volk..." die Deutschen, welche die zweitstärkste Bevölkerungsgruppe noch vor den Slowaken bildeten, aus der Mitgestaltung des Staates aus, enthält ihnen Gruppenrechte vor und grenzt sie aus, bis hin zur Bedrohung, sollten sie es wagen, für sich nationale Selbstbestimmung einzufordern. Am 4.3.1919 wurden friedliche Demonstrationen anläßlich eines Wahltermins in Deutsch-Österreich mit gezieltem Feuer und 54 Toten beantwortet.

Die Kuffner-Denkschrift „Unser Staat und der Weltfrieden", die seit 1918 für die Kontakte mit den Alliierten und dann bei den Friedensverhandlungen eingeführt wird, knüpft den Frieden an die Erfüllung generationenalter Wünsche: „Vor allem ist die Zeit gekommen, einmal endgültig die allslawische Frage zu lösen..." und dies ist die Aufgabe für die Tschechen „als des unter den Slawen entwickeltsten Volkes" (Kuffner 55 f). Gegenüber den Deutschen empfiehlt sie die Inbesitznahme „des Grundes und Bodens" und steht zu der Losung „Es befreit auch nicht, wer sich fürchtet, den Räuber aus dem geraubten Gute hinauszujagen" (9). Diese Gedanken haben bis in die Vorbereitungskommissionen des Pariser Diktatfriedens-Systems gewirkt: „Ein Studienkomitee, das Comitè d'Etudes, unter der Leitung des französischen Historikers Ernest Lavirse, das sich mit den sachlichen Bedingungen der Vorbereitung... beschäftigte, hatte sich geäußert: „Es gibt außerhalb Böhmens etwa 4 Millionen Tschechen und Slowaken auf der Welt, die Sprache und Nationalgefühl bewahrt haben. Sie sind fast so zahlreich wie die in Böhmen lebenden Fremden. Diese sind es, die sich dort niederlassen könnten, wo noch gestern Deutsche und Magyaren waren. Wir können daher keinesfalls sagen, daß die Deutschen auf dem tschechoslowakischen Staatsgebiet unersetzlich seien und daß sich die Sprachinseln niemals auffüllen werden"" (H. Kuhn 314).

Dies ist in der Sprache der Bevölkerungswissenschaftler deutlich genug geäußert. Die Aussage enthält alle Grundsätze, mit denen Beneš in Paris operierte, die Unterstellung, die Deutschen seien nach 800 Jahren Wohnsitz und Aufbau im Lande „Fremde", sie lebten in „Inseln", hätten also kein geschlossenes Wohngebiet, was für die Randgebiete Böhmens wie für große Teile Mährens und Sudeten-Schlesiens überhaupt nicht zutrifft, die Inbesitznahme ihrer Siedlungsgebiete sei, so ist es zwischen den Zeilen zu lesen, ein ganz natürlicher und logischer, eine Art ‚demokratischer' Vorgang, ganz in der Linie „vernunfts"betonter französischer Staatsauffassung, die sich nun eben endlich über ganz Europa ausbreiten müsse. Und dafür wurde ja auch die ČSR geschaffen.

Die Vertreibungspläne waren über die populistische Vorbereitung - Kuffner wurde in den Auslagen öffentlich angeboten und vertrieben - und die ‚akademische' Abklärung hinaus in den politisch-diplomatischen Raum gelangt und von tschechischen Unterhändlern, auch schon unter Einbeziehung ihnen gewogener alliierter Politiker erörtert worden, so daß sie im diplomatischen Feld bekannt waren.

In einer Oberhaus-Debatte vom 30.1.1946 rührt der Bischof von Chichester an dieses Tabu (übersetzt:) „Es ist, vielleicht, auch recht und billig, den ehrenwerten Lord daran zu erinnern, daß, als Präsident Masaryk vorgeschlagen worden war, daß er diese Minderheiten abschieben soll, die in diesem Teil der Tschechoslowakei (schon) Jahrhunderte gelebt hatten, er es absolut zurückwies, sich auf eine solch barbarische Vorgehensweise („Politik") einzulassen....." (Parl. 89). Aus späteren Äußerungen Beneš' ist zu erschließen, daß er selbst mit dem Gedanken dieser „barbarischen" Politik sehr wohl umgegangen ist, als er 1946 in einer Rede in Mährisch-Schönberg beklagte, daß die Vertreibung nicht eher erfolgen konnte: „Nun ist es uns gelungen,... daß die Deutschen weg müssen" (Odsun 459), nachdem er in einer anderen beiläufigen Wendung erläutert hatte, daß die Briten damals, 1919, für die totale Lösung nicht zu haben waren - die Franzosen aber doch wohl schon, wie sich zurückschließen läßt.

An für die Volksgruppe entscheidender Stelle aber wurde die Vertreibung schon an kleinen Gruppen umgesetzt. 1919 wurden etwa die deutschen Benediktiner aus Prag vertrieben („ausgewiesen"). Sie konnten ein säkularisiertes Kloster, Grüssau in Niederschlesien, wiederbesiedeln und in Wert setzen. (- Als die Polen sie 1945 von dort wieder vertrieben, wurden sie an der tschechischen Grenze zurückgewiesen. -). Daß die Wünsche der nationalistisch aufgeputschten Tschechen weit gingen, war damals den Deutschen im Kernland kaum bekannt, noch weniger oder gar nicht, wie deren politische Eliten damit umgingen und sie sogar in die Verhandlungen einführten.

Masaryks Grundsatz war, was dies betrifft, für 1919 realistischer, wenn auch für die Deutschen seines Landes, das gegen sie einen Nationalstaat durchdrückte und mit der Verfassung, wie es schien, unwiderruflich machte, nicht ungefährlich. Am 10. Januar 1919 äußerte er sich in einem Presseinterview im „Le Matin" in grober Verfälschung der historischen und der sichtbaren Tatsachen zur voraussichtlichen Entwicklung der „infolge der starken Einwanderung während des letzten Jahrhunderts" mehrheitlich deutsch besiedelten Gebiete: „Im übrigen bin ich davon überzeugt, daß eine sehr rasche Entgermanisierung dieser Gebiete vor sich gehen wird..." (Habel 118). Denn er hatte als Regierungserklärung pünktlich zum Christfest als seinen Beitrag am 23.12.1918 schon geäußert: „Ich wiederhole: wir haben diesen Staat erkämpft, und die staatsrechtliche Stellung unserer Deutschen, die einst als Immigranten und Kolonisten hierhergekommen sind, ist damit ein für allemal festgelegt..." (117).

Zwischen diesen Daten mochte dem Handlungsgehilfen Clemenceaus und Wilsons deutlich geworden sein, daß es verschiedene Methoden gibt, wie sich ein Quasi-Nationalstaat im fremdethnischen Raum oder im gemischtbesiedelten Gebiet durchsetzen kann. Daran arbeitete die ČSR dann zwanzig Jahre.

(2) In Posen und in den mehrheitlich deutschen Städten im Herzogtum und in einigen in Westpreußen hatte die polnische Republik, welche auch die gemischt besiedelten Gebiete in Anspruch nahm, am 27./28.12.1918 ihre Lösung erprobt. Während der Unsicherheit nach dem Waffenstillstand (11.11.) wurde die Provinzhauptstadt erobert und in einer kalkulierten Hetz- und Vertreibungs-Mordorgie ethnisch gesäubert. Tausende Deutsche flohen, um das Leben zu retten, viele wurden in Konzentrationslager wie nach Szczypiorno verbracht. - Der Einfall in Ostpreußen durch die Russen 1914 hatte schon eine Probe gegeben. - Gleiches wurde auch durch den ersten Einfall - als „Aufstand" beschönigt - in Oberschlesien im August 1919 versucht, nachdem Frankreich im Versailler Diktatfrieden den polnischen Verbündeten um fast ganz

Posen und Westpreußen vergrößert hatte, dies mit ganz Oberschlesien aber gegenüber den Engländern nicht schaffte. Seitdem prägt diese Vorgehensart alle von Polen beherrschten Gebiete, also dann auch das vom Deutschen Reich abgetrennte Ost-Oberschlesien. Unter massiver Drohung, Überfällen, Tötungsaktionen werden die Deutschen, wo sie vereinzelt leben, in existentielle Not getrieben, was Hunderttausende zur Flucht über die Grenze veranlaßt.

Der ersten Stufe der polnischen Variante der Vertreibung in ihrer Entstehung folgt die Verdrängung, die ebenfalls den Gewaltaspekt als wesentliches Kriterium der Vertreibung zeigt. Nach einer sehr vorsichtigen Berechnung, welche Daten aus 1930 (Rauschning 23) als zu hoch angenommen (800.000) korrigiert, sind zwischen 1918 und 1931 aus dem Deutschtum Posens und Pommerellens (d.i. Westpreußen ohne Danzig und das Marienwerder Gebiet) 575.000 verdrängt worden (Rhode 1966; 99), ein ganz geringer Teil davon unter einigen Anzeichen von freiwilliger Abwanderung. Dazu sind jene zu zählen, die als Optanten innerhalb einer Jahresfrist nach der Erklärung abzuwandern hatten. Insgesamt wurden 70% der Vorkriegszahl in dieser Art aus dem Land gedrängt. Der Rückgang (1910; 1930) innerhalb der Städte war besonders hoch, z.B. Graudenz von 84,8% auf 10,6%, Bromberg von 77,4% auf 12,6%, doch wurde auch durch Verdrängung der Landpächter und polnische Ansiedlung im deutschen Bauernland die strichhafte Besiedlung in inselhafte geändert.

Die Verdrängungsphase lief in ihren einzelnen Etappen nach gleichartigem Grundmuster ab: Dem auslösenden Überfall bzw. dem gewalttätigen Ereignis folgte die Pression auf die betroffenen Familien, Sippen, die Wohnnachbarschaft, das Viertel, häufig begleitet von ungerechtfertigter Inhaftnahme des Familienvaters oder Ernährers, nächtlicher Überfälle, Brandstiftung. Wenn jemand aus der zur „Abwanderung" in Aussicht genommenen Personengruppe diesem Druck nicht nachgab, wurde über Boykott bei Selbständigen, Versetzung oder Ausstellung bei Unselbständigen auf Sicht die existentielle Schmerzgrenze ausgelotet. Nur Gewerbetreibende in Sonderberufen, die von Polen nicht ersetzt werden konnten, und

Facharbeiter in spezialisierten Betrieben konnten diesem Druck standhalten. Selbständige in Dienstleistungsberufen hatten begrenzte Möglichkeiten, da die aus Zentral- und Ostpolen Zugewanderten die Qualifikationshöhe in der Regel nicht erreichten, während die in den preußischen Provinzen ausgebildeten polnischen Bewohner die deutschen erst nach und nach ersetzen konnten.

Eine Fülle von Klagen beim Völkerbundsgericht und die dort durch die französisch dominierten Mitglieder schleppende und hinhaltende Behandlung dokumentieren die von der Garantiemacht möglich gemachte oder gewünschte Unterdrückung und den trotz eines für Ostoberschlesien geltenden Minderheitenvertrages faktischen Entzug nötiger Garantien für das Überleben der deutschen Volksgruppe.

In den mit oder ohne Abstimmung zwischen 1918 und 1921 an Polen abgetretenen Gebieten war nach dem Ergebnis der bei den Reichstagswahlen 1912 für deutsche und polnische Kandidaten abgegebenen Stimmen als Ausdruck der Volksmeinung über die Zugehörigkeit dieser Gebiete zum Deutschen Reich und der Abstimmungsergebnisse 1920/21 insgesamt weitaus die deutsche Ethnie in der Mehrheit gewesen. - Nach der gewaltsamen Polonisierung durch Verdrängung und Entnationalisierung ging außer im nördlichen Teil Pommerellens überall die deutsche Mehrheit verloren, dramatisch besonders in den Städten (s.o.). Das bis in die beginnenden 30er Jahre französisch dominierte Versailles-System hatte die erste und die zweite Vorstufe der faktischen Vertreibung in Polen ermöglicht und in der ČSR der Verdrängung aus dem Recht Vorschub geleistet:

(1) Hier setzte sich das französische Verfassungsverständnis vom Staatsbürger ohne ausreichende nationale Willensäußerung der Gruppe so völlig durch, daß die namensgebenden 49% Tschechen mit ihrem von ihnen dominierten ‚Bruder'volk der Slowaken gegen die zweitgrößte Gruppe, die Deutschen der Sudetenländer, einen so starken inneren Druck aufbauen konnten, daß hier die Vertreibung 1945/46 in einem Stoß erfolgen konnte. Masaryks

„Entgermanisierung" ließ sich nun in seines Mitstreiters Beneš' Verständnis verwirklichen. Je schwächer das Versailles-Europa wegen der heillos verfeindeten Partner in Frankreichs kontinentalem Bündnis-System wurde, um so verborgener, aber hektischer wurden die Rufe der Freunde Frankreichs nach einer endgültigen Lösung. Als Beneš 1936 die Präsidentenschaft in der ČSR übernahm, sah er sich einem von der kontinentalen Entwicklung desillusionierten England gegenüber, und deshalb setzte er auf die Flügelmächte, mit deren Hilfe er seine Variante durchdrücken wollte (s.o.). - Als England, von Frankreich widerwillig begleitet, am 19.9.1938 die ČSR zur Abtretung der mehrheitlich deutsch besiedelten Gebiete aufforderte, und diese am 21.9. dem entsprach, war dem der kombinierte Abtretungs- und Bevölkerungsabschubsvorschlag Beneš' vom 15.9. (französische Fassung 17.9.) vorausgegangen:

„4000 - 6000 km^2... unter der Bedingung..., daß ein beachtenswerter Abzug von mindestens 1 500 000 oder 2 000 000 der deutschsprachigen Bevölkerung erfolgt. Anders ausgedrückt: Es müßte ein Bevölkerungstransfer stattfinden, wobei die Demokraten, Sozialisten und Israeliten innerhalb unserer Gemeinschaft verbleiben würden..." (Habel 219). Dieser sog. Nečas-Plan ist seit 1957 als veröffentlicht bekannt. Er belegt, daß Beneš die fast totale Lösung auch oder gerade in der äußersten Existenznot seines Staatskonstruktes weiterverfolgte. Denn es drohte die Volksabstimmung, die es von seiten der Polen, Deutschen und Slowaken zum Zerplatzen gebracht hätte.

In München (29.9.) ging es allein um die Modalitäten der Gebietsübertragung - Ziffer 1 bis 4 - und besonders der Erst-Garantie für die ČSR - Zusatz -, der sich England und Frankreich entzogen (Habel 232 f). Damit war das System von Versailles in der Fehleinschätzung jenes Staates zusammengebrochen, der - als Tschechoslowakeiukraine durch Ostmitteleuropa gelegt - sowohl Deutschland als auch Rußland an die Kette legen sollte.

(2) Und auch das Polen von Frankreichs und Englands Gnaden ging den Weg ohne Einsicht und ohne ruhige Selbsteinschät-

zung weiter. Nach Pilsudskis Tod übernahm ein Pralinen-Feldmarschall, Rydż-Śmigly, die Macht und steuerte das Land mit tod-sicherem Gefühl für dessen Selbstüberschätzung in den Abgrund, als England den Bauern in seinem 30jährigen Krieg, dritter Teil, zu opfern nicht umhinkonnte, um Zeit und Raum für seine Offiziere zu bekommen. Aber es hatte noch nicht begriffen, daß es diesen Teil anders als 1919 zu Ende bringen würde, indem es den Sieg an die USA verlor und auch an die SU. Denn ersteres munitonierte Polen 1939 mental, damit es den Krieg eröffne, jenes nutzte sofort die Gelegenheit, den Verlust von 1920 wettzumachen.

Die Koalition der beiden Weltideologien 1939 - 1947: die totale Lösung

Die im Land der Reeducation vorrangig betriebene Geschichtsdeutung ist von bemerkenswerter Schlichtheit. Es scheint nur eine Figur in einem Land zu geben: Hitler in Deutschland. Es wurde als nötig erachtet, daß den Deutschen die Welt auch als Erkenntnisraum entfremdet wurde. Das geopolitische Verstehen verfiel auch mit dem nachlassenden geographischen Überblick in der verordneten Eigenfixierung und die Geschichtskenntnis mit dem Griff ins Genick, der den Kopf immer wieder und immer nur auf die Deutschland-Jahre 1933 bis 1945 stieß. Diese Art Geschichtsdeuter, einige von der Ost- und Westküste zurückgekehrt, die meisten im Lande herangezogen, bei jenen selbsternannten Leuchten beginnend und bei dem kleinen Lichtlein am TV-Himmel - hoffentlich - endend, weiß offensichtlich nichts (mehr) vom Hinausdrängen der europäischen Mächte aus der Weltgeltung, in das Deutschland einbezogen war, nichts vom Griff der beiden Flügelmächte und Weltideologien in den nun aufgesplitterten Kontinent, der eine Art Geschäftsraum der Welt gewesen war und dessen geistige Resourcen ihn für die ideologisch aufgeladenen Mächte begehrenswert machten.

Das Epochenjahr 1917 wird in seiner Bedeutung wenig erkannt, Hitler gab es ja noch nicht; 1919/20 sind nicht deshalb interessant, weil damals die USA und die Räterepublik, diese wegen der gescheiterten Revolutionen, jene wegen der isolationistischen Strömung im Land, sich nicht im ersten Ansturm in Europa festsetzen konnten, sondern weil - retrospektiv aufgebläht - ein ehemaliger Gefreiter gesagt haben soll, er habe beschlossen, Politiker zu werden (Die Geschichtsdeutung von 1933 ff läßt von der anderen Seite her grüßen). Das für die Beziehung USA - Sowjetunion entscheidende Jahr 1933 (1934 vertragliche Folgerung) existiert schlichtweg in dieser Bedeutung nicht. Die Gegenbilder bedingen sich, Hitler ist ganz nah; der absoluten Selbstüberschätzung entspricht die verbiesterte Selbstqual: Die in Scham Untergehenden haben den Blick auf ruhige Kenntnisnahme ebenso wenig frei wie die vom Machtglanz Geblendeten.

Eben 1939 verstehen sich die USA und die UdSSR dazu, das im Binnenkampf sich blockierende Europa außen und innen zu beerben. Die Staaten gewinnen über angebotene Waffenlieferungen an die alten Alliierten mit der finanziellen Oberhand bald die machtpolitische, Stalins Union beginnt am 17.9.1939 nach seiner Rede vom 19.8. mit dem Griff auf Ostpolen, also in der Mitte seiner Angriffsfront, den Marsch hinein nach Ostmitteleuropa und an die Ostsee, der seine Grenzen 300 km nach Westen schiebt. Das schwedische Erz ist ebenso im Blick wie das rumänische Öl. - Der unmittelbare Aufmarsch der Mächte gegenüber Europa und Deutschland ist zeitgleich, in beiden Fällen aus einer vorgeblichen Neutralität heraus. Die UdSSR setzt den Vormarsch am 30.11. gegen Finnland und im Sommer 1940 gegen die Baltischen Staaten und die Bukowina und Bessarabien fort, bereitet bis zum Sommer 1941 sein Aufmarschgebiet gegen das um Kongreßpolen - altes russisches Machtgebiet - vergrößerte Deutsche Reich vor und wartet auf dessen Schwächung im Westen. Am 5.5.1941 bezeichnet Stalin den militärischen Vormarsch nach Westen als Fortsetzung des Revolutionären Kampfes. - Die USA besetzen am 10.5.1940 Grönland, schieben ihre „Interessenszone", also die für den Handel mit Rüstungsgütern, bis zum europäischen Festlandssockel vor - besetzen dabei am 7.7.1941 Island - und steuern seit Juli 1941, genau dem Zeitpunkt des beabsichtigten Schlages der UdSSR nach Westen, die strategische westalliierte Generalplanung und stärken dann sofort, weit vor Kriegseintritt, über das Eismeer mit Waffenlieferungen die russische Front.

Das Interesse beider Flügelmächte ist die Schwächung der europäischen Mächte. Dies trifft das in den Jahren 1939 bis 1942 ausgreifende Deutsche Reich naturgemäß am entscheidensten. Die von Beneš schon in der Zwischenkriegszeit konzipierte Vertreibung (Pläne 1918/19; „Abzug", Sept. 1938) erschien als das nachhaltigste Mittel, den Volksraum, der im nationalen Zeitalter immer auch der angenommene Staatsraum sein wird, entscheidend zu verkleinern. -

Die Versailles-Lösung, also die Absprengung deutschen Siedlungsbodens durch Grenzabänderung, um die ansässigen Landesbewohner in fremdnationalen Staaten nach der Verdrängung großer Gruppen als „Minderheiten" zu beherrschen, ihnen Volksgruppenrechte vorzuenthalten und sie dann und damit zu entnationalisieren, wird von der totalen Lösung Beneš' sowie der national-klerikalen und nationalbolschewistischen Führung Polens abgelöst.

Das Menetekel waren die letzten Augusttage vor dem Kriegsbeginn in Polen und entscheidend die ersten Septembertage, als die ethnische Säuberung die schon durch die Verdrängung seiner Bewohner geschwächten Posener und westpreußischen Städte wie auch das offene Land mit Deportationen und Tötungsaktionen ergriff. Beneš faßte nun seinen tastenden Versuch aus 1919 und die Pläne aus 1938 zusammen, steigerte die Zahl der zum „odsun" Bestimmten mit dem wachsenden Erfolg der Alliierten: Churchill machte das Wort von der totalen Lösung öffentlich. Der angloamerikanische Anteil an dieser Weltaufgabe wurde 1977 herausgearbeitet (de Zayas).

Es ist nur konsequent, daß Beneš die Verbindung zwischen den sich belauernden Mächten in dieser Sache aufbaute und die hier gleichartigen Interessen, die Schwächung Deutschlands bis zur Mittelstaatsgröße oder dessen Aufteilung, vorantrieb. Er führte seine Politik aus den 30er Jahren weiter, handelte sich damit aber eine neue, nun bedrohliche Garantiemacht ein, wurde also, der sich rühmte, die Partner zu benützen, selbst benutzt, was sich 1948 zeigte. Sein Freund Franklin und dessen Onkel Joe sind nun die Garanten für die demokratische Entwicklung der ČSR. Er reist in die Orte der Vertreibung, schürt Haßgefühle, tröstet seine Volksgenossen, daß sie nicht mehr lange zu warten hätten in diesen revolutionären Tagen, bis das Land des Hus rein sei, jetzt, 1945, nachdem 1919 die Engländer, leider, der damals ja schon besten Lösung nicht zugestimmt hätten. Was hätte nicht den Tschechen damit erspart werden können und der übrigen Menschheit, wenn es einen „Abzug" gegeben hätte: Vertreibung als Friedenssicherung! Beneš wird immer als der große Taktiker bezeichnet, er ist aber wohl auch ein großer Negativ-Visionär gewesen.

Die in kalkulierten Haßreden in West und Ost sich übertreffenden Freunde des Wieder-Präsidenten ließen also diese friedenstiftende und vertrauensbildende Maßnahme ablaufen. Churchill, der im Dezember 1944 die „Totalaustreibung" der Deutschen angekündigt hatte, spürte Bedenken erst, als er abgewählt war und sein Werk unumkehrbar. Seine Äußerungen zur Art der Vertreibung sind wohl nicht mehr als taktische Wendungen, mit denen der edle Kämpfer, der er sein wollte, Mitleid mit den Besiegten zeigt.

Der polnische Beitrag zur Entwicklung der Vertreibung seit 1939 war sehr viel komplizierter. Der besiegte polnische Staat hatte seine Vertreter in den angloamerikanischen Machtzentren, in Moskau wurde die anfangs sehr kleine kommunistische Gruppe aufgebaut, im Land gab es die sog. „Heimatarmee". Anders als die Tschechen, die, aufs ganze gesehen, bis zu jenem Tag stillhielten, an dem die Deutschen entwaffnet waren, kämpfte sie, im Untergrund in Partisanengruppen. Die im Land verbliebenen Führer konnten gegenüber den Alliierten auf einen eigenen Beitrag und die Exilregierung auf die in deren Armeen Kämpfenden verweisen.

Das künftige Polen sollte ein großes Polen werden, größer als das von 1919/20, vergrößert nämlich um jene Teile, welche nach dem Verständnis großpolnischer Ideen die Versailles-Mächte dem Land in seiner damaligen und immerwährenden weltgeschichtlichen Aufgabe vorenthalten hatten: die Ostseeküste von der Memel bis zur Oder, das Land dahinter wenigstens bis zur Glatzer Neiße. Polen sollte die Mittelmachtstellung Deutschlands in Europa einnehmen. Daß es möglich sei, in einem nationalbewußten Staat mit den Minderheiten umzugehen, hatte die Zeit zwischen 1919 und 1939 gezeigt, nur war damals Polen für den letzten Erfolg zu wenig mächtig gewesen.

Die Verdrängung über die Grenzen und die hinein in die Entnationalisierung hatte gegenüber den Deutschen als eine der großen nationalen Aufgaben - neben dem Kampf gegen Ukrainer, Juden, Ruthenen, Litauer, Kaschuben usf. - ein gutes, aber noch nicht optimales Ergebnis gebracht. Das Beispiel „Posener Aufstand" Ende 1918 hatte für das gegenwärtige Vorhaben die Richtung gewiesen: Landeserweiterung über Vertreibung der Landesbewohner. Die Tschechen verbrachten die Deutschen über die von den Mächten wiederanerkannte Grenze, die 1919er, die Polen in der Weise, daß sie mit der Vertreibung ihre Grenze in das deutsche Gebiet vorschoben und sie damit gewissermaßen über die Absicht der westl. Sieger hinaus, welche Manövriermasse behalten wollten, unumkehrbar machten.

Deshalb war es entscheidend, daß Stalin aus seiner Besatzungszone das Gebiet östlich von Oder und Neiße mit Ausnahme des nördlichen Ostpreußens an Polen, d.i. zuerst und zuletzt das bolschewistische Lubliner Komitee, zur Inbesitznahme, also zur Vertreibung, sofort weitergab.

Dies geschah gegen das stillschweigende bisherige Einvernehmen mit den Westalliierten, denn die künftige Mittelmacht Polen sollte unter gesamtalliierter Garantie und natürlich: Aufsicht stehen. Die unter großer Mühe formal aus dem Exil West und Ost verbundene provisorische polnische Regierung geriet innerhalb kurzer Zeit in die alleinige Abhängigkeit der Sowjetunion, anders ausgedrückt: Die Vertreibung der Deutschen durch die Polen - die Russen standen dabei Gewehr bei Fuß - nutzt vor allem der östlichen Flügelmacht, die damit seinen Satelliten an die Oder vorschob und zugleich von jeglichem Einfluß durch die andere Weltmacht fernhielt.

Das Vorrücken Volks-Polens an die Görlitzer Neiße statt an die Glatzer Neiße war der dem im Schlepptau des Siegers vorrückenden Verbündeten zugebilligte Ausgleich für das kleine mehrheitlich polnisch besiedelte Gebiet jenseits der Curzon-Linie, das man 1920 gegen das damals geschwächte Rußland erobert und in einem Frankreich-Frieden verteidigt hatte. Das ist im übrigen die Realität gegen die Mär von der „Westverschiebung" Polens, mit der immer noch die Schuljugend der Welt verdummt wird und die Erwachsenenwelt ahnungslos bleibt.

Die Vertreibung der Deutschen durch die Polen zeigt alle wesentlichen Kennzeichen, die aus der Eroberung und Missionierung von Heidengebieten aus der Geschichte hinlänglich bekannt sind. Hinter dem Milizionär mit Kalaschnikoff oder dem Karabiner schritt der künftige polnische Ortsgeistliche, in machen Fällen neben und sogar auch vor ihm - wie dies auch in schönen Historienbildern, Mexiko, 16. Jahrhundert, betreffend, zu sehen ist - und nahm mit diesem das (bald: ur-)polnische Land in Besitz. Da dem polnisch-katholischen Klerus der deutsche Protestant als Heide galt (und wohl heute noch gilt) und der deutsche Katholik wenn nicht als verkappter Ketzer, so doch als ein Unding, da nur ein Pole ein rechter Katholik sein kann und umgekehrt, war der Beitrag der in die deutschen Siedlungsgebiete ausschwärmenden polnischen katholischen Kirche ebenso wichtig wie die Präsenz der (nationalen) Heimatarmee bzw. der kommunistischen Parteikader. Die polnische Kirche, deren Besitz durch das Bodenreformgesetz vom September 1945 nicht angetastet wurde, stärkt mit der Vertreibung der Deutschen ihre Position auch gegen die östliche Vormacht. Im Herbst 1945 ergeht vom Innenminister der provisorischen Regierung an die staatlichen Ordnungs- und Sicherheitskräfte die dringliche Weisung, die Tätigkeit der kirchlichen Organe nicht nur nicht zu behindern, sondern in jeder Weise zu fördern, da jene völlig die Gewähr dafür böten, bei der Inbesitznahme der polnischen Erde die Sache des Volkes zu vertreten.

„Der Kattowitzer Bischof Adamski bereiste Nieder- und Oberschlesien...noch vor Kriegsende und lange vor einer päpstlichen Sondervollmacht in Begleitung kommunistischer Milizionäre, die Staatsunterstützung und Staatsgewalt demonstrierten, und kündigte nötigend seinen Mitbrüdern in Christo die drohende Vertreibung an. Mitte August 1945 meldete Bischof Adamski auf einer Kundgebung dem altkommunistischen General und schlesischen Wojewoden Zawadski die erfolgte Übernahme der Kirchenverwaltung in den Oder-Neiße-Gebieten sowie die Ernennung polnischer Apostolischer Administratoren in Form einer militärischen Erfolgsmeldung, wobei er von seinem Weihbischof begleitet wurde. Dabei betonte er, daß damit ein „brennender Schmerz" ausgelöscht worden sei, denn die deutschen Priester seien ein „Hemmnis" bei der „Entdeutschung" dieser Gebiete und daher auszuweisen" (Strobel).

Geistliche wirkten auch bei der Vertreibung der deutschen Bevölkerung mit, wobei sie polnische Siedler darin bestärkten, daß die Wegnahme deutschen Eigentums weder Raub noch Diebstahl, sondern gottgewollt und daher keine Sünde sei, selbst wenn es mit Gewalt geschehe. Sehr bezeichnend dafür und für den unbarmherzigen Nationalismus der Kirche erklärte Fürstprimas Kardinal Wyszynski, Hlonds Nachfolger, in einer Predigt 1948, daß die „Kirche mit Euch war, als die Stunde der Abrechnung für dieses Jahrhundert geschlagen hatte" (Strobel). Sie war dabei, es gibt bestürzende Aktivitäten des Klerus bei der Austreibung der Deutschen. Ein junger Geistlicher, wird berichtet, stand in einer Doppelreihe, durch die Deutsche gejagt wurden; er machte die Geste des Halsabschneidens, Pfarrer verschafften sich mit der Waffe in der Hand Zugang zu Kirchen und Pfarrhäusern, warfen eigenhändig deutsche Amtsbrüder aus ihrem Wirkbereich, wie auch aus Grüssau berichtet wird. Der Primas Polens, Hlond, bis 1945 von seinen deutschen Mitbischöfen vor Gefährdung bewahrt, nutzt eine vorgebliche Weisung des Vatikans in betrügerischer Weise, die deutschen Bischöfe und Bistumsverwalter aus ihrem Amt zu entfernen.

Ein damals junger deutscher Geistlicher, der aus seiner Tätigkeit in einer deutschen Diözesanverwaltung und dann bei der Seelsorge bei zurückgebliebenen Deutschen unter polnischer Jurisdiktion über einige Jahre über die Art der Amtsführung des polnischen Klerus unmittelbare Kenntnis hatte, faßt vor seinem Lebensende seine Erfahrung aus dieser Zeit zusammen (Scholz).

Als im Juni 1946 die neue Grenzlinie und damit die bis dorthin umgesetzte Vertreibung durch einen Volksentscheid überwältigend bestätigt wurden, durfte die polnische Kirche dies als großen Erfolg verbuchen, weil sie in konkurrierender Machtteilhabe gegenüber dem russisch dominierten, also bei den Polen nicht voll anerkannten Lubliner Komitee, der Steuerungsgruppe des „Demokratischen Blocks", als die wahre Vertreterin des polnischen Nationalinteresse galt, was auch nach dem Zusammenschluß der Sozialisten und Kommunisten zur Vereinigten Arbeiterpartei fortgeführt wird. Die polnische Kirche und die von ihr gelenkten Machtgruppen inner- und außerhalb der Parteien haben insofern das Hauptverdienst an der Vertreibung und der Art der Inbesitznahme des deutschen Landes. Es ist aus ihrem Bereich auch nicht die geringste Kritik an ihr oder an der Durchführung, nicht am Zusammentreiben der niederschlesischen Bevölkerung in den Lagern und den barbarischen Mord-Methoden darin bekanntgeworden oder der menschenverachtenden Art, wie etwa die Danziger Bevölkerung behandelt wurde. Deshalb war es verräterisch, daß die polnischen Bischöfe 1966 mit großer Empörung irgendeinen Vorwurf zurückweisen, daß Deutschen jemals in der Geschichte Unrecht von Polen angetan worden wäre.

„Bischof Kominek sieht das Einrücken in die deutschen Ostgebiete „wie... eine Entscheidung der göttlichen Vorsehung, die dem Auftrag Gottes am Morgen der Menschheit ähnelt: Geht wieder zurück auf euren alten Boden und bewirtschaftet ihn in einer Weise, die den heutigen Forderungen entspricht und bevölkert ihn von

neuem"." Der polnische Episkopat beurteilt am 23.6.1965 die Inbesitznahme als „die Stunde der Abrechnung für Jahrhunderte" und dafür möchte er auch „sein Leben .. opfern" (Scholz 228f).
Das polnische staatliche Umsiedleramt nennt im Januar 1949 2,2 Mill. „ausgesiedelte" Deutsche unter verschiedenen Migrationsgruppen. Die Zahl der Deutschen aus Polen und den deutschen Ostgebieten umfaßt aber besonders jene, die im ersten Anstoß vertrieben wurden, als vor der Front Geflohene und wieder Zurückgekehrte schon an der Grenze daran gehindert wurden oder erst am Wohnsitz.

In der ČSR hatte die Kirche nur geduldeten Anteil, keine Führerschaft bei der Vertreibung zu beanspruchen. Die Nation wurde vom kirchenfernen oder -feindlichen Teil der tschechischen Nationalsozialisten Beneš' vertreten, von den Sozialisten und Kommunisten, von den hussitischen Gruppen, wenig mehr von den freimaurergesteuerten „Realisten" masarykscher Prägung, den Kleinagrariern mit ihrem von der KPČ bald ausgenutzten Sozialtrend. Erzbischof Beran begrüßt die Vertreibung als notwendig, bleibt aber mit dieser Bekundung hinter den anderen tschechischen Führern und weit hinter seinen polnischen Amtsbrüdern zurück.
Das Amt für Volkssiedlung gibt 1947 an, in einem „revolutionären Akt" seien vom Mai bis Spätsommer 1945 1,1 Mill. Deutsche vertrieben worden, bis zum Winter hätten 0,3 Mill. die Grenze überschritten, vom Frühjahr 1946 bis Dezember 1947 1,1 Mill.. Die sog. ‚wilde' Vertreibung wurde also auch nicht durch den Beschluß Ziffer XIII der in Potsdam versammelten Großen Drei ganz beendet und die sog. ‚geregelte' auch nicht mit der o.g. Vollzugsmeldung an die Welt abgeschlossen, wie unten zu zeigen sein wird. Die Waggons aber, welche zugweise je etwa 1200 Menschen über die Grenze geschoben hatten („odsun", Abschub), konnten nun wieder Industriegüter und Vieh für Beneš' Aufbauarbeit transportieren, welche durch die leidige Sache etwas in Verzug geriet. Die von der ČSR den Deutschen präsentierte Generalrechnung ent-

hält natürlich auch diesen Aufwand. Er war aber gut angelegt. Die Jahrhundert-Aufgabe war im groben gelöst.

Die Mächte, Deutschland und die östlichen Nachbarn 1948 - 1989: Vertriebene als Konfliktpotential; Aussiedler und Heimatverbliebene

Der Preis für die folgenreiche Koalition der ‚One World'-Ideologie mit dem Welt-Sozialismus war zuvörderst von den Deutschen zu bezahlen. Das Geschäft Europa konnte aber wegen der Verflechtung Deutschlands mit den Nachbarländern und -völkern im Schaden nicht auf das Land der Mitte eingegrenzt werden. Die Vertreiberstaaten durften wohl den Jahrhunderttraum ihrer Völker in einem hohen Maß verwirklichen, sie hatten sich jedoch damit auch der kontinentalen Flügelmacht ausgeliefert, die Panslawismus schon seit der Mitte des 19. Jahrhunderts anders verstanden hatte als die westslawischen Völker. Die den russischen Imperialismus überformende Ideologie verstärkte dies, das Satellitensystem entstand, das mittlere Deutschland eingeschlossen.

Die ‚Eine-Welt'-Ideologie der USA verwirklichte sich in den UN höchst unvollkommen; das bisherige Machtgerüst auch in Europa wurde von ihr nur überkleistert, was allein schon aus der Struktur des Sicherheitsrates und der zwei Zusatzstimmen in der VV für die SU ersichtlich ist. Die pseudoreligiös aufgeladene und ökonomisch gesteuerte Roosevelt'sche Weltbeglückung schob sich deshalb besonders in das zersplitterte, der staatlichen Macht weitgehend entblößte westliche Mitteleuropa. Hier ließ sich national verfaßte Volkssouveränität nachhaltig zerreiben und aushöhlen und durch Ideologie-Behelf ersetzen: Niederlage und Untergang Deutschlands als Basis neuer Staatlichkeit, eine in der Welt einmalige Aufgabe.

Nicht Deutsche sollten im letzten den Staat tragen, sondern gesichts- und traditionslose gesellschaftliche Elemente. Das Ziel einer immer größer werdenden Gruppe der Bevölkerung war demnach nicht „Deutschland", sondern die „Bundesrepublik". Der formerläuternde Begriffsteil des Staatsnamens machte sich selbständig und versuchte den Volks- und Landesnamen zu beherrschen und zu verdrängen, so daß die konsequentesten Schüler der „Frankfurter Schule" bis in den Bundestag hinein skandierten: „Nie wieder Deutschland", „Deutschland verrecke!"

Dieser ‚Umbau' Deutschlands ist der tiefere Grund für die Anfang der 60er Jahre aufbrechende Anfeindung der Vertriebenen. Diese zeigten in ihrer Herkunft, in ihrem Schicksal und natürlich auch in der teilweise noch vorhandenen Rückkehr-Sehnsucht das Ganze des Volkes und erinnerten auch an seine staatsbildende Kraft, die sich seit dem Scheitern 1848 und dem Bruderkrieg 1866 auch in katastrophaler Verstrickung zeigte. Die Vertriebenen kamen aus allen Stammes-Siedlungsgebieten, sie ‚repräsentierten' das Volk und die Nation mehr als zu dieser Zeit irgend eine andere Gruppe; die Sprecher der Landsmannschaften wurden deshalb von den inneren Feinden des Volkes zu satanischer Bedeutung und Gefahr stilisiert.

Es begegneten sich deshalb sehr bald die Musterschüler der atlantischen Polit-Lehrer mit den Musterschülern Beneš' und Stalins. Denn fünfzehn Millionen werden nicht ohne weitreichende Folgen auch für die Verursacher bewegt. Die durch den Abzug veränderten sozio-ökonomischen Bedingungen machten den Staaten zu schaffen: Auch Raubgut muß in den Wirtschaftskreislauf eingebracht werden, der Hehler - auch als solcher fungierte der Staat - verzichtet nicht auf seinen Aufwand, die Verteilung der Beute ließ wohl Millionen vor Jubel aufschreien, aber eben nur einmal. - Die Hälfte des Volkseinkommens, die vor 1938 in der ČSR von dem Drittel der Staatsbürger erarbeitet worden war, fehlte zum größten Teil. Die zurückgehaltenen Deutschen waren nur in einem Teil der Exportindustrie eingesetzt, aus den Randlandschaften floß wenig in das Binnenland, das alte Siedelland der Tschechen, zurück.

Im Machtbereich der VR Polen stieß die Organisationskraft bald an ihre Grenzen, die differenzierte ostdeutsche Industrie-, Dienstleistungs- und Agrarbasis wiederzubeleben. Im letztgenannten Bereich warf das Ansetzen von ‚Wehrbauern' in den geraubten Gebieten - sie waren eben als solche zu 'verteidigen' - mit schlechter Ausstattung und mangelnder Ausbildung das Land weit zurück. Das von den Russen i.g. intakt übergebene Oberschlesische Revier verfiel, auch, weil die Zentrale in ihrer nationalen Hybris aus ihm zu viel entnahm, der Unterlauf der Wechsel versandete sehr bald, die Oder, der Fluß, den die polnische Wirtschaft einschließlich des ganzen Mündungsgebietes doch als existentiell notwendig reklamiert hatte, folgte, die Kanäle verfielen. Es mußte Schuldige geben!

In den Grenzgebieten der ČSR/ČSSR/ČSFR konnte die äußerst wirksame Propaganda-These verbreitet werden, das Land sei von den Deutschen, die mit Hitler gekommen und also mit diesem hinausgejagt worden seien, in einem ruinösen Zustand zurückgelassen worden. In den Oder-Neiße-Gebieten wurden Zerstörungen, an denen Polen selbst beteiligt gewesen waren, den Deutschen angelastet. - Demnach waren die „Aussiedler", wie sie - und dies nicht nur dort, sondern auch in Deutschland - genannt wurden, also die Vertriebenen, die sich nun jenseits der Grenzen wieder breit machten und das große Wort führten, Hitler-Anhänger eben, die Ursache für manches Ungenügen und Elend in den „wiedergewonnenen Gebieten". - Journale feinster Art an Elbe und Main nahmen die Folgen dieser Deutung in ihre Seiten auf, zugespielte Fälschungen wurden in eben diesen verbreitet, die Hatz begann - wie im ersten Teil des Buches behandelt.

Auf Dauer können der Wunsch, die Vertreibung habe alle wesentlichen Probleme gelöst, und die Erklärung für manche Misere nicht mit einem fernen Phantom jenseits der Grenze bedient werden. Deshalb wurde der Druck auf die im Lande verbliebenen Deutschen verstärkt. In der ČSR dürften 1947 etwa 0,2 Mill. als zurückgehalten verblieben sein, als Sklaven in den Uran- und Kohlegruben, in anderen exportintensiven Betrieben, im Agrarbereich. Sie waren im Land, außer in zwei kleinen Landstrichen mit Wohnkontakt, zerstreut. Eine barbarische Entnationalisierung ohne

119

auch nur den Ansatz einer landesweiten oder durchgehenden deutschen Schulausbildung oder einer kulturellen Betätigung rieb die Restbesiedlung auf. Die nach 1950 mögliche Abreise kann dem Namen nach als „Aussiedlung" bezeichnet werden, da sie die Wahlmöglichkeit, zu bleiben oder zu gehen, vorsah; die Bedingungen, unter denen jene umgesetzt wurde, hatten jedoch Zwangscharakter, so daß von einem fortdauernden Vertreibungsdruck auszugehen ist. Dem entsprach im Aufnahmeland die Einbeziehung der Aussiedler in das BVFG, während die DDR darin die letzte Phase der „Umsiedlung" sah.

Als die Tschechoslowakei von den Deutschen im Land keine Gefahr mehr drohen sah, da sie 1970 schon gar nicht mehr als Nationalität bezeichnet und als Gruppe wahrzunehmen war, auch da das Deutsche als verfemt nirgends zu hören war und die wenigen im Bereich von 0,6% in den Statistiken gesucht werden mußten, mündete die Zeit der Verfolgung in die hochmütiger Duldung, wobei man darauf sah, daß Rentner ausreisen sollten. Auch den verbiestertsten Tschechen war im übrigen klar geworden, daß man allzu lange auf die ‚deutsche Gefahr' gestarrt hatte, während das Problem der Zigeuner („Roma") die „Grenzgebiete" bedrückte.

In den Gebieten östlich von Oder und Neiße war die Vertreibung in einem Gürtel von etwa 100 km Tiefe und in den Provinzhauptstädten sofort und unerbittlich durchgeführt worden, so daß dann die sog. geordneten Transporte das mittlere Schlesien, Teile Oberschlesiens und das hintere Pommern leerräumten. Die als „Autochthone" Reklamierten, hauptsächlich im OS-Industriegebiet, die als polonisierbar galten, da sie z.T. auch das sog. Wasserpolnische verstanden und teilweise auch beherrschten, was bei engerer Nachbarschaft vergleichbar auch in anderen Weltteilen gängig war und ist, bildeten außerhalb der engeren Industriezone an der unteren Oder um Cosel und Ratibor recht kompakte Siedlungsstreifen. Hier hatte auch der rücksichtslose Einsatz der kirchlichen Autorität bei der Entnationalisierung in der traditionell katholischen Bevölkerung um den St. Annaberg große Erfolge, bis die Besinnung auf „Schlesien", besonders die auch von den Polen, den angesiedelten und den mitwohnenden, die als bedrückend empfundene Ausbeutung durch die Zentrale Warschau auch den noch deutsch Geprägten etwas Freiraum bot.

Die „ausreisenden" Deutschen, die Aussiedler, unterstützten von Deutschland aus die in der Heimat verbliebenen Familien- und Sippenglieder so nachhaltig, daß der weitere Abzug die Deutschen insgesamt nicht mehr entscheidend schwächte und sie mit den mitwohnenden Polen eine wohl nicht konfliktfreie, aber erträgliche Symbiose aufbauen konnten. Die hämische Bemerkung eines der Nachfolger Hlonds, Glemp, anläßlich der Bitte, für die Deutschen in Polen deutschen Gottesdienst zuzulassen: „Welchen Deutschen?", fußte weniger auf der apodiktischen Annahme, in Polen gäbe es kraft Verfassung und den Gesetzen nur Polen, eher auf einer bestürzenden Überhebung und zuletzt unchristlichen Haltung eines Primas.

Die Heimatverbliebenen Schlesiens setzten 1989/90 große Hoffnungen auf die Einigung der deutschen Teilstaaten, da mit dem in Sachsen diesseits der Neiße einbezogenen Teil Niederschlesiens eine Art Brückenpfeiler zum Heimatgebiet denkbar war. Sie wurden aber bitter enttäuscht. Weder verstand sich Sachsen dazu, dem Beispiel Mecklenburgs zu folgen und den Landesnamen (wie dort korrekt mit Vorpommern) zu ergänzen, noch war der Gesamtstaat bereit, eine hoheitliche Garantie - vergleichbar dem Versuch im Minderheitenvertrag von 1922 für die Deutschen Ost-Oberschlesiens - in den Vertrag mit Polen einzubringen.

Dies wirkt sich bis in die Gegenwart hinein aus: Nur unwillig und verstohlen begegnen die Vertreter des Auswärtigen Amtes den Deutschen in Polen, wiewohl diese als Staatsbürger oder Abkömmlinge nach der Grenze 1937 den deutschen Paß beanspruchen dürfen und ihn auch in einem hohen Maße besitzen. - Die Vertreibung ist aber auch in Orten Oberschlesiens, in denen bei den Gemeinde-, Kreis- und Bezirkswahlen 1998 viele kompakte Mehrheiten in Orten, eine ansprechende Präsenz in Kreisen und eine bemerkenswerte Minorität im Bezirk Ratibor bestehen, immer noch präsent in der nicht abgewendeten Gefahr, aus der Kultur und

Sprache verdrängt zu werden oder aus ihr unversehens hinauszugleiten, Fremde zu werden in der Heimat. Der deutsche Staat gibt wohl den Paß an Berechtigte aus, sieht aber der Mühe Unentwegter, über den Unterricht mit sehr begrenzter Personalausstattung das Deutsche im Land wenn auch nur halbwegs zu halten, eher distanziert als mit Anteilnahme zu.

Das AA ist fest in der Hand der Reeducation, wenige aus den leitenden Chargen scheinen die Präambel des GG auch nur als historische Reminiszenz zu kennen. Sie schreiten schon zu neuen Ufern.

Die Deutschen im und aus dem Osten: eine Bilanz bis 1999

Der Einigungsschritt 1989/90 mit den Grenzlinien und Verwaltungsvorbehalten 1945 beließ nach Deportation, Flucht, Vertreibung und Aussiedlung, hier unter Vertreibung zusammengefaßt, immer noch Hunderttausende Deutscher jenseits des Geltungsbereichs des GG, welches nun in der Weise verstanden und umgesetzt wurde, daß die Obhutsverpflichtung gegenüber jenen Deutschen ... „denen mitzuwirken versagt war" nur mehr gegenüber denen im Gebiete der DDR gesehen wurde. „Das gesamte deutsche Volk bleibt aufgefordert", hieß es 1949 lt. Präambel zum GG, „in freier Selbstbestimmung die Einheit und Freiheit Deutschlands zu vollenden." Die Einheit sei in Freiheit vollendet; die Volksvertreter, die Umerzogenen voran, jubelten. Jene Deutschen, die einen deutschen Paß beanspruchen durften, aber zugleich in der Heimat ihrer Vorfahren, etwa in Schlesien, leben wollten, waren zutiefst bestürzt, als sie sahen, daß man sie schlicht ‚vergessen' hatte mit der Obhut. Sie fühlten sich verraten.

Im Einigungsvorgang wurde auch nicht ein Ansatz dessen ins Werk gesetzt, was nötig gewesen wäre, jene Deutschen kräftig zu unterstützen, damit sie nicht aus einer sozio-kulturellen Notsituation heraus, sondern in Entscheidungsfreiheit erklären könnten, ob sie Deutsche in Deutschland oder Entnationalisierte in der Heimat sein wollten, die ihnen damit entfremdet würde. - Da der 2+4-Vertrag auch den Görlitzer Vertrag der DDR mit Polen übernommen hatte, dieses Land nach dem großen Gebiets-, Vermögens- und Nutzungszuwachs bis 1990 und weiterhin erhebliche Zuzahlungen erwartete und erhielt, konnte davon ausgegangen werden, daß eine Kulturautonomie für die in Polen lebenden Deutschen unter Verfassungs- und Vertragsbedingungen möglich sein sollte.

Denn ihr Hauptteil lebt relativ geschlossen in einer Wojwodschaft, Ratibor, so daß die bestehenden Freundeskreise und Kulturgesellschaften das nötige organisatorische Gefüge geboten hätte. Da die sonst zwischen Staaten zum Schutz einer Volksgruppe übliche Handhabung versäumt wurde, behelfen sich die Deutschen in Schlesien: Sie wechseln mit zwei Pässen über die Grenze und versuchen in ihrer Zwitterlage dem Nachteil, nirgends als ganz zugehörig angenommen zu werden, einigen Vorteil abzugewinnen, indem sie die Familien und Sippen in der Heimat unterstützen und damit auch etwas kulturelles Unterfutter beitragen.

Als sozio-ökonomischer Faktor sind sie in der schlesischen Heimat nicht wegzudenken, so sehr sie als Deutsche 1945 ‚weggedacht' wurden. Die Zeit hat das Wunschdenken eingeholt.

Von den 7,1 Mill. vor dem Krieg in den deutschen Ostgebieten Lebenden sind auch nach der Aussiedlung wenigstens 0,6 Mill. zurückgeblieben, von den 1,4 Mill. Deutschen Vorkriegspolens dürften 1950 etwa 0,4 Mill. verblieben sein, hauptsächlich in Ost-Oberschlesien; durch Entnationalisierung und Aussiedlung gibt es heute dort nur kleinere Gruppen in wenigen Städten, die ländliche Siedlung ist aufgelöst.

Aus der ČSR/ČSSR/ČSFR sind nach der Aussiedlung über die Familienzusammenführung zwischen 1950, dem Ende der Vertreibung i.e.S., und 1973 84 057 in die Bundesrepublik Deutschland gekommen, es bestanden 25 000 unerledigte Anträge. Die deutsche Restbevölkerung hatte 1947 stärkere Gruppen um Asch, Elbogen, Falkenau, Graslitz und Neudeck in Westböhmen sowie um Gablonz in Nordböhmen, welche auch 1961 noch z.T. bestanden.

Es handelte sich um zurückgehaltene Deutsche (1961: 140 000, 1965: 130 000), sie sind eine Sondergruppe der Vertriebenen. Sie sind z.T. nicht mehr in ihrem Heimatgebiet wohnhaft und insgesamt „in der Heimat vertrieben", da sie ohne muttersprachliche Ausbildung und sprachlichem Umgang sowie kulturelles Umfeld unter schlimmeren Bedingungen leben bzw. lebten, als Sklaven früherer Zeit, etwa die Farbigen in den Südstaaten, denen man einen Teil ihres Umfeldes beließ. Die Entfremdung in der kulturellen Umgebung und von ihr ist eine extreme Form der Vertreibung und, da sie auch von außen kaum wahrgenommen wird, eine gefährliche. Von der angesiedelten Fremdbevölkerung werden die Zurückgehaltenen, der Entnationalisierung preisgegeben, in ihrem Heimat-Land wie Parias angesehen und behandelt.

Von den in Potsdam genannten Ländern, aus denen die Deutschen entfernt werden durften, hatte Ungarn den geregelten Abschub gestoppt. Bei Kriegsende war schon ein großer Teil der in der Batschka Lebenden geflüchtet, da das Gebiet, 1941 Ungarn angegliedert, wieder Jugoslawien zugeschlagen werden sollte, in dem der Druck auf die deutsche Bevölkerung schon in der Zwischenkriegszeit groß gewesen war. - Die verbleibenden Deutschen in Ungarn (1958: 250 000 von 620 000), hauptsächlich westlich und südwestlich von Budapest, die sog. Ofener Deutschen, und die von der Schwäbischen Türkei nahe Fünfkirchen, erhielten nach dem Abklingen der Stalin-Zeit eine begrenzte kulturelle autonome Entwicklungsmöglichkeit auch über Sprachunterricht. Die Deutschen Ungarns sehen eine gewisse Perspektive. Der Staat wollte an ihnen zeigen, wie Volksgruppen zu halten seien: Die Ungarn hatten und haben in der Slowakei und besonders in Rumänien große Anteile, die höchst gefährdet waren und noch sind.

Die Gebiete dort mit deutscher Besiedlung, Sathmar, Siebenbürgen und das Banat, hatten zu Kriegsende eine erhebliche Einbuße, da Rumänien die von der Sowjetunion beanspruche Deportationsziffer ganz aus jenen erfüllte.

Viele kamen nicht zurück. Das Land trat nach halbherziger Gewährung deutschen Unterrichts in den 50er Jahren, als sich der Bevölkerungsstand bei etwa 380 000 stabiliserte (1939: 790 000), in der Ceaucescu-Ära zur Entnationalisierung besonders der Ungarn, aber auch der Deutschen an. Als 1977 die angestaute Antragsflut zur Aussiedlung mit der Entlassung großer Kontingente an Lehrern beantwortet wurde, entleerten sich die Dörfer, die auch durch die sog. Urbanisierung litten. Der Abzug auch vieler Pastoren führte mit zur Ausdünnung Siebenbürgens, das 800 Jahre eine deutsche Insel mit weitreichender Kultur- und Zivilisationshöhe gewesen war. Auch das Banat, seit 250 Jahren eine Siedlungskolonie, verlor seine mitgestaltende deutsche Prägung.

Die inselhafte Siedlung im alten Rußland, in Wolhynien, am Schwarzen Meer, auf der Krim, an der Wolga, wie auch die starke Prägung der Städte im baltischen Gebiet waren einer gestuften Bedrückung, Entleerung und weiteren Eingriffen seit 1915 unterworfen. Nach dieser ersten Deportation, die wegen des geänderten Frontverlaufs nicht fortgeführt wurde, drängten die 1919 gebildeten baltischen Staaten Estland, Lettland und Litauen die deutsche Bevölkerung zurück, ohne sie zu zerreiben, da sie als Gewicht gegen die schon vor dem Krieg spürbare Russifizierung eingesetzt wurde. Die Rücksiedlungsaktion des Deutschen Reiches 1939/43 holte aus diesen Staaten etwa 120 000, aus den Siedlungsinseln des alten Rußland 330 000, aus der Bukowina knapp 100 000, aus Bessarabien und der Dobrudscha ebenfalls um 100 000 in das nun als „Wartheland" bezeichnete angeschlossene teils deutsche, teils polnische Gebiet. Sie flüchteten, soweit immer möglich, 1944/45 vor der Front.

Als 1941 die Wolgadeutschen zuerst hauptsächlich nach Sibirien, nach Kriegsende verstärkt nach Zentralasien, hauptsächlich Kasachstan, zwangsverschickt wurden, waren die früheren Siedlungsgebiete damit aufgelöst.

Aus den innerasiatischen Gebieten versuchen die Deutschen, über eine Generation ohne Möglichkeit ihre Sprache zu gebrauchen und deshalb die Anforderungen der deutschen Behörden darin nur begrenzt erfüllend, nach Deutschland zu kommen, da die Landesbewohner sie als „Russen" bedrängen und auch bedrohen und verfolgen. Die stringente Haltung der deutschen Ämter ist eine ganz andere als bei der Einreise sog. Kontingentflüchtlinge, die ihre Pässe an besonderen Eingängen der zuständigen Behörde, der deutschen Botschaft in Moskau, abholen konnten. - Die Vertreibung der deutschen Bevölkerung Ostpreußens, einschließlich des Memelgebiets, auch die durch die polnische Verwaltung (hier: Danzig eingeschlossen), beließ von den 2,95 Mill. vor 1939 nur mehr 200 000 (Stand 1950). Durch Entnationalisierung und Aussiedlung sank der Anteil der Heimatbewohner weiter, wie auch im benachbarten Pommern, da der polnische Staat die Küstenregion an der Ostsee („Polnisches Meer") und das Hinterland systematisch entleerte, um den Polanen, d.i. Feldbewohnern, in Pomorze, d.i. Land am Meer, Seefahrt beizubringen.

Das deutsche geschlossene und inselhafte Siedlungsgebiet im Osten ist durch die unter dem Versailler System einsetzende Unterdrückung und Verdrängung, dann im Druck der hier aufsteigenden Weltmacht Rußland/Sowjetunion, der sich auch in der deutschen Rücksiedlung äußerte, und - nach der kurzfristigen Ausweitung Deutschlands - in der Koalition mit der westlichen Flügelmacht in der Vertreibung durch Russen und Satelliten bis auf geringe Reste untergegangen.

Europäisierung der Vertreibung: Jugoslawien und seine Vorbildfunktion 2000

Das 1944/45 gegen die Deutschen am schärfsten zuschlagende Staatenkonstrukt, das wiederbelebte Jugoslawien, schon in der Zeugungsstunde, am 29.6.1914 in Sarajewo, unter dem anfeuernden Beistand Frankreichs, nach dessen Machtverfall unter wohlwollender Betreuung der beiden Weltmächte, dann einer, auch über die Weltbank von den USA und der Bundesrepublik Deutschland 45 Jahre lang ausgehalten, brachte Europa konsequenterweise die Segnungen der Vertreibung zurück. Dazu aber mußte sich der, auch im ökonomischen Sinne, als „jugoslawisches Modell" gesundgebetete und gehätschelte Staat in seine Teile auflösen.

Zu dieser Zeit begann - ein Zufall? - eine vierbändige Dokumentation mit zusammen 4066 Seiten zu erscheinen: „Weißbuch der Deutschen aus Jugoslawien", fortgeführt unter dem Titel: „Leidensweg der Deutschen im kommunistischen Jugoslawien" „I. Ortsberichte, II. Erlebnisberichte, III. Erschießungen - Vernichtungslager - Kinderschicksale, IV. Menschenverluste - Namen und Zahlen." Es würde den Rahmen sprengen, auch nur ein Beispiel aus den fast unsagbaren Berichten zu geben. Der Klappentext stellt fest:

„Volksmord, Beraubung, Vertreibung, Internierung einer ganzen Volksgruppe in Zwangsarbeits- und Vernichtungslagern, Verschleppungen, Entnationalisierung von etwa 18 000 bis 20 000 donauschwäbischen Kindern sind Verbrechen erster Größenordnung, über die bislang geschwiegen wurde. - In diesem an politischen Verbrechen gewiß nicht armen Jahrhundert zeichnen sich die Vorgänge in Jugoslawien jener Jahre durch eine besondere Grausamkeit und individuelle Brutalität aus.

Man sollte dieses Weißbuch aber auch vor dem Hintergrund der jüngsten Vorgänge in Jugoslawien sehen, denn es erklärt vieles, was den Menschen gegen Ende des 20. Jahrhunderts unverständlich erscheint". (Weißbuch). - Von den 540 000 Deutschen in Vorkriegsjugoslawien wurden 33 000 (Gottschee, Bosnien) in das Deutsche Reich umgesiedelt; viele konnten 1944 fliehen. Von 131 400 in der Dokumentation namentlich erfaßten Personen (lt. Ortslisten), von denen 90 000 ab Oktober 1944 dem Titoregime ausgeliefert und davon 84 000 interniert waren, gab es 26 677 Zivilopfer, also etwa ein Drittel (984 f). Die „Gesamtzahlen der donauschwäbischen Menschenverluste (durch Hochrechnungen ermittelt)" ergaben an „Zivilopfern insgesamt 59 335", „Gesamtopfer (von 509 350 erfaßten Personen) 16,8 %, 85 399" (1019).

In diesen Staat reist einige Tage vor dem Ablösungskrieg mit Kroatien der Präsident der französischen Republik und bestärkt mit seinem Kollegen vor dem Denkmal der Freundschaft der beiden Völker und der Waffenbrüderschaft, Erinnerung an einen Mordtag, den 29.6.1914, martialisches Miteinander. Die Vertreibungs- und Mordorgien beginnen dann am Grenzsaum zu Kroatien, weiten sich auf Bosnien aus und erreichen bald das Kosovo, den Ort des „Viduvdan" (Veitstag, 29.6.1389).

Die Erben Titos setzten nur fort, was dieser 1944/47 hauptsächlich an den Deutschen, aber auch an Kroaten, erprobt und erfolgreich durchgeführt hatte. Vertreibung lohnt sich. Das haben Tito, Beneš und Beirut/Hlond, die Erben der panslawischen Idee unter der Ägide Stalins und Roosevelts, auch Churchills, 1944 ff bewiesen und das könnte auch ein weiteres Mal gelingen, auch wenn es diesmal, 1990 ff, nicht um Deutsche geht.

Es ist einigermaßen beunruhigend, daß zwei Staaten aus diesem Trio auf dem Sprung sind, ihren erfolgreichen Beitrag für Europa ungeschmälert und mit gutem Gewissen in die EU einzubringen.

Soll sich Vertreibung weiterhin lohnen?

Die vorgeschobenen Deutungen für die Vertreibung

1945 war der völlige Zugriff auf ein Volk in seinen staatlichen und kulturellen Äußerungen, von anderen abgesehen, so nachhaltig umgesetzt worden, daß in den entstandenen Deutungsfreiraum sich verschiedene Ideologien ergossen. Jeder der Gewinner und Mitgewinner des dritten Teiles des 30jährigen Krieges um Deutschland, nach der Fesselung im ersten (1914-1918), der macht- und wirtschaftspolitischen Öffnung und des Widerstandes dagegen im zweiten (1919-1939), nun also der Niederwerfung und völligen Entmachtung, die seit 1937 von den USA aus mit der Quarantänedrohung eingeleitet wurde, suchte sich auf Kosten Deutschlands und der Deutschen auszuweiten. Selbst die Partner des Deutschen Reiches in der europäischen Auseinandersetzung, seit 1936 Italien, 1938 Ungarn, 1939 Rumänien und die Slowakei, 1941 Bulgarien, auch das durch Volkszugehörigkeit und frühere gemeinsame

Staatlichkeit verschwisterte Österreich, trachten ihre neue Position aus der Zuweisung der Verantwortung auf das geschlagene Deutschland zu stärken.

Die Vertreibung hatte die Staaten und Völker im östlichen Mitteleuropa in ihren geographischen Koordinaten weit nach Westen verschoben. - Die Linie Oder - Neiße - Erzgebirge - Böhmerwald - Triester Bucht, in Österreich in einer „neutralisierten" Zone unterbrochen, bestimmte seitdem die Deutungsinhalte. Die östlich davon angesiedelten Themen wurden nur mehr unter Beschuldigungsthesen bewegt: Der deutsche ‚Drang nach dem Osten', vordem eine Sichtweise unter anderen und unmittelbar der ‚Gefahr aus dem Osten' hypothetisch verschwistert, wird nicht auf Belege abgeklopft, sondern nur mehr als Anklagekeule benutzt. Sachverhalte aus unterschiedlichen Bereichen werden zusammengebunden, der Siedlungsvorgang aus der vornationalen Zeit, der verschiedenste Populationen umfaßte, mit staatlichen Aktionen der Jetztzeit verknüpft, etwa Deutschlands ostpolitische Aktivitäten seit 1939. -

Verblüffend dabei ist, daß der Eigendeutung der NS-Ostpolitik in ihrer Vermengung eben dieser und anderer Faktoren die nunmehrigen Propagandathesen der westlichen und östlichen Vormacht, der Satelliten und der deutschen Nachbeter entsprechen. Was aber dort unter dem Vorwurf steht, widerlich unwissenschaftlich und verquast zu sein, ist hier unversehens honoriges, fachliches Argument. -

Der Verweis auf jahrhundertelange wirtschaftliche und kulturelle Tätigkeit im Raum des Landesausbaus und der Kolonisation, ohne den weder die Geschichte der baltischen Staaten, die des westlichen Polens und ganz Böhmens, noch auch die eines großen Teiles von Ungarn und Rumänien verstanden und geschrieben werden kann, wird unter Verdacht genommen. Deshalb ist zur Sicherung dessen, was geschehen ist, nicht nur diese Verschiebung der europäischen Koordinate zu beachten, sondern auch, daß neben dieser örtlichen Schranke, die die frühere Nahtlinie zwischen den deutschen Alt- zu den Neustämmen in etwa markiert, eine Zeitschranke aufgerichtet wird.

Da unterdrückt werden soll, daß die Auseinandersetzung um Deutschland ein in sich geschlossener Vorgang von einer Generation Dauer ist, mit im ganzen gleichbleibenden Konkurrenten und sie aus der europäischen Konstellation gespeist wird, soll dieses Handlungsbündel in einem Schnitt gekappt werden. Das ist weder aus den Fakten des betreffenden Jahres und den Äußerungen aus der unmittelbar anschließenden Entwicklung noch aus der heutigen Sicht belegbar. Das Jahr 1933 ist - unabhängig von der parteipolitischen Entwicklung - innerhalb der Abwehr der Fesselung Deutschlands eines in der Reihe aller vorausgegangenen. Jedes Jahr seit 1919 war davon geprägt, der Artikel 231 als Symbol wurde 1933 und auch später nicht aufgehoben. Die Geschichte hat nicht mit 1933 begonnen oder geendet, wie den deutschen Schulkindern nun seit fast zwei Generationen eingeflößt oder mundgerecht gemacht wird, damit jene als Gebirge deutscher Schuld verstanden wird und nicht als Verflechtung verschiedenster Linien dargeboten werden muß. Daß die NS-Ausprägung für die weitere Entwicklung nicht der vorrangige Aspekt war, zeigt etwa der Umgang der Gegner mit dem deutschen Widerstand jeglicher Couleur und in allen Phasen. Churchill hat deutlich genug erklärt, daß der Gegner Deutschland und nicht der Nationalsozialismus war, wie auch sonst: seit 1914.

Auch die Äußerungen zur Vertreibung, ihre Rechtfertigung, sind durch diese beiden Schranken bestimmt, die örtliche und die zeitliche:

Die deutsche Volksgeschichte, sie ist breiter und wirksamer als die Staatengeschichte, ist jenseits von Oder und Neiße in der Deutung der bleibenden Nachbarn eine der Verfehlung, im besten Falle: einer Verirrung; die Vertreibung ist in deren Sicht allein eine Reaktion auf die Zeit von 1938 bis 1945. Die geschichtsferne Monokausalität dieser Deutung stimmt mit der in unseren Reeducations-Geschichtsbüchern allgemein überein: Schuldvorwurf und Annahme in Scham bedingen sich und schaukeln sich auf. Es ist deshalb verständlich, daß sich die Nachbarn nicht mit den Ursachen der Vertreibung beschäftigen, es ist jedoch ein Skandal, daß sich die deutsche Zeitgeschichte faktisch zu ihr nicht äußert und ihrer Forschungsverpflichtung nicht nachkommt. Die in den folgenden Abschnitten untersuchten „Gründe", nach denen die Vertreibung als eine Art Reaktion auf die Politik des Deutschen Reiches seit 1938 und das Verhalten des deutschen Volkes, besonders seiner östlichen Stammesteile, richtig und angemessen gewesen sei, sind sehr vielgestaltig. Gemeinsam ist allen, daß sie vor die zeittiefen Ursachen geschoben werden, damit die Verantwortung für dieses Menschheits-Verbrechen zugedeckt bleibe.

„Rache" und „Strafe"

Der Zug ausgehungerter Menschen taucht vor dem Fenster auf: „Die werden schon etwas verbrochen haben, daß man sie aus dem Land geworfen hat." - Solche und ähnliche Sätze sind in Deutschland tausendfach gesagt worden nach der Jahreswende 1944/45.

Zugleich mit den Vertriebenen und kurz danach kamen die Äußerungen derer, die den betreffenden „Schub" an der Grenze übergeben hatten. Vom siegreichen Ausländer war sie als bare Münze anzunehmen. Die Vertreiberstaaten verschafften sich einen Vorteil, wenn jene als „Schuldige" die Grenzen passieren.

Das Verfassungsdekret des Staatspräsidenten Beneš „über die Bestrafung der nazistischen Verbrecher, der Verräter und ihrer Helfershelfer sowie über die außerordentlichen Volksgerichte" (sog. Retributions-, d.i. dem Inhalt nach: Vergeltungsdekret) vom 19. Juni 1945 stellt dem Inhalt ein Motto voran. In ihm werden „die unerhörten Verbrechen, welche die Nazisten und ihre verräterischen Mitschuldigen der Tschechoslowakei gegenüber begangen haben" (Habel 284), aufgelistet, ferner die Gruppen genannt, welche sich dieser Verbrechen schuldig gemacht haben, wobei bewußt unklare Formulierungen „... oder anderer hier nicht genannter Organisationen ähnlichen Charakters" (285) eine Einbeziehung etwa auch einer Person mit Zwangsmitgliedschaft als Arbeitnehmer

(Deutsche Arbeitsfront) möglich machte. Dieses Dekret regelte insbesondere die Bestrafung nach Anklage bei den „außerordentlichen Volksgerichten", beließ aber die Bedrohung bis zum Grenzübertritt und schaffte es derart, daß nach diesem Verständnis „nazistische Verbrecher" mit deren Familien in das deutsche Restland kamen.

Ihre Schuld hatte, von der Mehrheit der Betroffenen ausgehend, darin bestanden, daß sie 1935 und später eine Partei gewählt hatten, welche das Selbstbestimmungsrecht für die Deutschen der Sudetenländer in Anspruch nehmen wollten, da die ČSR dieses in der Form einer Kulturautonomie nicht verwirklicht hatte. Weiter bestand ihre Schuld darin, daß sie dieser SdP nicht den Rücken gekehrt hatten, als diese eine Gebietsautonomie als die der damaligen Entwicklung in Europa gemäße Form zuerst mit Hilfe Englands, dann auch Deutschlands, verlangten, aber keinen Erfolg mit dieser moderaten, in vielen Ländern Europas längst umgesetzten Forderung hatte. Für das Frühjahr 1938 bestand ihre Schuld darin, für die Angehörigen große Gefahren zu sehen, daß die ČSR die Deutschen in der Armee gegen die eigenen Stammesbrüder in Stellung bringen würde, was nach der Teilmobilmachung ohne jeglichen konkreten Anlaß in einem drohenden Krieg, der ein chauvinistisches Regime retten sollte, nicht unmöglich war.

Für den September 1938 bestand ihre Schuld darin, daß sie sich vom Deutschen Reich Hilfe erhofften, nachdem ein englischer Abgesandter die Unerträglichkeit tschechischer Bedrückungs- und Entnationalisierungspolitik ausdrücklich dokumentiert hatte. - Das Verbrechen der Sudentendeutschen war demnach, zusammengefaßt, Beneš bei seiner Politik gegen sie nicht unterstützt zu haben.

Wenn diese also schon 1945/46 dem schweren Kerker entkamen, es müßte genauer heißen: den Folterungen und Mordorgien, konnten sie mit dem Grenzübertritt ihre "„Schuld"" wenn noch nicht als verbüßt, so doch unter anderen Umständen als in der ČSR als gestundet ansehen.

Die Alliierten achteten in den Jahren der wilden Menschenjagden über die Grenze wie auch der ‚geregelten' Transporte sehr genau darauf, daß die heimatverbliebene deutsche Bevölkerung nicht Erbarmen mit diesen Nazi-Deutschen fühlte, denen, die vom stolzen Ostlandritt zerschunden und geschlagen zurückgetrieben worden waren. Es ist leider so, daß sehr viele der Verführung erlagen, die eigene, nun demokratische Entwicklung mit strafenden Blicken auf diese „Nazis" einzuleiten.

Die amerikanische Besatzungsmacht verbat sich 1946 einen Bericht in der in München lizenzierten „Süddeutschen Zeitung" über die Zustände in einem Flüchtlings-Auffanglager mit der Bemerkung, diesen sudetendeutschen (übersetzt:) „unverbesserlichen Nazis" sei nicht Mitleid entgegenzubringen, sondern das sichere Gefühl, daß sie Schuld verbüßten. Das ist auch die Verbindungslinie zu der noch immer umlaufenden Propagandathese in der ČSR/ČR, jene seien mit Hitler gekommen und also mit ihm verjagt worden: Rache und Strafe.

Da die Vertriebenen über keine Mittel zur Lebenssicherung verfügten, die über einige Tage hinausgereicht hätten, konnten sie den Almosen, mit denen man sie am Leben hielt, nicht mit der Wahrheit begegnen. Bettler haben kein Anrecht darauf, daß ihre Erklärung als wahr genommen wird. Der einer besonderen Liebe gegenüber den Deutschen unverdächtige Werner Friedmann von der SZ erläuterte in einem Leitartikel vom 4.6.1946 „Sie ernten Haß" einige Umstände der Vertreibung und wurde von seinem Reeducationsgefährten im Aufsichtsamt gerügt. Seitdem hält diese Zeitung ihren Kurs: scharf gegen die Vertriebenen, kein Mitleid.

Es ist bekannt, daß im Protektorat die Zahl der Zuträger äußerst hoch war, so daß die Führer des tschechischen Volkes nun nicht mit Todesstrafen zu sehr in dessen Substanz eingreifen wollten - es war zwischen 1938 und 1945 als einziges im Kriegsbereich, und dies erheblich, gewachsen - und weiter, daß sie einen Teil dieser Machtwechsler als allzuwillige Gehilfen fürs Grobe nutzten, zu denen auch die Kriminellen aus den Gefängnissen geholt wurden. Das war die Bewährung, mit der sie der Strafe entkamen.

Ein Syndrom gesetzesfreier, aber besonders: verbrecherischer Handlungen kennzeichnet den Racheaspekt. Wenn die Strafe zu spät kommt, hat die Rache schon gesprochen: Vergeltung ohne und außerhalb eines gesetzlichen Rahmens, Wiederherstellung nicht eines rechtlichen Zustandes, sondern Reaktion in unbemessenem Umfang, mehr aber noch: Korrektur der eigenen Biographie, gewährt, ja, herausgefordert durch eine auch darin zutiefst verbrecherische Staatsführung, die mit Tito und Stalin an der Spitze dieser Entwicklung schritt.

Unter den ärgsten „Rächern" standen viele, die bis Mai 1945, im Falle der ČSR, in bestem Einvernehmen mit der deutschen Besatzungsmacht gestanden hatten und sich nun als Freiheits- und Widerstandskämpfer gegen Frauen, Kinder und unbewaffnete Männer bewähren konnten in dieser „revolutionären" Phase, wie sie immer noch in der ČR genannt wird.

Die russische Stationsmacht, einzelne westliche Korrespondenten und die unmittelbaren Nachbarn kannten diese Umstände.

Ein Vertreter des dem Deutschen verschwisterten Staates zeigt Profil: „Außenminister Gruber (Österreichische Volkspartei)" äußert am 2. Februar 1946 gegenüber einem tschechischen Legationsrat Verständnis auch für die wilden Austreibungen, indem er sich gegen jene vertriebenen Deutschen stellt, welche „durch entstellende oder übertreibende Schilderungen ihrer Lage die ortsansässige Bevölkerung... (beeinflussen wollen)" (Habel 294).

Ein besonders verabscheuungswürdiges Beispiel rächender „Vergeltung" in der ČSR wurde sogar Gegenstand eines Prozesses vor einem Alliierten Gericht in Deutschland. Das Urteil nahm ausdrücklich Bezug auf das Dekret vom 19.6.1945 und stellte fest, daß es vom Täter zu verbrecherischen Handlungen (Mord und Grausamkeiten) genutzt wurde, das Lager hätte als „Zentrum von Brutalität, Gewalt und Sadismus" gedient. Der Stellvertretende Leiter des Lagers Budweis 1945/46 wurde in München von einem Überlebenden 1950 erkannt - er gehörte zu jenen vielen, deren sich die nun kommunistischen Führer seit 1948 entledigten und die im Westen als Opfer galten - und „zu 8 Jahren Zuchthaus verurteilt. Nach Verbüßung von nur sieben Monaten wurde er durch Gnadenerweis der Alliierten Hohen Kommission am 23.12.1954 unter der Bedingung entlassen, Deutschland innerhalb von 48 Stunden zu verlassen... (296 f). Dies tat er unter einem falschen Namen und mit gewährtem US-Paß.

Die Schicksale der Deutschen von Budweis, die Opfer dieses Staatsangestellten waren, sind beschrieben, es waren Bürger dieser Stadt, denen seit 1918 das Leben in ihr, die einmal eine deutsche war, zum Spießrutenlauf gemacht worden war und die nun, in tödlicher Fortsetzung, von ihnen gereinigt wurde. Das war ihre Schuld; der Haß wurde in vielen Reden und in Zeitungsaufrufen und -kommentaren nicht erst 1945 geschürt (Sedlmeyer 505 f).

Auch die polnische Verwaltung versäumt nicht, der „Rache" und „Strafe" Gesetzes-Rahmen zu geben. Das Dekret vom 28. Februar 1945 über den „Ausschluß feindlicher Elemente aus der polnischen Volksgemeinschaft" (Dokumentation I/3 34 ff) schloß alle aus, die auf dem Gebiet der früheren Republik Polen von der deutschen Verwaltung nach dem 31. August 1939 in die erste Gruppe der Deutschen Volkslisten eingetragen worden waren, die also nach 1919 dem polnischen Verdrängungsdruck und der Entnationalisierung widerstanden hatten. Ihnen wurde auch das Vermögen definitiv entzogen. Polen behielt sich vor, die in die Zweite Gruppe eingetragenen früheren Staatsbürger deutscher Volkszugehörigkeit, jene also, die sich nicht aktiv am Kampf gegen die Deutschen beteiligt hatten, zu rehabilitieren.

Für die Vertreibung wesentlich war das „Gesetz vom 6. Mai 1945 über das verlassene und aufgegebene Vermögen" (65 ff), da es die Flucht vor der Front als freiwillige Aufgabe voraussetzte und bei einem Rückkehrversuch, und es gab eine sehr hohe Zahl darin,, gegen den Deutschen wie einen Räuber vorgehen ließ. Er war dann der Strafe oder der Rache ausgeliefert. Das Gesetz bezieht sich auf das Gebiet des deutschen Staates, ist also auf die beanspruchten deutschen Ostgebiete anwendbar, wie das der „Runderlaß Nr. 4 des Ministeriums für die Wiedergewonnenen Gebiete, Liquidationsdepartment, L.Nr. 2359/376/IV/46 vom 5. Februar 1946 betreffend die Übernahme von verlassenen und ehemaligen deutschen Vermögen durch die Behörden der allgemeinen Verwaltung" 106) auch vorsieht. In einem Folge-Runderlaß wird bestimmt: „1. Das zurückgelassene... Vermögen muß unverzüglich nach der Entfernung der Deutschen derart sichergestellt werden, daß eine auch noch so geringe Minderung durch Diebstahl oder Zerstörung unmöglich ist" (111). Wenn dies auch gegen die sog. „Goldgräber" (ČSR-Diktion) gerichtet ist, wurde es zuerst gegen die Eigentümer selbst angewendet, denen es gelungen war, bis in ihre Heimatorte zurückzukommen.

Raubgier und Vertreibungsorgien, wie sie sich bald in den Sammellagern in Ober-, besonders aber in Niederschlesien abspielten, kleideten sich in honorige Gesetzesform. Eine „Verordnung des Ministeriums für die Wiedergewonnenen Gebiete vom 16. Mai 1946 über die Kontrolle der Bewegungen der deutschen Bevölkerung" (206) führt diese „Zum Schutze der öffentlichen Ordnung... sowie zur Sicherung eines ordnungsgemäßen Verlaufes der Repatriierungsaktion der deutschen Bevölkerung .. in diesen Gebieten" ein. Der „Erlaubnisschein Nr.... zum Verlassen des Wohnsitzes (Aufenthaltsortes),..." ermöglichte die Kontrolle der Deutschen, damit sie dann vollzählig der „Aussiedlung" zugeführt werden konnten.

Das von den Vertreiberstaaten in den Vordergrund gerückte „Vergeltungs"motiv hat sich sogar in die „Dokumentation der Vertreibung der Deutschen aus Ost-Mitteleuropa" eingeschlichen, wo man hinter dem Rücken des Bearbeiters des „Schicksal(s) der Deutschen in Jugoslawien" (Band V) in die „Einleitende Darstellung" eine Interpretation eingeführt hat, als habe illoyales Verhalten der Deutschen in ihren Heimatgebieten in der Vorkriegszeit und besonders deren Einbeziehung im Dritten Reich „ähnlich der einer „Fünften Kolonne" während des Jugoslawienfeldzuges... eine gerechte Strafe" (Weißbuch 876) herausgefordert und durch die Teilnahme von donauschwäbischen Soldaten „auch in Erschießungskommandos" (884) notwendig gemacht.

Die Grundfrage ist hier, ob es nicht nur zulässig, sondern geboten ist, Aktionen im Kriegsverlauf, wie Geiselerschießungen, denen kriegsrechtswidrige Angriffe auf Armeeangehörige aus dem Hinterhalt vorausgingen, mit der Ermordung daran nicht beteiligter Zivilisten aus beliebigen Ortsgemeinschaften in der Zeit nach dem Krieg zu beantworten. Keinesfalls sind Mordaktionen moralisch höher einzuschätzen als Geiselerschießungen, nur weil dort Nicht-Deutsche Täter, hier Opfer sind, oder gleichzuwerten; Vertreibungen als ‚gerechter' als das Festhalten einer Nationalität in der Heimat, wie im Falle der Tschechen im Protektorat, der Polen im Generalgouvernement oder der Serben in ihrem Staat.

Falls bei der Vertreibung durch Polen überhaupt nach Begründungen gefragt wird, ist allgemeines Dafürhalten, ausgelöst durch die betreffende Staatspropaganda und eingesunken in die deutsche Reeducations-Medien, sie sei auf die verbrecherische NS-Politik seit dem „Überfall" zurückzuführen. Geschichte beginnt danach am 1.9.1939 und ist säuberlich auf die Deutschen eingegrenzt. - Dem steht entgegen die durchgehende Linie völker- und staatsrechtswidriger Eingriffe der Republik seit dem Posener Aufstand 1918 über die drei Einfälle in Oberschlesien und eine rücksichtslose Terror- und Verdrängungspolitik, vor der Hunderttausende weichen mußten, bis zu den Exzessen seit der Chamberlain-Rede am 17.3.1939, in der Garantieerklärung vom 31.3. von Polen als Handlungsanleitung verstanden, in der Steigerung seit den letzten Augusttagen mit Tausenden von Mordopfern. Für etwa die Mitte dieser zwanzig Jahre gibt ein englischer Berichterstatter folgende Einschätzung (übersetzt:) „Die Minderheiten in Polen sollen verschwinden. Die polnische Politik ist es, die dafür sorgt, daß sie nicht nur auf dem Papier verschwinden. Diese Politik wird rücksichtslos vorwärtsgetrieben und ohne die geringste Beachtung der öffentlichen Meinung der Welt, auf internationale Verträge oder auf den Völkerbund... Das Ziel der polnischen Politik ist das Verschwinden der nationalen Minderheiten, auf dem Papier und in Wirklichkeit" (Manchester 14.12.1931). Für dieses Jahr benennt das polnische Forschungsinstitut für Nationalitätenfragen die Zahl der bis dahin aus der Provinz verdrängten Deutschen stolz - aber übertrieben - mit etwa einer Million. Über die letzte Welle der Verfolgung, die im Frühjahr 1939 einsetzt, wird im Deutschen Reich nicht berichtet, obwohl allein in deutschen Auffanglagern über 70 000 Flüchtlinge gezählt werden. Die Volksdeutschen aus den Grenzgebieten werden seit Ende August in Deportationszügen nach Mittel- und Ostpolen in Marsch gesetzt. Die Ahndung der Ausschreitungen, die mit Kriegsbeginn einsetzen und denen Tausende Zivilisten, aber auch viele Soldaten, die aus der deutschen Volksgruppe loyal im polnischen Heer dienen, zum Opfer fallen, wird dann Sondergerichten in Bromberg und Posen übertragen, nachdem die Front die Verfolgungen durch rasches Voranschreiten beendete.

Die Verhaftungswelle, die unter den Deutschen nach lange schon vorbereiteten Listen mit einem zentralen Rundruf der polnischen Innenbehörde in Gang gebracht wurde, hatte auch bei den Ordnungskräften eine Psychose entfacht, in die hinein die zurückflutende Armeeteile gerieten, welche die Niederlage an der Front, die den Sieg in der Hauptstadt des Feindes feiern wollte („Auf nach Berlin!"), dem Verrat einer „5. Kolonne" zuschrieb und nach Verrätern suchte.

Ausgangslage für diesen Ausbruch überhitzten Nationalismus' ist die auch im Ausland festgestellte unerbittliche Minderheitenpolitik durch einen chauvinistisch übersteigerten Staat mit nicht einmal 2/3 nationaler Bevölkerung.

Im Zusammenhang gesehen, steigerte die deutsche Besetzung Polens die nationale Auseinandersetzung, sie stand nicht am Beginn, sie verursachte sie nicht. - Die Verfolgung nach dem Krieg führte eine fünf Jahre unterbrochene Entwicklung weiter, sie nannte sich nun Rache.

Staatliche Notwendigkeit

Durch verfälschende Darstellung der sog. Westverschiebung Polens wird der Eindruck erzeugt, die Inbesitznahme der deutschen Ostgebiete unter Vertreibung der Bevölkerung sei die zwingende Folge der Abtretung der Gebiete östlich der Curzonlinie an die SU (1944). Diese Linie, die von einem um friedliche Scheidung der nationalen Gruppen bemühten englischen Diplomaten vorgeschlagen wurde, konnte wohl in diesem gemischtbewohnten Gebiet jene nicht reinlich trennen. Die alliierte Kommission zog sie am 8.12.1919 aber so, daß die jeweils mehrheitlich bewohnten Gebiete durch sie geschieden wurden. Es bleiben im ‚russischen' Gebiet etwa so viele Polen wie im ‚polnischen' Ruthenen und Ukrainer. Die Republik Polen erkannte die Linie nicht an und eroberte hauptsächlich mit französischer Hilfe das mehrheitlich nicht-polnische Gebiet bis zu einer Linie 40 km vor Minsk und zwang die Räterepublik zu einem Frieden (1923). Dann versuchte sie Ruthenen und Ukrainer in einer Art zu entnationalisieren, welche die internationale Öffentlichkeit äußerst beunruhigte (s.o.). Die SU strebte nach Revision und besetzte seit 17.9.1939 weitgehend kampflos das Gebiet und beanspruchte es wieder als Sieger 1944.

Der polnische Staat hätte - hypothetisch - ‚seine' ukrainisch-ruthenische Bevölkerung gegen die gleichgroße polnische aus dem Osten austauschen und so ein halbwegs homogenes Gebiet erreichen können. - Es zog auch ein großer Teil der Ruthenen und Ukrainer ostwärts in die SU, die von dort kommenden Polen, viele erst seit 1923 dort zur Minderung der Wohnbevölkerung angesetzt, aber wurden nicht in ihre ursprüngliche Heimat oder ins polnische Kerngebiet, woher sie gekommen waren, gebracht, sondern in den deutschen Ostgebieten, dem „Wiedergewonnenen" Gebiet, angesetzt, wiederum als „Grenzwächter" und "Wehrbauern", diesmal gegen Westen, die Deutschen.

In diese Gebiete, von den Bewohnern weitgehend durch Vertreibung gereinigt, wurden folgende Bevölkerungsgruppen insgesamt geholt: Polen aus Weißrußland und der Ukraine (1 ¼ Mill.), Polen aus dem Ausland (z.B. Frankreich), als größte Gruppe Polen aus dem Kernland (3 Mill.) und - einem Außenstehenden höchst unverständlich - die noch im polnischen Gebiet einbezogenen Bergukrainer (Goralen u.a.) (¼ Mill.) Da diese aber die Heimatgebiete nicht verlassen wollten und nach den Erfahrungen in der ersten polnischen Zeit (1918-1939) weitere terrorartige Verfolgungen und Mordaktionen gewärtigen mußten, setzten sie sich in einem von 1946 bis 1950 dauernden erbitterten Heimatkrieg zur Wehr und wurden nach der Niederlage unter Zerreißung der Sippen- und Ortsgemeinschaften in das deutsche Gebiet verschleppt, hauptsächlich nach Hinterpommern und ins südliche Ostpreußen, und in so kleinen Gruppen angesetzt, daß deren Kinder nicht in ihrer Muttersprache unterrichtet werden mußten („konnten").

Deren Entnationalisierung hat jedoch noch keinen endgültigen Erfolg gebracht. Die von der Weltöffentlichkeit völlig abgeschirmten durch Völkermord entleerten Gebiete sind heute Naturschutzgebiet; sie werden von Polen weltweit zur Erholung angeboten, besonders auch in Deutschland durch das FS, und auch hauptsächlich von Deutschen genutzt.

Der Irrwitz hat Methode.

Zusammengefaßt ist aus der „Westverschiebung" (Churchills Spiel mit den Streichhölzchen, wie liebevoll erzählt wird!) zu folgern: Die deutschen Gebiete, auch die in Polen in den Grenzen von 1937, werden durch Vertreibung weitgehend entleert (über 8 Mill.), damit hauptsächlich aus dem - dünnbesiedelten - polnischen Kerngebiet Kleinbauern in hochentwickeltes Agrargebiet gelockt und Arbeiterschaft in den Industriezentren angesetzt werden konnten, außerdem die Entnationalisierung der Ruthénen in der Zerstreuung umgesetzt werden kann, für Auslandspolen im ausgeweiteten Staatsvolk-Gebiet Platz geschaffen wird und für die polnischen Neusiedler, welche die imperialistische Politik nach 1923 im Osten voranbringen sollten, nun Neusiedlerplätze im Westen zur Verfügung stehen.

Nur in *einem* Gebiet des früheren Ostpolen konnte von einer halbwegs geschlossenen polnischen Bevölkerung gesprochen werde, wenn auch mit anderen Gruppen untermischt, im Gebiet um Lemberg und in der Stadt selbst. Diese Polen wurden in Breslau angesetzt.

Die „Westverschiebung" ist also - denn ohne Menschen ist ein Land ohne Bezug - aufs ganze gesehen: Südliches Ostpreußen, Danzig, Ostpommern, Ostbrandenburg, Schlesien hier - der Bezirk Lemberg dort, acht Millionen gegen eine halbe. - Da sich Polen als Nationalstaat versteht und also das Volks-Land wesentlich ist, kann man nicht von der Fiktion ausgehen, das Gebiet jenseits der ehem. Curzonlinie sei dem zuzuzählen. Statt „Westverschiebung" ist demnach die Inbesitznahme der deutschen Gebiete richtigerweise „Westausdehnung durch Eroberung", wie sie schon 1918/19 mit Vertreibungen in Gang gebracht und 1945 weitergeführt wurde, nachdem die erste Phase nur bis zu den alten Grenzen vorrücken konnte und sie nur in Oberschlesien überschritt.

Das „Opfer" einer Verschiebung ist eher, machtbewußt agierend, ein Täter. Die propagandistisch verstärkte Fehlsicht, die Vertreibung heile gewissermaßen ein Polen im Osten angetanes Unrecht, konnte und kann in Deutschland vor allem wegen der bemerkenswerten geographischen und historischen Ahnungslosigkeit transportiert werden.

Die 1945 wiederbelebte ČSR ging - und die ČR geht - ebenfalls davon aus, daß die Vertreibung zur Erhaltung und Sicherung des Staates notwendig, sinnvoll, vernünftig gewesen sei und daß sie auf dem Altar der Geschichte als Dank- und Sühneopfer von den Deutschen zu erlegen war, hatte man sie doch nicht ausgetilgt, wiewohl sie alles Recht im Land verwirkt hätten. Warum nur wollten sie nicht in diesem Staat der „Tschechoslowaken" leben, wo diese doch an der Spitze der demokratischen Völker schritten?

1918 setzten die Tschechen im mehrnationalen böhmischen Land unter gestaltender Einwirkung Frankreichs den Machttraum um, es sei ihre weltgeschichtliche Sendung, daß hier nur sie bestimmend tätig sein sollen, man den mitwohnenden Volksteil als „Minderheit" davon ausschließen könne, kraft rechnerisch-demokratischer Übung -, nachdem man sich mit Hilfe des slowakischen „Bruder"-Volkes im Gesamtstaat aus den 49% elegant in ein Mehrheitsvolk verwandelt hatte. Bis 1938 hatte, bei Masaryk beginnend, die Staatspolitik über diese Konstellation keinen Zweifel gelassen und die formal-demokratischen Mittel neben dem Machtmonopol, wie am 4.3.1919 gezeigt, rücksichtslos eingesetzt. Daß die Tschechoslowakeiukraine ein Konstrukt war, dürfte allen bewußt gewesen sein; die französischen strategischen Ziele hatten sie ja danach entworfen. Als im September 1938 bei einer Abstimmung aller von den Tschechen einbezogenen Völker und Volksgruppen, die Slowaken eingeschlossen, das Ende zu gewärtigen gewesen wäre, legte das Staatsinteresse Beneš' nahe, die nicht zur Ehre des vollen Staatsbürgers („Tschechoslowake") Tauglichen oder Willigen über die Grenze zu schaffen (17.9., Nečas-Plan). Wer dies und alle anderen Bemühungen, das Staatskonstrukt zu verteidigen, nicht unterstützt, ist Staatsverräter.

Das Retributionsedikt vom 19.6.1945 nahm diese Linie wieder auf. Die Vertreibung derer, die den Staat „verraten" hatten, indem sie Selbstbestimmungsrecht auch für die eigene Volksgruppe beanspruchten, war notwendig, vernünftig, gerecht und eine im übrigen ‚saubere' Lösung, da eine Staatsgrenze bessere Definitionen erlaubt als das beste Volksgruppenrecht.

Die von der tschechischen Nationalsozialistischen Partei seit der Jahrhundertwende als Ziel vertretene Idee einer Herrschaft nur der Tschechen in Böhmen wurde Vorbild für alle späteren derartigen Parteien, die NSDAP eingeschlossen. Es ist bei sich widerstreitenden Interessen in gemischtnationalen, aber abgrenzbaren Bereichen nicht erkennbar, warum Beneš mit seinem Konzept hier Vorrang haben sollte und die Slowaken, Ungarn, Polen, Deutschen kein Anrecht auf eine nationalstaatliche Lösung haben sollten.

Die Vertreibung ‚löste' diese Frage auf ihre Art. Sie ist - nach allem, was wir bisher von den Auswirkungen kennen - auch wegen der dabei zu gewärtigenden Opfer die menschenverachtendste

Methode, Nationalitätenkonflikte zu lösen, ohne die rivalisierende heimatgebundene Gruppe ganz auszulöschen. Sie wird jedoch mit den Wurzeln ausgerissen, damit der Staat sein offensichtlich wesentlichstes Gestaltungskonzept ungehindert bis zur Grenze tragen kann. Alle anderen Kriterien werden weggewischt.

Das ist totalitaristisch im Wortsjnn.

Dieser nationale Totalitarismus wird von den Verfechtern der Vertreibung im Ausland und den verständnisvollen Helfern im Land weiterhin vertreten. Er soll künftig noch wirkungsvoller verbreitet werden, europäisch.

Eine unbedingte Art, die deutsche Frage in einem gemischtbesiedelten Land zu lösen, prägte Jugoslawien nach 1944. Schon die Agrarreform (1919) des Zwischenkriegs-Staates versuchte in die entwickelten Gebiete des Nordens einzudringen, indem slawische „Kolonisten" aus dem Süden in die Dörfer der nationalen „Minderheiten" (Donauschwaben, Magyaren) kamen, andererseits Grundstückskauf durch Nicht-Slawen via Gesetzessperren fast unmöglich wurde, da er, nach einer Einschätzung der Deutschen Gesandtschaft in Belgrad, „den allgemeinen Staatsinteressen... (widerspricht)" und es „die Absicht des Gesetzgebers ist,... den Volksdeutschen... von hier [Slawonien] völlig zu verdrängen" (Weißbuch 878). Deren hervorragend ausgebautes Agrar- und Genossenschaftswesen und die gute Bodenausstattung reizte den serbischen Bevölkerungsteil im donau-schwäbischen Siedlungsgebiet, mehr noch die Leute aus dem Süden. -

Tito bediente sich dessen in der Kollektivierung in doppelter Weise: Er nahm sie als Voraussetzung für den „Aufbau des Sozialismus" und er hielt mit der scharf antideutschen Politik die von ihm faktisch unterworfenen mit-slawischen Gebiete zusammen: Bodenraub, kalkuliertes Töten in „Aussiedler- und Internierungslagern", Vertreibung als Staatsinhalt. Eine Rolle spielte dabei auch die Unterstellung, die deutsche Volksgruppe sei schon vor 1941 illoyal gewesen und folglich ihre Behandlung als Kollektivstrafe gerecht.

Nach dem neuerlichen Zusammenbruch des 1944 wiederbelebten Staatskonstruktes ist in Rest-Jugoslawien die Wojwodina, in der die Deutschen siedelten, jenes Gebiet, das vom serbischen Aggressionsfeld (1918 ff) übrigblieb, wobei vom Kosovogebiet abzusehen ist, das schon seit 1913 einbezogen ist und wegen der geschichtlich-mythischen Bedeutung als serbisches Schicksalsland gilt.

Die Front der russisch dominierten oder geführten Staaten hatte sich unter der Vorgabe, ihre Länder zu sichern, 1944/45 in der Fortsetzung alter Ziele durch die Vertreibung auf die Linie Stettin-Triest vorgeschoben.

Historische Gerechtigkeit

Die Entstehung oder Belebung der slawischen Staaten in Ostmittel- und Südosteuropa geschah unter der Aura von Mythen. Dabei wurden auch tatsächliche Vorgänge mythisch verklärt oder zu fragloser Unbedingtheit hin verschoben. Aus dem Tannenberg, bei dem ein Heer der „Brüder des Deutschen Hauses St. Mariens zu Jerusalem" („Deutscher Orden") mit Hilfstruppen einem - nach heutiger Bezeichnung, nicht damaligem Verständnis - mehrnationalen Heer des polnischen Königs unterlegen war, in dem ein Balte, Witold, weiters deutsche Kontingente aus Städten des Ordenslandes und Tataren für dem Schlachtverlauf die wichtigste Rolle spielten, wurde ein glänzender "polnischer" Sieg bei „Grunwald" (eigentlich: Grünfelde), mit dem natürlich nicht die Geschichte des polnischen Staates begann, aber das sichere Verständnis, daß dieser Hieb gegen „die Deutschen" den Glanz des Staates bis an das Ende der Menschheit trage, örtlich und zeitlich. Es gibt dafür Tausende von Darstellungen, bei denen sehr viele die Grenze der Lächerlichkeit auszuloten nicht umhinkonnten. 1939 sucht P o l e n demnach seit dem Frühjahr („Auf nach Berlin!") den Sieg bei einem zweiten, anderen Grunwald, wobei ein Zusatz nicht störte, am Rande von Berlin.

Das lockere Herrschaftsgebilde der polnischen Könige seit der Jahrtausendwende, durch das Römische Reich und (damit) das Papsttum initiiert und dann ihm einige Zeit verbunden, begann seit 1160 in Teilherzogtümer zu zerfallen, die um die Königswürde stritten. - Das am weitesten nach Westen vorgeschobene Herrschaftszeichen sei ein hölzerner Pfahl gewesen, den ein polnischer Großer in den Ufermorast gerammt habe. Je nach Realisierungsdrang oder -hoffnung, bis dorthin die Grenzzeichen des neuen Staates zu setzen, war das die Oder, einer der Nebenflüsse, die Elbe, einer ihrer Nebenflüsse, die Weser. Jedenfalls spielt dieser Pfahl, niemand hat ihn je gesehen, eine entscheidende Rolle und beflügelte Romanschreiber und Geschichtsdeuter des 19. Jahrhunderts, wobei die ersteren die durchschlagskräftigeren in einer Zeit sind, in der es keinen selbständigen Staat gibt, der M y t h o s also einen großen Teil Europas zur Verfügung hat, die polnischen Adlerschwingen darüber zu breiten. - Als der Staat sich nach 1916/18 mit Frankreichs Hilfe überraschend schnell gegen die alten Konkurrenten Litauer, Russen, Ruthenen, Ukrainer im Osten ausdehnen konnte, im „Jagiello"-Flügel, durfte der westliche „Piasten"-Flügel des Doppeladlers nicht zurückbleiben. -

Die Fürstenhäuser der Piasten in Schlesien sind mit den polnischen Herrscherfamilien des späten Mittelalters ebensoviel oder - wenig verbunden wie die von Savoyen und Burgund mit der deutschen Königsherrschaft, mit dem erheblichen Unterschied freilich, daß es seit 1335 zwischen Schlesien und Polen auch keine irgendgeartete staatsrechtliche Bindung gibt (Lehensverhältnisse zählen hier nicht, sonst würde England zu Deutschland gehört haben oder auch umgekehrt) - die tatsächliche Abhängigkeit bestand schon seit 1163 nicht mehr -, Savoyen und Burgund (teils) aber bis ins 17. Jahrhundert beim Reich bleiben. Da es also keine tatsächlichen Ansprüche gab, auch von der Sprache her nicht, durfte der Mythos um so ungehinderter seinem Anspruch nachgehen: bis zu jenem Pfahl, den..... . Der polnische Staat stand im 19. Jahrhundert im Konzept parat, die Völker waren gezählt, die Grenze war gezeichnet, im Osten bis Smolensk, wo sie bis 1772 verlief, im Südosten am Ufer des Schwarzen Meeres, im Nordosten bei Riga. Nur leider, im Westen gab es eine stabile Grenze, die des früheren „Heiligen Römischen Reiches Deutscher Nation" und nun des Deutschen Bundes und - bald - Deutschen Reiches. Sie hatte sich seit der Zeit der Hohenstaufen (1181) kaum verändert. Den „Drang nach Osten" hatte es nicht gegeben.

Das forderte heraus. Eine Ausdehnung nach Westen bis zum mythischen Holzpfahl im Uferschlamm war wohl mit Krieg verbunden, aber ein Staat, der sich in einer langen derartigen Tradition mit vielen ruhmreichen Schlachten sah und Dutzenden unterworfenen Völkern, nahm diese selbst gestellte Herausforderung sofort an. Ihn zu führen wurde Polen seit seiner Wiederbegründung nicht müde, mit den Waffen, durch Verdrängung und Vertreibung. Er wurde im Westen nicht um den Bestand des Sprach- und Siedlungsgebietes geführt, das war auch zur Zeit der Posenkrise und des Kulturkampfes nicht gefährdet, er wurde zu dessen Ausdehnung betrieben, was die mit-slawischen Kaschuben bitter, und die mitwohnenden Deutschen bald sofort erfuhren.

Die historische Gerechtigkeit beruft sich auf slawische Stämme, die einmal bis in die Gegend von Ratzeburg gesiedelt hätten, so, als wollte sich ein deutscher Staat, der gegen Schweden Wünsche hätte, darauf berufen, daß Dänen, auch Germanen, wie die Deutschen, dort einmal Herrschaftszeichen hatten. Überraschend ist an diesen Argumentationsreihen polnischer Begehrlichkeit die unbekümmerte Art, mit der wilde Phantasien - nun - mit Betonpfählen befestigt werden, dort, wo wohl einmal der Holzpfahl stand, nachdem das nicht gerade polnische, aber doch jedenfalls slawische Land von den Deutschen weitgehend gereinigt war. Dieser pure Slawismus wird in Deutschland angedient, während man unserem Staatsvolk den Vorwurf macht, es habe allgemein und durchgehend „germanisiert".

Dies ist bei der beklagenswerten Unkenntnis, die auf diesem Feld bewußt gepflegt wird, nicht nur zugelassen, es finden sich genug Politiker, die diesen Nonsens mit ihrer Machtaura und übergenug Moderatoren, die ihn mit ihrer kenntnislosen Überheblichkeit fördern.

Während sich der polnische Staatsmythos, nach dem Grunwald 1410, wenn nicht durch ein weiteres, so doch durch die Vertreibung als einem neuerlichen Sieg gestärkt, in einem nun neuen Gebiet entfaltete, entwickelte sich der tschechische in klaren Grenzen, denen des Königsreiches Böhmen. Erst die französische (und dann bald US-amerikanische) Machtperspektive wies den Weg darüber hinaus nach der Slowakei und der Ukraine und bot die Machtmittel dazu - eine Überforderung, wie sich zeigte (1938, 1990). Innerhalb Böhmens aber durfte sich der *Mythos* seit Herders mißverständlichem und deshalb auch mißverstandenen, selbst mythischen Gedanken ungehindert ausbreiten. - Palacký nahm eine Art slawischen Urgeist an, der das Kernland Böhmens, das Herzogtum, von Waldgebirgen wie durch den Mantel einer Urmutter umschlossen und beschützt, den Tschechen, einem Teilstamm, zum Geschenk gemacht habe, das sie nun in einem „tausendjährigen Schicksalskampf", seine Worte, nicht die Hitlers, gegen „die Deutschen" zu verteidigen hätten. Für diesen Mythos konnte nichts alt genug sein, wozu zwei Fälschungen dienten, dem Nibelungenlied abgeguckt, aber viel, viel umfänglicher und vor allem: älter (9. Jh.!!), die das kulturell-zivilisatorische Vorrecht im Land und darüber hinaus belegen sollten. Palacký, immerhin böhmischer Landeshistoriker von der Dienststellung her, verteidigte diese so vehement, als hätte er sie selbst in Auftrag gegeben.

Masaryk, längst über die alten Mythen - samt alten Fälschungen - hinaus, bediente einen und bediente sich eines neuen Mythos, dem des (Freimaurer-)Weltgeistes, wonach sein Volk dazu ausersehen sei, als fortschrittlich-westlichstes der Slawen in ‚seinem' Wohngebiet samt dem des kleineren Bruders, der Mährer, zur Spitze der Nationen aufzusteigen und im Gebiet des von ihm dazu in Anspruch genommenen Staatsgebietes der Feudalzeit dafür einen Nationalstaat zu gründen. Dabei bediente er sich - wie Palacký - der Vorstellung, es habe schon einmal einen nur-tschechischen

Staat und nur Tschechen in diesem Raum gegeben, die Deutschen aber hätten sich immer bemüht, das Land den (früher:) mythischen- (jetzt:) weltgeistausersehenen Urbewohner wegzunehmen. Überraschend dabei ist, daß Masaryk Soziologieprofessor war und also im Feld ausgewiesen: Daß es nämlich unwissenschaftlich und auch schlicht gegen auch nur allgemeine Schulkenntnisse ist, mit dem Nationalbegriff in die vornationale Zeit zu gehen. Er wußte natürlich wie alle Kollegen im Land und im Ausland, wie die Lage in Böhmen einmal gewesen und so ausdrückbar ist: „Niemals waren nur wir Tschechen allein hier" (J. Loužil in: Deutsche 47), wobei zu ergänzen ist, was mit dem Volk gemeint ist: „ nur politisch relevante Schichten der damaligen Gesellschaft,... d.h. Angehörige des Fürstengeschlechts und deren Gefolge, bedeutendere Bedienstete des Fürsten und kirchliche Würdenträger, die nicht tschechischer Abstammung sein mußten und es oft auch nicht waren..." (51). Da die Könige Böhmens Reichsfürsten, dann Kurfürsten waren, gab es vielfältige Bindungen und auch Austausch schon seit dem 11. Jahrhundert, die Heiratsverbindungen nicht gerechnet, nach denen die Přemysliden seit dem 13. Jahrhundert der Abstammung nach zu acht von zehn Anteilen her „Deutsche" waren. Wenzel II. war Minnesänger. Masaryk war wohl gegen alte Fälschungen, gegen neue hatte er nicht nur nichts einzuwenden, er ließ sie über seinen Adlatus, späteren Außenminister und Nachfolger bei der Konferenz in Paris dutzendfach vorlegen: gefälschte Karten, verfälschte Statistiken, bewußt falsch interpretierte Daten aus Erhebungen, sachfalsche Schlußfolgerungen, etwa jene, es gäbe in Böhmen bis auf zwei Bereiche keine geschlossenen deutschen Siedlungsgebiete, und dies bei 3 ½ Millionen Bewohnern außerhalb der tschechischen Gebiete, Behauptungen, die Deutschen hätten natürlich nichts gegen den neuen Staat, obwohl die erste Erklärung einer Volksgruppe in Böhmen mit dem Ziel einer staatsrechtlichen Eigenständigkeit die der Deutschen des Gebietes der böhmischen Krone war und zwar durch vom Volk gewählte Funktionsträger und nicht von Privatpersonen, wie dies mit den Erklärungen von in das Ausland ausgewichenen Staatsgründern war. Die deutsche Erklärung erfolgte vor dem 28.10.1918, der Ausrufung der ČS-Republik.

Da der Hussitensturm wohl viele Städte von Deutschen entleert, andere in der Bewohnerschaft geschwächt hatte, aber nicht das Land insgesamt, das Gebiet des Landesausbaus und der Kolonisation nicht durch Tschechen, hier als die landansässige Bevölkerung verstanden, besiedelt oder geprägt war, konnte nur eine qualitative Stufung das ‚Erstgeburtsrecht' bekräftigen: humanistisch-demokratische Landesbewohner hier - „Kolonisten" und „Immigranten" dort, denen man Wohnrecht einräumen, aber auch entziehen konnte.

Der Demokrat Masaryk neigte dazu, die Deutschen zu entnationalisieren, der Demokrat Beneš, sie auszutreiben. In einem wie im anderen Fall würde historische Gerechtigkeit hergestellt, der Zeiger an der Welt-Uhr an den Punkt gestellt, wie er sein sollte, nach dem Walten des großen Geistes, der sich 1919 überwiegend französisch verständlich machte und höchste Zivilisation und Freiheit garantierte, 1945 hauptsächlich russisch mit sozialistischer Gleichheit, der nach der eingefahrenen Ernte 1990 aber nur noch die Sprache der One-World kennt: Brüderlichkeit!

1789 war verwirklicht.

Die totale Lösung - eine ‚saubere' Sache

In der ČR, auch in Polen, gibt es zunehmend, falls man sich überhaupt zur Vertreibung, der „Aussiedlung", dem „Abschub" äußert, nicht eine irgendgeartete Rechtfertigung moralischer oder historischer ‚Begründungs'reihen, sondern die knappe Auskunft, das habe sich erledigt. Da sich dies in einem Satz sagen läßt, wird vielleicht noch die erläuternde Bemerkung nachgeschoben, die ‚normative Kraft des Faktischen' habe deutlich gesprochen und die Sache sei als unumkehrbar sowieso schon längst abzuhaken gewesen. Man sei längst zu einer anderen Tagesordnung übergegangen, der des WWW. - Manche Deutsche nutzten wohl den ja freien

Grenzverkehr eines freien und vor allem demokratischen Landes, um in den Orten herumzustehen, aus denen man sie, wie auch immer, einmal entfernen mußte, diese nun wohl schon vergreisten und verkalkten Übriggebliebenen, aber die fortschrittlichen Kräfte, jene, die auch durchs WWW surften, ohne verbiesterte nationale Vorbehalte, die sich vom Widerschein der Strahlen der tschechischen Wenzelsbrücke und der polnischen Marienkirche in Danzig, besser: Gdansk, zu internationaler Weltläufigkeit bringen ließen, hätten schon längst die Zeichen der Zeit erkannt und seien am jenseitigen Ufer angelangt, wo das Nationale ohne Belang sei.

Das freut auch sehr viele in Deutschland; sie stimmen begeistert zu und dürfen dafür billig Lungenbraten mit Knödel in volkstümlich unverdorbener Atmosphäre genießen, wenn sie aber zu den Meinungsträgern gehören, in schönbrunngelb gestrichenen Schlössern kostenfrei Melnik-Wein trinken oder gar Wodka im Wawel.

Nun sind aber auch jene Landesbewohner jenseits des Böhmerwaldes, die ansonsten gut im Wind der Zeit liegen, in einer Frage ganz am alten Ufer. Immer noch wachen die Notariatskammern argusäugig darüber, daß nicht landesverräterische Aussiedler im vom Deutschen gereinigten Land sich unkontrolliert ansässig machen, so sehr das Entgelt auch locken mag. Es geht hier um die nationale Ehre und Sauberkeit. Sie werden von allen Parteien verteidigt. Die ungeheurere nationale Anstrengung, vor allem in der „revolutionären" Zeit, der hussitischen (ČS) und der missionarischen (PL), dann der sozialistischen in beiden Ländern, in der man Hunderttausende, ja, Millionen über die Grenze schaffen mußte, soll nicht umsonst gewesen sein.

Die Bewohner der Welt, unter ihnen besonders die Deutschen, seien es dem schwererkämpften Nationalstaat der Tschechen schuldig, daß dieser unbehelligt und in Frieden in seinen Grenzen leben dürfe. Wenn die Touristen aus New Jersey und Toulouse sich in der tausendjährigen ursprünglichen, tschechischen Kultur in Práha, Karlovy Vary, Mar.Lázně, Trutnov, Cheb, Liberec, Děčin, Brno, Plzeň, Olomouc, Mikulov, Znojmo, Jihlava, Opava und tausend anderen Orten, Schlössern, Kirchen einsinken lassen wollen, den Beitrag des Landes und des Volkes für die Welt, sollen nicht freche Hitler-Gesellen sie stören dürfen.

Deshalb sei auch hier die Grenze, ab der auch der verständnisvollste tschechische Europa- und Weltbürger, WWW oder nicht, seine Heimat verteidigen müsse. Er tue es für die Zivilisation, für den Frieden der Welt, die Freundschaft zwischen den Völkern.

Abseits der Touristenströme, für die dieser Sight-Seeing-Überblick, wie er sich ja leider darbietet, wörtlich so geschrieben und wiedergekäut wird, abseits der Glanzseiten-Blicke und der schön eingefärbten Schauseiten und hinter dem Kernbereich der Städte wartet ein devastiertes Land auf eine Chance, sinken Tausende von denkmalschutzwürdigen Bauwerken in sich zusammen, weil man ihnen die Menschen genommen hat, fällt eine Kulturlandschaft zurück in die Zeit vor 800 Jahren, in einem oder anderen Gebiet durch Schilder erläutert, hier schaffe die UNESCO oder eine Hilfsorganisation „aus dem Ausland", mit „ausländischen Mitteln" dieses oder jenes, ein Naturschutzgebiet etwa (s.o). Da der 2 ½-Tage-Tourist aus New Jersey, Toulouse, Osaka oder Vincenca kaum dorthin fahren wird, entgeht ihm die Entdeckerfreude, die jemanden rührt, wenn er die Zeichen einer fernen Zeit lesen kann.

Dieser spürt aber auch die Bitterkeit, die ob der ungeheuerlichen Überheblichkeit aufkommt, wie nicht nur die Menschen aus der Heimat vertrieben wurden, sondern beiläufig oder systematisch auch alle ihre Spuren verwischt werden oder zerstört.

Spuren: die Steine von Wrocław, die Kaiserpfalz in Cheb und das Warten auf Entdecker

Wird sich in dreitausend Jahren ein neuer Schliemann aus dem Volk der Deutschen, das mit dem aus 1945 so viel gemeinsam haben könnte wie das der Griechen mit dem aus 1870, nämlich ein Gemenge aus Volksbürgern, Slawen, Türken, verschiedensten anderen Orientalen .., wird er sich auf Spurensuche begeben? Wird er

Namen wie Danzig, Königsberg, Thorn, Breslau und andere lesen und fragen: Wo lag Eger, was ist der Nachfolgeort? Ein Neu-Deutscher aber wird es wohl nicht sein, der die Merianstiche vor sich hat und die altdeutschen Namen in der komplizierten Schrift über den Stadtsilhouetten enträtselt. - Auch des ur-alt-griechischen Troja nahm sich kein Kanopoulos an ...

Zurückgesunken ins Erdreich werden viele Kulturzeugnisse sein. - Manches aber dürfte wohl nicht mehr auffindbar sein, die große Menge an Blech- und Plastiktafeln, auf denen kurz vor 2000 Völker ihren Besitzanspruch verkündeten in ihrem Nachbargebiet, wie aus anderen Daten nachgewiesen werden kann, in einem Bereich, den sie „Wiedergewonnene Gebiete" nannten, wiewohl sie nie vorher in ihnen als kulturprägende Population feststellbar sind. Es wird wohl deshalb vielen ein Geheimnis bleiben, was die vorher dort ansässigen Menschen, es müssen Millionen gewesen sein, bewogen hat, innerhalb kürzester Frist, wie es scheint, bezogen auf die zu dieser Zeit begrenzten Verkehrsverhältnisse, ein Land von etwa 150 000 km^2 zu verlassen. Eines ist nachgewiesen und auch einsichtig, es war keine „Völkerwanderung", wie es diese nach dem Reich der Römer generationen-, jahrhundertelang gegeben hat. Es muß eine ganz schnelle, vielleicht gewaltsame Ortsveränderung gewesen sein, denn die Belege für den Besitzanspruch und die Umbenennungen setzen schlagartig im Jahr 1945 ein...

Ein Szenario, wie es im Voraus- und Rückblick aus der Zukunft einiges verdeutlichen könnte.

Als ein gewitzter, zugleich aber bornierter Kirchenmann polnischen Lembergern Breslau als ihr Wrocław vertraut machen wollte, als ihren nunmehrigen Besitz, geriet er an ein anspruchsvolles Bild, eines, das ganz nah am polnisch fühlenden und sprechenden Gott angesiedelt war, so daß die Steine nun polnisch reden konnten. Dies war das erste Wunder, das der Schöpfer in seines, des auserwählten, Volkes Neu-Land wirkte. Es folgten weitere. In manchen wurde die Mutter Jesu bemüht. Eine schlichte Nonne in Heiligenlinde im Ermland/Ostpreußen konnte vor lauter Mitteilungsdrang über Gottes Wunder am 3.8.1994 sich nicht zurückhalten, vor einer deutschen Besuchergruppe freudig auszurufen: „Hat uns nicht gegeben heilige Maria, Kenigin von Polen schenes Land, ist nicht schenes Land?!" Letzterem ist zuzustimmen, soweit man über Verunstaltungen hinwegsieht, für die das Land nichts kann; bei der Beurteilung der Frage aber ist dies eine Sache des Standpunktes. Die aus dem Kloster vertriebenen deutschen Nonnen und auch Besucher, die im kirchlich-religiösen Umfeld nicht so bewandert sind wie die polnischen Nonnen, aber einiges von den Vorgängen wissen, werden eher an einen Kirchenfürsten denken, der in betrügerischer Weise die Jurisdiktion auch im Bistum Ermland übernommen hat und die Besitzansprüche dazu, oder an Stalin.

Es geht also um die Art, wie die neuen Besitzer - Eigentümer sind sie wohl nicht, wenn Recht noch etwas gelten soll - mit dem Gut umgehen, daß ihnen ein umstürzender geschichtlicher Einschnitt eingebracht hat. Mit geringen Ausnahmen ist hierin eine betrübliche Erfahrung zu machen, zu deren Einordnung in vergleichbare Vorgänge man ganz tief in die Geschichte und auch weit weg gehen muß. - Es ist in Europa wohl keine Besitzübernahme dieses Ausmaßes bekannt, in der so massiv in die Benennung, Zuordnung und Würdigung einer Kulturlandschaft mit ihren materiellen und immateriellen Zeugnissen eingegriffen wurde, so daß sie neben dem neuen Besitztitel auch ein anderes Gesicht erhielt.

Dies ist schon an den Außenwänden bedeutender Kirchen oder anderer Bauwerke zu sehen, wo häufig risalitartig oder in Reliefbändern staatliche Hohcitszeichcn, Stadtbilder, Spruchtafeln mit mannshohen Lettern von des Volkes und des Staates Größe künden, unter deren „Schutz" das Bauwerk vor... Jahren genommen wurde, wohl, weil es sonst verkommen wäre. Im Kircheninnern hängen, auch außerhalb der Festzeiten, endlos lange Fahnen der Wojwodschaften, Städte, von Volkswehren und Jugendbewegungen, auch gar nicht so christ-katholischen. Erheblicher als diese nationale Draperie sind die Eingriffe in die Inschriften, welche im originalen Bestand häufig herausgemeißelt oder anderweitig getilgt wurden und nun durch polnische ersetzt sind, wie sogar in Danzig, dem weltweit als vorbildlich vermarkteten Kleinod gewissenhaftester Renovierung.

Obligate Blechtafeln mit Städtewappen drohen dutzenderweise dort, wo man auf große Entfernung erkennen soll: Dies ist eine polnische Kirche, dies war eine polnische Kirche, dies wird immer eine polnische Kirche sein!

Man schreckt dabei auch nicht vor Zeugnissen überregionaler, ja, kontinentaler Bedeutung zurück. In einem Hof in der Marienburg wird in bester Position auf einer mächtigen Steintafel auf den großen „Polen Copernicus" hingewiesen, ohne jeden Sachbezug, ohne jede bauästhetische Notwendigkeit, ohne Rücksicht auf das Umfeld, das massiv gestört wird, nur zur Verstärkung des Anspruches: Dieses Bauwerk ist polnisch.

Bei der Beschießung durch die russische Armee bei der Verteidigung, die zugleich vielen tausend Flüchtenden durch das Halten der Linie das Leben rettete, stürzte auch jenes Muttergottesbildnis aus dem Mittelteil des äußeren Chorschlusses der Marienkapelle herab, nach übereinstimmenden Berichten aus vielen Jahrhunderten ein Glanzpunkt des Hochmeistersitzes: „Es wurde von einem schwäbischen Meister als Halbfigur aus Stuck hergestellt und mit farbigen Glaspasten überzogen. Die Monumentalfigur war auf Weitwirkung angelegt und strahlte dem sich von Osten Nähernden an sonnigen Morgen schon aus erheblicher Entfernung entgegen. Sein farbiger Glanz aus Gold, Rot, Blau und Weiß verkörperte sinnfällig die missionarische und kulturelle Aufgabenstellung des Deutschen Ordens unter dem Patronat der Muttergottes" (Borchert 102).

Die Teile der Halbfigur, große und kleinere, auch Splitter, liegen laut einer Mitteilung des Kustos der Marienburg vom 18.8.1994 insgesamt in einem der vielen unzugänglichen Kellerräume. Auf übliche Nachfragen aber wird geantwortet, sie sei zerstört, hinabgestürzt in den nach dem Krieg weggeräumten Schutt. Man lügt, indem man die Wahrheit sagt.

Da der Deutsche Orden der im Osten und Nordosten Europas wirkungsvollste Marienorden war, besonders auch in seiner charitativen und kulturellen Tätigkeit, mit Hospitälern, Altenhäusern, Schulen, und dies schon vier Jahrhunderte, bevor gegenreformatorische Kräfte die Mutter Gottes als die „Königin von Polen" entdeckten, ist jegliches Zeugnis höchst gefährlich, das dem Schreckbild widerspricht, das im ‚Marien'land über die blutrünstigen „Kreuzritter" seitdem bis in die Kindergartenverse hinein verbreitet wird. Deshalb müssen wohl die wiederzusammenfügbaren Teile der Halbfigur warten, bis eine bessere Zeit mit den Spuren der Vergangenheit in Wahrhaftigkeit umzugehen bereit ist.

Der mit penetranter Beharrlichkeit seit der Mitte des 19. Jh. umgesetzte Mythos vom polnischen Copernikus muß also, Maria verdrängend, die Marienburg prägen, die zur Vermeidung des Ursprungsnamens als „Malbork" (d.i. Lehm-Ziegelburg) bezeichnet wird. Kopernikus, der Sohn eines aus dem Schlesischen in das nun einmal deutsche Thorn zuziehenden „Koppernigk", der dort in den Kaufmannsstand aufstieg und allein von der gesellschaftlichen Lage innerhalb der Ständegliederung nicht dem anderen Volksteil (heutigen Verständnisses) angehört, wird als Pole reklamiert, weil er im Polnischen Königreich 1472 geboren ist. Dies ist wahrlich ein Argument, das aus dem etwa zeitgleichen Cristoforo Colombo unzweifelhaft einen Deutschen macht, weil Genua 1451 in das Römische Reich Deutscher Nation einbezogen war!

Der „polnische" Copernicus - man hält sich auf die latinisierte Form viel zugute - ziert landauf, landab jede Stadt und fast jedes Örtchen, er signalisiert im weltlichen Bereich Bedeutung und die Mutter Gottes von Tschenstochau, jetzt auch einmal Wojtyla, geistliche. In jeder Kirche verkündet sie ihren Anspruch, seit sie über die übliche Verehrung hinaus (1383) 1655 mit der ‚Erschaffung' des Marienmythos aufstieg und nun auch noch die letzte gotische pommersche Dorfkirche beherrschen soll, in der das Bild, recht besehen, dazu auffordert, diese ehestmöglich anzugleichen.

Die über das Land seit nun über 50 Jahre gezogene Besitz-Anspruchs-Tünche und das Herummeißeln am Kultur-Bestand hat innerhalb der kontinentalen Neuzeit, auch zur Zeit der osmanischen Ausbreitung im Südosten, keine Parallele; die vergleichbaren Beispiele liegen in der Umwidmung „heidnischer" Heiligtümer in der Christianisierung in und außerhalb Europas. Das wird auch durch die ‚missionarische' Aufgabe, mit der man natürlich vor allem im kirchlichen Bereich hantiert, noch unterstrichen.

Das östliche Deutschland der Zeit bis zu dieser „Missionierung" und „Wiederbesiedlung" wartet auf seine Entdecker.

Es wäre schon ein übergroßer Zufall, wenn jener Forscher, welcher die altdeutschen Buchstaben über den Marianstichen entziffern konnte, nun plötzlich für eben diese Zeit, die ihn so interessierte, ein kleines Buch in die Hand bekäme und in ihm, einem Reiseführer aus 1977, nach Hinweisen zu jenem unbegreiflichen Ereignis aus 1945/46 fahndete, das spurlose Verschwinden von Millionen von Menschen aus Böhmen. Das Büchlein brächte auch tatsächlich Hinweise: (1.) „(..die Volkszählung von 1930 hatte 3,3 Millionen Deutsche, also 25 Prozent der Gesamtbevölkerung [in der ČSR] ergeben). Hitlers Gewaltpolitik war es, die ein für allemal das Zusammenleben von Tschechen und Deutschen in einem Staat unmöglich machte." (Pross 23). Was dann folgt, ist eine Art Erläuterung dazu, der Modalaspekt aber bleibt dunkel: „Die radikale Lösung nach 1945, die Böses mit Bösem vergalt, war von der tschechischen Perspektive aus unerläßlich. Und so bitter der Verlust der Heimat für die Betroffenen war (nicht weniger bitter als für die jenseits der Oder-Neiße beheimateten Deutschen) - die Schuld daran ist nicht bei den Tschechen zu suchen". Punktum! Der folgende Satz birgt in seiner Dichte große Rätsel: „Die tiefen Wunden allerdings, die zwischen 1938 und 1946 der deutsche Faschismus und dessen Konsequenzen sowohl der Staatsnation wie der deutschen Minderheit* zufügte, sind auch heute noch nicht verheilt". Zur Fußnote * wird beigetragen: „Sudetendeutsche" .. "Selbstbezeichnung der aus der Tschechoslowakei ausgewiesenen

Deutschen" (23). Was ist das nur, „ausgewiesen"?. Die Autorin ist für die Hauptstadt von einiger aufgelesener oder erarbeiteter Reiseführer-Kenntnis „wer - wann- wo - wie oft - usf. was gemacht" hat, ein tieferer eigenständiger landeskundlicher Überblick zu Böhmen besteht nicht, so daß sie in ihren „Reisevorschläge(n) innerhalb der ČSSR" beiläufig dorthin fahren läßt, wo eine besser ausgebaute Straße ihr Auto hinlenkt. Ein Vorschlag führt den Leser am „...4. Tag" nach „Cheb", wozu die Autorin notiert: „...auch die romanische Doppelkapelle der Kaiserpfalz und anderes mehr sind bereits restauriert; aber es wird noch eine Weile dauern, bis dem Reisenden sich eine konkrete Vorstellung von der ehemaligen Schönheit des ehrwürdigen Eger erschließen kann. Die Geschichte der Stadt und der staufischen Kaiserpfalz ist wechselvoll und hochinteressant .. Nach dem Aussterben der Staufer war sie abwechselnd in bayrischen und tschechischen Händen, bis sie im vierzehnten Jahrhundert ebenso wie die Stadt dauernder Bestandteil des böhmischen Reiches wurde" (165). Dieser kurze Satz enthält so viele Fehler, daß es genügen muß, die gravierendsten zu benennen: - Die Herrschaft „wechselte" sich nicht „ab", Eger wurde weder im 14. Jahrhundert noch in den folgenden „Bestandteil", da es ein Pfand war, in „tschechische" „Hände" konnte es erst geraten und geriet es auch erst im Dezember 1918. Immerhin gibt es bei „Cheb" die einzige Erwähnung eines Gebietes in Böhmen als „deutsch besiedelt" (265). Die Reiseführerin leitet die ihr Anvertrauten, nach einem längeren Aufenthalt in Prag, insgesamt 42 Tage (253-408) durch Böhmen, Mähren und die Slowakei und wird erst dort wieder in der Sprachinsel Zips - „deutsch"-fündig (378). Die durchfahrenen Siedlungslandschaften zwischen Cheb und Levoča, zwischen Višší Brod und Liberec bleiben in einer eigenartigen Dämmernis, in zarten Andeutungen, welche die Auftraggeber und Stichwortlieferer nicht herausfordern und beleidigen sollen: „.. der kleine Flekken .. Heute heißt er Horní Plana .. hat sich seit Stifters Zeiten sehr verändert" (309). Nicht seit Stifters, seit denen von 1945. Sie empfiehlt deshalb zur Ablenkung: „... oder läuft einfach in dem touristisch noch unberührten Wald spazieren". Dafür mußte man erst einige Tausend km² ganz oder teilweise entleeren, damit die verständnisvolle Autorin mit ihren wohl gut bezahlten Seiten unberührte Natur anbieten kann.

Die Hemmschwelle, von deutsch-böhmischen Handwerkern, Gelehrten, Künstlern, auch Politikern, allgemein bekannten, zu schreiben, ist sehr hoch: Es fehlen Bolzano, Ditters von Dittersdorf, Ebner-Eschenbach, C.M. Hofbauer, Kindermann, B. Neumann, Slezak u.v.a.m. Aber eifrig ist sie, Tschechen sonder Zahl, allerlei unbedeutende, und besonders das deutsche „Böse" 1938 ff zu konkretisieren: „SS-Formationen stecken Nikolsburg in Brand" (319), „Nazis" treten auf, Heydrich (54, 218, 230), Himmler (143, 230), Hitler natürlich ((31, 153, 376), man kann sie nicht oft genug nennen. Einen sudetendeutschen Nazi benennt sie nicht, was in ihrem „Böses"-„Böses"-Schema eine arge Fehlleistung ist, weil ihre, d.i. des stillschweigenden Mitlesers ČSSR Konstruktion damit in sich zusammenfällt.

Konsequent meidet sie die Orte der Katastrophen für die Deutsch-Böhmen, der für sie nicht aussprechbaren Sudetendeutschen, die Todeslager und Folterstrecken, die Straße Nr. 52 von Drasenhofen nach Brünn, „Brno", diese Stadt, „trotz ihrer 314 000 Einwohner ungemein gemütlich" mit seinem "Špilberk" (319), den Spielberg, in dem sich ihre sich „erhebenden" (31) Tschechen austobten, nachdem sie sich in sicherer Tagen aus den Rüstungsfabriken weggestohlen hatten. „Theresienstadt" nennt die vife Autorin sogar in der deutschen Bezeichnung an erster Rangstelle: „Was sich dort zwischen 1941 und 1945 ereignet hat, weiß jeder" (223), aber was sich 1945 ff in „Terezìn" abgespielt hat, scheint die kenntnisreiche Spezialistin nicht zu wissen.

Sie übergeht dieses „Böse" und läßt wie vieles andere mit diesem Höllenlager auch die anderen durch ihre Buchstaben, Wörter, Zeilen, Seiten, das ganze Buch fallen, in Prag, Budweis, Postelberg usf.. Gottwald fehlt in der eigenartigen Aufzählung der tschechischen Großen, wiewohl sie viermal seine Stadt „ -ov" benennt oder behandelt, auch Beneš existiert im Verzeichnis nicht, ist aber in der Zeittafel als Chef einer "Exilregierung" (411) präsent. Mit der Vertreibung konnte er schon deshalb nichts zu schaffen haben, auch, weil es diese nicht gab, sondern eine „Ausweisung".

Frau Pross-Weerth hilft also dem hypothetischen Entdecker des Jahres 4999 mit zwei Sätzen voran, der ČSSR 1970 ff sehr viel. Das Buch ist wie viele gleichgeartete von liebedienerischer Art, zutiefst unwahrhaftig, menschenverachtend in der Sortierung der Opfer, vor allem, weil die Autorin spürbar und durchgehend mit dem Anspruch kokettiert, Humanität zu verbreiten. - Gerade beim Cheb-Artikel ist zu sehen, daß es ihr, die Fähigkeit vorausgesetzt, nicht darauf ankam, eine historisch sicher begründete, gleichgewichtete Darstellung des Miteinander- und Gegeneinanderlebens der zwei Hauptvölker in Böhmen zu geben.

Was bleibt, über das Lokale hinaus, ist Staatspropaganda mit einigen Vorbehalten.

So also muß der Entdecker des Landes in dessem Westen, außerhalb der Grenzen des Königsreiches, im Reichsland Eger, das die ehemals freie Reichsstadt (1183: „Eger castrum imperatoris") umgab und das bis 1280 schon 80 Burgen und Ministerialensitze zählte, auf Spurensuche in eine Region mit dem 1945 bedeutend gemachten Namen „Cheb" gehen, damit er das schon 1061 urkundlich erwähnte Eger findet. Er wird den „Schwarzen Turm" vielleicht unter herangewehten Plattenbau-Teilen einer Trabantenstadt finden, mit der man die deutsche Geschichte zudecken will. Vielleicht ist er noch in seinen Buckelquadern aus 1170 wie 1999 zu sehen, die Doppelkapelle (1185-1225) in ihrer Kraft und Würde, die des Kaisertums und die des Reichslandes mit ihrer Stadt. Masaryk/Beneš besetzten sie mit militärischer Gewalt und behaupteten sie in der Art bis zu jenem 15./17.9.1938, als Beneš sie sogar hingegeben hätte, wenn er dafür nur bis zu zwei Millionen Deutsche über die Grenze schieben oder treiben hätte können.

Auch Böhmen wartet auf seinen Entdecker. Es ist an der Zeit, bevor die letzten Sicherheiten hinabfallen in den Abgrund kaum bemerkter Fälschungen, Umschreibungen und feiger Behutsamkeiten. Was sich an einem Populärwerkchen 1977 breitmacht, hat längst auch die anspruchsvoll wissenschaftlichen Glanzseiten besetzt: In MEL 23, 766 ff firmieren unter „Tschechische Kunst" Matthias Braun, Benedikt Ried, Christoph Dientzenhofer, Der Meister von Hohenfurt, W. L. Reiner im Bildteil!!

Ein Staat war und ist dabei, auch die letzten Hemmungen abzustreifen und über Pressionen international in einer Art zu wirken, daß er im alten Neidkomplex vor der Tradition des mitwohnenden Volkes in Böhmen auch kaum mehr einigen Anstand wahren möchte.

DER TIEFE GRUND DER VERTREIBUNG: DER GROSSE NEID

Die inneren und abgedeckten Bedingungen

Von den Extrempunkten her betrachtet, läßt sich Geschichte als Ereignis- oder als Motivgeschichte sehen. Die unmittelbarere Art, nach Geschehenem zu fragen, ist jene mit dem Wort „Was?". Aber jeder weiß, daß ein Kind, das Folgen kennen möchte, bald ebenso rasch und klar das „Warum?" ausspricht. - Jeder weiß aber auch, daß dieses schwieriger zu beantworten ist, als eine Wirkung zu benennen oder sich dessen inne zu werden, wieviele Fragen nötig sind, sie genauer zu bestimmen: wann, wo, wie. Man muß vergleichen, es ist ein Denken nach rückwärts.

Die Frage nach dem Motiv, dem Beweggrund, dem Antrieb, der Ursache und im letzten auch nach dem Zweck, dem Ziel, auf das der Geschehnispfeil zufliegt, erfordert ein Denken nach vorne. Motivgeschichte ist deshalb mit Unsicherheiten bedroht, aber sie ist unumgänglich zum Verstehen des Geschehenen.

Der Vertreibungskomplex wird überwiegend, so er denn behandelt wird, als Wirkungsgeschehen dargestellt. Die Warum-Frage wird, wenn, rasch abgetan, sie bleibt an der Oberfläche. In vielen Fällen sind es gar keine Antworten auf die Frage „Warum", eher „Inwiefern". Das ist deutlich zu sehen, da er neben Ereignissen - im Vergleich - sekundärer Art behandelt wird und nicht als genuines Problem erscheint.

Die Vertreibung ist hier ein Aspekt des Krieges und der unmittelbaren Folgen, so wie der Bombenhagel, der den Wiederaufbau erforderte, es scheint manchmal: möglich gemacht habe.

Bemüht werden weiterhin vorgeschobene „Gründe" und solche, die äußere Bedingungen kennzeichnen. Sie wurden im zweiten

Teil des Buches betrachtet. - Daß etwa die deutsche Besatzung in Polen Grund für die Vertreibung gewesen sei, kann jemand ernsthaft nur vertreten, der belegen kann, daß es darauf nur oder vorrangig diese Antwort gegeben habe. Daß nicht fehlender Raum für die polnische Bevölkerung der Grund gewesen ist, kann jeder auch heute nachprüfen, der Atlaskarten lesen und Tabellen auswerten kann.

Vorgänge von einer Wirkungsbreite wie die Vertreibung fußen notwendigerweise in ihrer Horizontaldimension auf tiefen Begründungswurzeln. - Niemandem mit einigem Anspruch würde es einfallen, die „Ursache" der Reformation in den Gewissensqualen eines Augustinermönches zu sehen oder der fehlenden x-tausend Dukaten für die Finanzierung der Kirche St. Peter in Rom, die Französische Revolution an den paar Gefangenen in der Bastille festzumachen oder dem Halsband, das Kardinal Rohan für die Königin aus Venedig besorgen ließ, oder Landflucht und Verstädterung in den deutschen Ländern darin zu begründen, weil verschiedene Adelige vorgeblich oder tatsächlich harte Herren auf ihren Gütern gewesen sind.

Vergleichbares aber geschieht nun schon seit zwei Generationen in dem untersuchten Feld. Da sich im Land der Reeducation neben Lakaien und Propagandisten, auch Heilslehrern, doch auch Historiker mit Anspruch bewegen, läßt dies nur den Schluß zu, daß hier, bei der Vertreibung, die Frage nach dem Motiv ganz konsequent abgeblockt wird, daß ein Wall von Halbargumenten, manchmal auch nur von Unterstellungen und Vorwürfen vor das Gelände geschoben wird, in das hineinzugehen eine schwere Tabu-Drohung verhindern soll. Diese wird allgemein beherzigt. Gerade die zu vielen Tausenden umlaufenden Populärdarstellungen wie Reiseführer u.ä. und die in den elektronischen Medien wabernden, die noch bestehenden Kenntnisse und Erfahrungen auslöschenden Flächenfeuer beginnen strikt, wenn einmal Vertreibung anklingt, 1938 und verlassen den NS-Bereich nicht.

Aus den Vertreiberstaaten sieht man diesem Treiben nun seit einer Generation zu. Es wäre und ist für sie schwierig, sich jemandem gegenüber zu äußern, wenn dessen Gehör und Gespür für erforschendes Nachdenken und Nachgehen zugestopft und abgedeckt sind.

Der dritte Teil des Buches möchte dazu verhelfen, daß man sich darin „äußert" und „öffnet".

Der Neid, ein Beweger im Aufbruch der Völker in Ostmittel- und Südosteuropa

Ein Theologe, der sich mit dem Neid in seiner Bedeutung für das Zusammenleben der Menschen, auch in größeren Gruppen, beschäftigte, sieht in ihm den „Motor des Bösen", er bezieht sich darin auf seinen Zeugen aus den Anfängen des Christentums, den Kirchenvater Gregor von Nyssa: „Neid, die uranfänglich böse Leidenschaft, der Vater des Todes, ... die Wurzel des Übels, der Ursprung der Traurigkeit... Krankheit der Natur... Glück ist nicht das eigene Gute, sondern das Schlechte des Nächsten". Man muß kein Theologe sein, um die Unbedingtheit in dieser Aussage zu erkennen und auch die ungeheure Diskrepanz, die zwischen ihr und dem heutigen Dafürhalten liegt: „Das Neidphänomen wird entweder ganz ausgeklammert oder in einer Weise dargestellt, die den Neider ins Recht, den Beneidbaren in Unrecht setzt" (H. Schoeck in RM 27.11.1981).

Es ist verständlich, daß in einer in Europa entchristlichten Welt, die mit „Sünde" kaum mehr etwas anzufangen weiß und demnach noch weniger mit Hauptsünden, den Neid hier nicht zuordnen kann, ihn, der „den Sünder von Anfang an krank macht".

In der St. Jakobskirche in Leutschau (Zips/Slowakei), welche einen der bedeutendsten gotischen Altäre der Christenheit, den des Holzschnitzmeisters Paul, faßt, sind an der linken Seitenwand die sieben Tugenden dargestellt und die „sieben Todsünden" dazu: Hochmut, Eitelkeit, Unkeuschheit, Völlerei, Geiz, Zorn und - Neid reiten auf je ‚ihrem' Tier dem Höllenschlund zu und werden von ihm verschlungen. Daß der Neid als eine allumfassende Sünde anzusehen ist, ist aus dem Text erklärlich, dem er zuzuordnen ist, den beiden letzten der Zehn Gebote, nach dem Dekalog in eines gefaßt: „Du sollst nicht begehren das Haus deines Nächsten. Du sollst nicht begehren das Weib deines Nächsten, noch seinen Knecht, noch seine Magd, noch seinen Ochsen, noch seinen Esel, noch Alles, was dein Nächster hat (2 Mose 20, 17). -

Diese Mißgunst erstreckt sich auf alle Güter und alle Arten von Vorzügen, die man nicht selbst hat, aber die erreichbar sein sollten, etwa weil man Mensch von etwa gleichem Aussehen ist oder Angehöriger des gleichen Staates oder Bürger einer Stadt wie jener. -

Diese Sicht hielt sich auch noch, als die Vernunftsherrschaft schon den Wall angegangen hatte, der mit Reueangebot und mit Bußgebot befestigt war: die „Freiheit" schlug eine Bresche, die "Gleichheit" begann ihn einzuebnen, die „Brüderlichkeit" verteilte das abgetragenen Material. - Immer noch aber blieb das Unbehagen, daß hier etwas ‚begehrt' wird, daß man sich dafür verantworten müsse. Die neue Zeit schaffte gegen die Skrupel die Rechtfertigungsgründe heran: für die Freiheit! für die Nation!

Die in Frage stehende Gebotsschranke ist mehr, als übliche Gesetzesschranken vorsehen, welche üble Nachrede, Diebstahl, Hehlerei und Raub - schon - unter Strafe stellen. Sie sagt: Begehre nicht! Sie weiß, daß Neid als „ein Urgefühl zu jeder Zeit... entfachbar" (s.o.) ist. Beim Gang durch die darzustellende Zeit werden einige der Äußerungen wiederkehren, die der streng urteilende Kirchenvater benennt: Leidenschaft, Traurigkeit, Unglück des anderen als eigenes Glück!

Bei der Frage nach der Begründungstiefe einer so umfassenden und gewaltigen Umwälzung, wie die Vertreibung es ist, muß daran erinnert werden, daß nur ein über lange Zeit wirkendes Motiv stark genug sein wird, innerhalb kürzester Zeit, im Grunde: in einem Jahr, ein Volk nicht nur in seinen geheimen Regungen anzurühren und dann zu formen, sondern so vollständig zu erfassen, daß es in einem Tat-Ausbruch zu dem steht, von dem es weiß, daß hier schwerstes Unrecht geschieht. Daß also Kirchenfürsten sich ‚vergessen', weil sie der Ursünde ebenso verfallen sind, und Kriminelle sich in einem Feld wiederfinden, das ihnen vertraut ist, wenn auch bisher nur in privatem Anspruch. Dies alles geschieht offen, man freut sich an den an den Laternenpfählen in Prag sich windenden Menschen, an denen die Flammen hinaufzüngeln, für die man Benzin, kostbar, wie es war, brauchte. Das letzte Gebot des Dekalogs steht zur Disposition: alles wird begehrt, Frau, Wohnung, Arbeitsplatz, nicht alles von allen, aber genug im einzelnen, daß man dafür mehr als ein Dutzend Millionen vertreiben darf.

Am Beginn dieser Entwicklung stehen verständliche Ziele, die sehr viele der zur Spitze der humanistisch tätigen Gesellschaft Zählenden mit allen guten Wünschen, einem Teil ihrer Kraft und auch mit ihren Mitteln - wenn auch hier nicht so begeistert - unterstützten. Der Geheime Rat Goethe, die beiden Humboldt .. Sie standen mit viel Wohlwollen, manchmal auch beratender Hilfe vor Staatsmännern und Kirchenfürsten an der Wiege der Nationen im östlichen Zentral-Europa oder waren Beistände ihrer Wiedergeburt. Alles war der hohen Begeisterung voll, man glaubte an eine neue Ära, die, von den Auswüchsen der Revolutionszeit gereinigt, die Nationen, die alten und die nun aufstrebenden jungen, zum Ziele der Menschheit, zur wahren Humanität führen würde, oder auch, wie jemand bald urteilte: Von der Humanität über die Nationalität zur Bestialität!

Zurückhaltend waren die Machtträger der Regierungen jener Länder, die als wiedergefestigte Monarchien verschiedene Nationen oder nationale Gruppen in sich hielten.

Die kleinen Völker in den großen Reichen

Der Bändiger der ‚wilden' Revolution, Napoleon, hatte das mittlere und östliche Europa revolutioniert, die Bändiger Napoleons hatten im Wiener Kongreß diese ‚erwachten' Völker wieder zu bändigen versucht.

Das Kaiserreich Österreich gehörte dem Deutschen Bund mit seinen im „Reichsrat vertretenen Königreichen und Ländern" an, die auch nicht-deutsche Völker umfaßten, der Ostteil, das Reich der Ungarischen Krone, war ein Nationalitätenstaat unter klarer Dominanz, das Reichsland Galizien gehörte nicht dazu. - Das Königreich Preußen zählte zum Deutschen Bund innerhalb der 500 Jahre alten Grenze; die Provinzen Preußen und Posen lagen außerhalb, in letzterer gab es auch ansässige polnische Bevölkerung, im westlichen Preußen Kaschuben, wenige Polen. - Rußland reichte mit seinem „Kgr. Polen" bis vor Krakau, Gnesen und Thorn; dieses „Kongreß-Polen" faßte hauptsächlich Polen, aber auch ruthenische und ukrainische Stämme. - Slawische Völker lebten südlich von Save und Donau im Osmanischen Reich. Aus ihnen wurde Serbien 1817 tributpflichtiges Fürstentum, die erste Stufe zur Selbständigkeit.

Der bezeichnete Raum war voll von ‚unerlösten' Völkern. Eines davon bezeichnete sich als nicht frei, aber es war selbst Herr über andere in seinem Reich, die Ungarn.

Der Anstoß, den Napoleon an der Pforte zu den südlichen Slawen mit der 1806 proklamierten „Illyrischen Provinz" gegeben hatte, verband sich mit dem Wissen um historische Vorbilder: Es hatte um 1000 ein Königreich Kroatien gegeben, die Mark Krain (mit Sann) hatte für seinen Anspruch nur die ferne Erinnerung, daß „Slowenen" um 800 in den südlichen Ostalpen gesiedelt hätten.

Von den Westslawen verwiesen die Tschechen auf Gestaltung und Mitgestaltung im Königreich Böhmen mit der wesentlichen Zeitmarke, als es in das (kurz:) Deutsche Reich einbezogen wurde und dort als Land eines Kurfürsten eine wichtige Rolle spielte. - Die Slowaken waren seit dem Großmährischen Reich, also 900 Jahre, ohne Staatlichkeit und wehrten sich gegen die magyarische Dominanz. - Die Polen waren in die drei Reiche der Hl. Allianz aufgeteilt und betrieben ihre staatliche Wiedergeburt, u.a. mit dem

Aufstand 1830. Napoleon hatte auch hier mit dem von ihm begründeten „Hgt. Warschau" einen Ansatzpunkt geschaffen. Der sog. Frühnationalismus bestimmte die Zeit bis 1848. Der nach Amerika ausgewanderte deutsche Südmährer Karl A. Postl gab 1928, nun als Charles Sealsfield, eine Schrift heraus: „Austria as it is", die sich mit der Schwächung des Kaiserstaates durch liberale und nationale Bestrebungen befaßte. Dabei schaute er besonders auf das östlich angrenzende Volk. Dort bereitete J. Kollár den literarisch geprägten Panslawismus vor und L. Štúr wird der Führer des Aufstandes gegen die Ungarn. Gedanken der deutschen Romantik wie des (russischen) Panslawismus prägten ihn in seinem Ziel, der sprachlich-kulturellen Gemeinsamkeit aller Slawen. In seinem postum (1867) veröffentlichten deutsch verfaßten Hauptwerk, im Konzept vor 1848 angelegt, beklagt er, „wie ein Volk, das größte an Zahl in Europa, geschieden, getheilt, zerbrökkelt ist, wie es in seiner Zerstückelung dort unter dem Joch der Türken seufze, hier eine Ewigkeit den Deutschen (dem ehemaligen Römischen Reiche, jetzt den Österreichern, Preußen und Sachsen) diene, hier von den italienischen, dort von dem magyarischen Element gezerrt und geknechtet wurde (Štúr 16 f), wo (ist) Hoffnung zu schöpfen? Dort im weiten Osten, denn dort liegt das Slawenvolk ausgebreitet, das Volk der Zukunft!" (133).

Mit dem Nachbarvolk, den Tschechen, geht er hart ins Gericht: „Welche hohe, edle Gesinnungen zeigen die Böhmen vor dieser Catastophe [1620] in ihren Schriften, ihrer Verfassung, ihren Thaten, und heute welch unaufrichtiges Benehmen .. welche Prahlerei mit ihrer Wenigkeit hat sich dort eingenistet und darüber - o, Schande - welche Pflanzschule für die verwerfliche Polizei aus Böhmen für Österreich geworden ist! Das ist der Grund, warum die Böhmen bei den anderen Slawen unbeliebt, ja manchen, wie den Polen, verhaßt sind..." (148).

Štúr arbeitete nach dem Scheitern der Revolution daran, den mittelslowakischen Dialekt zur Schriftsprache zu führen; gestorben ist er im deutschen Weinbauerndorf Modern bei Preßburg. -

Auch im Süden des Königreichs Ungarn, im gemischt besiedelten Gebiet an Donau und Save, erwächst ein Kämpfer für die Unabhängigkeit der (hier: Süd-)Slawen; L. Gaj versucht, von Štúr beeinflußt, eine Einigungsbewegung zu schaffen, die aber 1843 verboten wird. - In Böhmen legt Dobrovsky den Grund für die neuere tschechische Schriftsprache, auch er, in den ersten Bänden, deutsch schreibend, auch, weil er dann besser verbreitet wird. - In der Konkurrenz um den ersten Platz bei den Westslawen und damit der allslawischen Bewegung in Zentraleuropa überhaupt können die Tschechen gegen die Polen darauf verweisen, daß sie in Böhmen als das dort größte Volk (1847: 4,0 Mill. : 2,6 Mill. Deutsche) zunehmend so weit an Einfluß gewinnen, daß dort gegen sie nichts mehr entschieden würde. In der Konkurrenz mit den Deutschen durch ihre Kulturleistungen herausgehoben und ihnen jedenfalls ebenbürtig, seien sie zur Führerschaft bestimmt. Erst im späten 19. Jahrhundert übernehmen die Polen diese trotz ihrer Aufspaltung in die drei Staaten.

Dies ist die Lage vor dem Jahr 1848, welches für slawische Einigungsbestrebungen, Nationalstaatsideen wie für die Auseinandersetzung um das Zusammenleben mit den Deutschen bis hin zu den Separations- und Verdrängungsplänen das wichtigste bis ins 20. Jahrhundert hinein wird.

Der „Slavencongress" im Revolutionsjahr 1848

In der Zeit unmittelbar vor 1848 wächst in Wirtschaft und Gesellschaft unruhige Betriebsamkeit. Der Adel in Böhmen entdeckt nach seiner durch die Verwaltung des Flächenstaates politischen Teilentmachtung die Kräfte des Volkes, er regt den „Verein zur Erneuerung des Gewerbegeistes in Böhmen" an und wendet sich darin an die Tschechen, da in den deutschen Gebieten im Westen und Norden hierin schon das Bürgertum vorangegangen war. Über die Herabsetzung der Mitgliedsbeiträge in den Kammern werden sie breiten Schichten geöffnet, was Mehrheitsentscheidungen wünschbar macht. In das Direktorium der böhm. Handelskammer rücken Perner, Dr. Strobach und Rieger ein, welche sich als tschechische Spitzengruppe sehen. Über sozial-ökonomische Bestrebungen, wie, den Gewerbefleiß zu heben, versucht der tschechisch gesonnene Teil des Adels, dem sich gelehrte Bürgerliche um Palacký anschließen, ihren Teil des Staatsvolkes gegen die Deutschen zu stärken. Dies wird in einem sinnbildhaften Ziel deutlich, in Prag eine eigene Muster-Gewerbeschule aufzubauen. In der Hauptstadt wachsen Maschinenfabriken und Betriebe für den allgemeinen Bedarf heran.

Der Bau der Eisenbahn von der Reichs-Hauptstadt Wien aus, 1839 begonnen, erreicht über Prerau an der Mährischen Pforte (1841) die Hauptstadt Böhmens 1845. - Aber würde der österreichische Kaiser weiterhin in Prag zum böhmischen König gekrönt werden?. Der Anteil der Deutschen am gesellschaftlich-staatlichen Leben, über das wirtschaftliche hinaus, ist hoch. Prag wird von Ausländern als eine deutsche Stadt mit einem hohen Anteil an Tschechen der kleinbürgerlichen und Arbeiterschicht empfunden - nach dem Bürgerrecht übersteigt der deutsche Anteil die Hälfte, das Umland ist aber tschechisch. Ein 1848 in Prag in Windeseile bekanntgemachtes Lied eines Revolutionärs, K. Havlíček, faßt zusammen, was schon Jahre vorher umlief: „Alles ist auf die einfachste Antithese gebracht: der Tscheche, der zweihundert Jahre gedient hat, erhebt sich, um den verfluchten „schwäbischen" Herrn davonzujagen, um sich zum alleinigen Herren in Böhmen zu machen. Den Deutschen wird die Frage in den Mund gelegt, wen sie jetzt schinden sollten, wenn sie keine Tschechen mehr hätten." (Raupach 89).

Von der national aufgeheizten Atmosphäre Prags aus hatte man - propagandistisch verengt - völlig übersehen, daß sich in und an den deutschen Siedlungsgebieten in West- und Nordböhmen, auch in Mähren, in Pilsen, in Brünn eine bedeutende Industrie ohne Tschechen gebildet hatte, der jetzt die Bewohner des Kerngebietes um Prag ja nachstrebten.

Der Neid erhob sich.

Karel Havlíček, * 1821, ‚abgebrochener' Priesterzögling, trägt 1843 nach dem Besuch des 1. tschechischen „National"-Balles in sein Tagebuch ein: „... Gott laß mich wenigstens in dieser Nacht alle unsere Feinde verfluchen! Laß mich die Grenzen meiner Kraft überschreiten und nur an den Augenblick denken, wo ich mit eisernem Arm unserer Feinde Köpfe und Brust zerschmettere, nur einen einzigen Augenblick!" (116).

Neid gebiert Haß.

Neben den Deutschen sind besonders die Juden in seinem Visier. Er fühlt sich als Volkserzieher, schreibt in den „Národni noviny" und strebt danach, über die allgemeine Volksbildung den nationalen Egoismus zu heben. Man fand dafür eine unmerkliche Art, in den öffentlichen Reden in Kammern und staatlich verfaßten Ausschüssen die national-politische Frage als eigentlichen Zweck zu verheimlichen.

Im Land lief bald ein bemerkenswerter Satz um: Lieber die russische Knute als die deutsche Freiheit!

In diese Entwicklung hinein begann die deutsche Nationalbewegung - für die weniger Eger, aber Reichenberg, Prag, Budweis, Brünn Randgebiete waren, auch von dem damals deutlich national geprägten Wien her betrachtet, - über das Vorparlament die Einladung an die Länder des Deutschen Bundes zu verschicken und Urwahlen für die Abgeordneten auszuschreiben. Palacký stellte dem die Ansicht entgegen, der historische Zusammenhang Böhmens mit dem Reich sei „reines Regal, von welchem das böhmische Volk, die böhmischen Stände kaum jemals Kenntnis zu nehmen pflegten...", dem Sinne nach sei das nur als ein Verhältnis unter Herrschern zu sehen. - Der böhmische Landeshistoriker nimmt aber die Treuebindungen innerhalb der „böhmischen Krone", zu Mähren, Schlesien, aber auch früher zur Lausitz, sehr wohl als mehr als ein bloßes Regal, wiewohl dem künischen Freibauern südöstlich von Taus der Kleinadelige bei Troppau im Schlesischen wohl ziemlich fern, wenn überhaupt als im gleichen Staatswesen lebend gegenwärtig sein mag. Und auch dem tschechischen hussitisch geprägten Kleinbürger in Tabor war der mährische Großbauer in der Hanna ganz ferne, der polnische Industriearbeiter in Teschen sowieso.

Die Entscheidung Palackýs als Tscheche für sich und die ihm darin Folgenden, nicht nach Frankfurt zu gehen, in eine deutsche Nationalversammlung, ist ehrenwert, unredlich ist jedoch seine Begründung. Vergleichbar war die nach 60 Jahren durch Masaryk und Beneš, als sie für sich Selbstbestimmung forderten, für die Deutschen bestritten. -

Wer aus Böhmen nach Frankfurt ging, wurde lächerlich gemacht, etwa Kuranda, der als Jude verspottet wurde, oder Schuselka aus Budweis, der in einem Gassenhauer von den Deutschen gegen sie, die Tschechen, zu Hilfe gerufen wird. Schon im Frühjahr hatten sich radikale Vorstädter gegen die deutsche Prägung gewandt, „wobei schon die Drohung fiel, die „Fremden" würden ausgewiesen werden... Spott- und Kampfgesänge gegen die Deutschen.." (Jaksch 1958, 39).

Soziale Ressentiments, etwa gegen die Angehörigen des deutschen Bildungs- und Besitzbürgertums, wie sie Frankfurt beschikken, werden auf das Gesamtvolk abgeleitet. Das Bild wächst: der taubengleiche Ackerbauer wird vom hochfahrenden Schwertträger und dukatenzählenden Geldprotz unterjocht.

Gegen die Nationalversammlung setzt Palacký seine Einladung an die Slawen der Donaumonarchie nach Prag. Der Gedanke kam vom Kroaten Kukuljević-Sakčinski. Eine „slawische Versammlung" soll dreierlei: das Gemeinschaftsgefühl insgesamt wecken, eine gemeinsame Sprache als das beste Mittel dazu auf den Weg bringen und die Vertretung im Gesamtstaat verbessern, was sich besonders gegen die Ungarn wendet, die in ihrem Königreich auch nur beratende Tätigkeit von Nicht-Magyaren nicht zulassen.

Seit dem 11. März hatten Beratungen „zur Erlangung einer constitutionellen Regierungs-Verfassung in der königlichen Hauptstadt Prag" eingesetzt, wie in anderen Städten in Deutschland auch, in München, Berlin, Wien... In diese hinein und z.T. über sie hinweg schob sich die Slawen-Versammlung. Ein Berichterstatter zum „30. Mai...4. Die Gäste zum Slawenkongresse treffen immer zahlreicher ein, Pohlen, Croaten und Serben sind bereits angekommen. Heute Nachmittag brachte der Eisenbahntrain eine Zahl von 150 Mährer, Schlesier, Pohlen, Rusinen, Serben, Croaten, Slavonier, Slowaken und Slowincer... Die Lokomotive erschien mit slawischen Fahnen geschmückt... mit .. Slawa-Rufen .. begrüßt, während die Versammlung ein slawisches Lied sang" (Schopf 4, 29).

Unter der Hand änderte sich der Beratungsinhalt durch eine organisatorische Überraschung. Es sollte a) öffentliche, b) nichtöffentliche und c) kurzfristig angesagte Ausschußberatungen geben. Damit entzog sich die Slawen-Versammlung zum größten Teil der Teilhabe der Bürger insgesamt und wurde zu einer „Beseda", einer Zusammenkunft unter sich. - Auf einen Aufruf der 'böhmischen' [tschechischen] Delegation in Innsbruck, wohin sich der Kaiser aus Wien begeben hatte, erwiderten Tiroler: „Ihr rufet die Slaven in die deutsche Hauptstadt Prag". Dies beantwortet Štúr „gegen die Deutschen mit den fürchterlichsten Verwünschungen... er suchte .. aus Palackýs Geschichte unter derben Faustschlägen auf den Tisch zu beweisen, daß Prag keine deutsche Hauptstadt sei" (5, 10).

Nach einer Messe am Roßmarkt beim Wenzelsdenkmal deutete am 4. Juni ein serbischer Archipresbyter „mit feurigen Worten das allmächtige Auferstehen des slavischen Elements" an (5, 19), während am 5. Juni ein großer Trupp tschechischer Studenten auf der kostenlosen Eisenbahn-Fahrt nach Wien „vorzüglich Spottlieder auf Deutsche und auf Deutschland zum Besten" gab (5, 23). Die Versammlung bewegte sich auf einen „geheimen SlavenCongress" zu, so daß viele hoffen: „Am 12. Juni... Die Zeit wird den Schleier des Geheimnisses, in welchen die Conferenzen des Slavencongresses gehüllt sind, lüften, sie wird uns lehren, ob die Tendenzen der Czechen wirklich rein rechtlicher Natur seien, und dasjenige, was die Glieder Slavia frei und offen verkünden, Wahrheit oder nur Mystifikation gewesen" (5, 38).

An eben diesem Tag, an dem eine „Proklamation der ersten Slaven-Versammlung in Prag an die Völker Europas" beschlossen und veröffentlicht, eine Adresse der Slaven-Versammlung an den „Kaiser von Österreich - Euere Majestät" als Vorlage nicht mehr beschlossen werden kann, brechen die „Pfingst-Unruhen zu Prag" aus, in welchen hauptsächlich „gegen das deutsche Element in Personen und Sachen" (6, 91) vorgegangen wurde. - Der Aufstand wird von Windischgrätz niedergeschlagen; einer der Agitatoren, er war zugleich an pointierter Stelle im Slavencongress tätig, Havliček, wird am 8.7. verhaftet und angeklagt, „daß er zu den bestehenden Zerwürfnisse zwischen den beiden Nationalitäten Böhmens wesentlich beigetragen" habe (6, 97).

„Am 25. Juli. Der akademische Senat hat... bekannt gemacht, daß am 12. Juni 1848 im Karolinum aus dem gesperrten Sitzungszimmer des akademischen Senates aus dem darin befindlichen geschlossenen Archivkasten... das Originalsigill von der vom Kaiser Karl dem Vierten errichteten Stiftungs-Urkunde der Prager Universität in Verluste geraten sei, und die Beschreibung geliefert..." (6, 102).

(Diesem Gewaltakt von Privaten 1848 folgt der durch das Universitätsgesetz vom 19. Februar 1920 ermöglichte Angriff vom 24. November 1934 durch tschechische Studenten, worauf am 26. November der deutsche Rektor der nun namenlosen deutschen Universität, der man Archiv, Insignien, Siegel, Bücher, Bilder und andere Andenken aus der Zeit vor 1882, dem Trennungsschnitt, entzogen hatte, die Insignien einer Ministerialkommission übergab.).

(Noch 25. Juli:)... Die Vereinigung "Slavia" hatte "eine besondere Sektion für Verbreitung aufreizender, den Nationalhaß gegen die Deutschen aufstachelnder, bis zum Mord und Totschlag derselben auffordernder Lieder, von Mitgliedern der "Slavia" verfaßt, und deren Druck von einem eigenen Buchdrucker besorgt" (206), teilt der Bericht in seinem "Zweiten Teil" mit, in dem einiges zum Rahmen des Geschehnisses nachgeliefert wird. Das sind die auch an anderer Stelle notierten "Spott- und Schmählieder gegen die Deutschen, welche sich sowohl gegen das ganze Volk richteten, wie z.B. die Wenzelshymne "Vertilg den Deutschen, den Fremdländer" (Revolution 443), wie auch gegen einzelne.

Bezogen auf die langdauernden Kämpfe in anderen Städten und Ländern konnte die Prager Sache als rasch beendet gelten. In einem „Geheimbericht aus Böhmen für Alexander Bach... 10. Januar 1851" wird abgewiegelt, jedoch immerhin notiert: „... Trotz dieser Niederlage hat die Partei an Zahl, Einigkeit und Energie nichts verloren, sie steht jetzt um so kecker da, sie zeigt eine unüberwindliche Zähheit und Böswilligkeit, die um so größer ist, je mehr sie überzeugt ist, daß alle ihre Anstrengungen vergeblich sind... Die fixe Idee dieser Kranken... Czechen-Fieber... besteht darin, daß die „Böhmen" die eigentlichen wahren Herren und Eigentümer des Landes sind; die Deutschen dagegen nur Einwanderer, Eindringlinge, Kolonisten seien, die sich den Urbewohnern, den Herren in Allem unterordnen, unterwerfen müssen; eine Gleichberechtigung zwischen Böhmen und Deutschen kann es daher auch gar nicht geben, denn die Deutschen haben gar keine eigenen Rechte, könnten also mit denselben den Böhmen, den Urherren, gar nicht gegenüber stehen. Wollten sich die Deutschen den Böhmen nicht fügen, dann müsse man sie zum Lande hinausjagen, totschlagen: denn nur die Böhmen allein können und dürfen im Lande herrschen". Der Bericht folgert:

„In diesem Alt-Böhmen herrscht das Hussitentum auf eine schauerliche Weise! -... Man sieht schon den Morgenstern in ihrer Hand, um alle totzuschlagen, die keine Hussiten sind. -... Todfeindschaft allem Deutschen!... Seit 1848 spukt dieser czechische Geist auch bei der k.k. ökonomisch-patriotischen Gesellschaft in Prag... Die ökonomische Gesellschaft hat... in Böhmen zwei Akkerbauschulen gegründet, die eine in einer deutschen Gegend auf der gräfl. Thun'schen Herrschaft Tetschen..." (Prinz 1968 161ff).

Fast alle der wesentlichen Wendungen in diesem Dokument tauchen über die Jahre 1918/20 bis zu den Vertreibungsanweisungen und -rechtfertigungen bei den meinungssetzenden Führern des Volkes auf. - Bezeichnet ist auch der Anfang des Hineindrängens in das deutsche Gebiet. - Als die Hintermänner der Bewegung werden jene aus dem böhmischen Hochadel genannt, die den Machtverlust seit den Anfängen der „constitutionellen" Zeit nicht verwinden konnten und überdies in der Konkurrenz mit dem aufstrebenden (deutschen) Bürgertum verarmten.

„...die Deutschen über die Grenzen treiben...."

Das genannte Dokument über die umlaufenden Gedanken aus 1848 ist das zeiterste festlegbare offizielle. Der größere Zusammenhang, in den die Sätze mit der Kernaussage, die Deutschen „zum Lande hinaus(zu)jagen", zu stellen sind, dürfte eine der Wendungen Šafariks sein, die das Programm der tschechischen kleinbürgerlich-demokratischen Gruppe gegen den Austrizismus Palackýs in einer Grundsatzrede am 3.6.1848 vertrat. Diese wurde im übrigen am meisten von allen Redebeiträgen am Congress bejubelt, soweit sie öffentlich waren. Er entwarf auch das (kurz:) "Manifest an die Völker Europas" und vertrat darin das Naturrecht der Völker auf Gleichberechtigung. Er verwahrt sich gegen die Ansicht, die Slawen als ein Untertanenvolk zu werten und fährt fort: "Wer sind denn die, die so über uns urteilen? Es sind doch jene, die bisher mit eiserner Faust über uns geherrscht haben und zum Teil noch herrschen, jene, die die Wolle von unseren Schafen geschoren und sich vom Schweiß und den Schwielen unserer Bauern nährten, es sind jene, für die unsere Brüder, die Söhne unserer teuren Mütter gekämpft und ihr Blut vergossen haben, es sind jene, die sich selbst als unsere Lehrer und Beschützer bezeichnen -, die wir aber die Mörder unserer Seelen nennen" (Pekař 223).

In dieser Rede in öffentlicher Session ist Abwehr, scharf formulierte, zugleich aber die Unbedingtheit, die niemand anderen im Lande sieht, als ausgebeutete Slawen und blutsaugende Herren, Deutsche. Er fordert dagegen die Einheit: „Die Slawen müssen die erste Stelle einnehmen. Wenn sich achtzehn Millionen Slawen für den österreichischen Gesamtstaat schinden und für ihn ihr Blut vergießen, ist es nur geziemend, daß zuerst der Slawenstamm, dann der Deutsche, Madjare und Walache genannt und die österreichischen Völker fortan in dieser Reihenfolge angeführt werden"

(Fischel 277). - Der „Slawenstamm" mußte erst geschaffen werden.

In der überhitzten Atmosphäre der nicht-öffentlichen Sitzungen und besonders der Zusamenkünfte jener Gruppen, aus welchen dann - nach dem Pfingsgottesdienst - der Aufstand herausbricht, wird die Sache offensiver vertreten. Hier laufen die den Belesenen unter ihnen wohlbekannten „Altertümer" um, beherzigenswerte Aussagen über die Deutschen, wie sie aus der Chronik des sog. Dalimil (Anfang des 14. Jh.) über die Zeit Sobieslaw (1173-1178) bekannt sind (in alter deutscher Übersetzung:) „Und das hatten ym die Phem für gut, das er die Dewczen also aus dem lande vortreib" (Kaindl 17), - tatsächlich wurde nur die sog. Hofpartei vertrieben - oder aus einer tschechischen Schmähschrift um 1340: „Die ich kennzeichne, sind diejenigen, die ihr Heimatland verlassen, fremde Reiche und Länder wie Füchse betreten, hier wie Löwen herrschen und schließlich vertrieben werden wie Hunde... Von Gott erleuchtete Fürsten lassen diese elenden... Ameisen im Sommer Vorrat ansammeln, nehmen ihnen aber das Gesammelte .. ab .. und vertreiben sie schließlich... aus den fremden Nestern" (20). Diese Texte wirkten seit der Entdeckung der alten tschechischen Literatur und der Erweckung der neueren, die besagten Handschriften inbegriffen, dank der unbestreitbaren Segnungen der österreichischen Schulpolitik in weite Kreise hinein.

Das setzte Šafarik wohl als selbstverständlich voraus. - Die bei der Slawen-Versammlung besonders tätigen Redakteure und Drucker waren auf ihrem Feld. Das Pamphlet aus der Zeit um 1340 freilich mußte aus dem Lateinischen übersetzt werden, wobei die Detailtreue bei den Strafen, welche die landsaugenden Deutschen ereilt, wohl nicht litt: „... man müsse sie der Augen berauben, bei den Füßen aufhängen, Nasen abschneiden" (18). 1945 hielt man sich genau daran, das Benzin kannte man freilich in alter Zeit noch nicht.

Mit dem Zusammenbruch der Revolution verfliegt die Euphorie; die Topoi, die festgezurrten Aussagen und Gemeinplätze bleiben häufig wortgetreu: Štúr, auch in Ungarn gescheitert, klagt,

klagt an, aber er hofft auch: „... unsere Kraft ist durch die Fremdherrschaft gebrochen, die Fremden nähren und erhalten sich durch unser Leben und von unserem Schweiß,... Die Aufgabe dieser Stämme besteht nicht im Aufbau von Staaten, sondern in unausgesetzter,... Arbeit zu einem großen Werke... damit, wenn einmal der große Slawentag anbricht, sie alle genug beherzt, aufgeklärt und begeistert sind, all das... zu thun, was zu unserem... Heil gebieterisch gefordert" wird (Štúr 174).

Große Sehnsüchte laufen in Böhmen und Oberungarn um, die ‚staatserhaltenden' Zeitungen versuchen zu besänftigen und darauf hinzuwirken, daß die nun aufgerichteten nationalen Schranken bald wieder verschwinden würden. Dafür muß in einer literarischen Beilage etwa eine - seherische - Großmutter zuerst in alte böse Zeiten zurückschauen, „welche die bewaffneten Schaaren der deutschen Kriegsvölker in die friedllichen Thäler und Ebenen des čechischen Volkes gebracht haben und wie dann endlich ihre Landsleute... das fremde Volk hinausgejagt hätten aus dem gesegneten Lande, wie aber... die Deutschen... sich allmälig eingenistet haben. - Im Tone einer Seherin blickte sie dann zum Himmel und bat Gott, daß er sie wegnehme von der Erde, bevor der letzte fürchterliche Kampf anhebe, in welchem... die Deutschen über die Berge geworfen würden und großer Jubel und Hochmuth in ihrem Volk seyn würde. Aber die Deutschen kommen wieder und werden ..Alles vor sich niederwerfen... Wir Kinder [d.i. deutsche und tschechische] blickten uns scheu an... der Hausherr nahm uns zu sich, um uns die alten Geschichten der alten Frau auszureden, an die kein Mensch glaube. Dabei hielt er uns in seinen Armen und sprach uns zu, daß wir liebe Freunde bleiben möchten..." (Bohemia 1848 21. Jgg. 1 Sem. „A.M..: Der Nationalitätentausch in Böhmen" Nr. 1-4).

Die Autorin des „Großmütterchen(s)" aber, die Bozena Němcová, geb. Barbara Pankel, auf jede nur mögliche Weise ein böhmisches Mischwesen über mütterliche und väterliche Abkunft und über ihren Mann, einen Tschechen, der (übersetzt:) „Deutsch(er)" heißt, sieht das anders (übersetzt:) „Němcová glaubte - in einem

Brief vom 27.5.1850 an Dlabac - nicht, daß die tschechisch-deutsche Frage sich friedlich lösen wird. Die Tschechen sollen gegen die Deutschen eine ordentliche Revolution machen und sie über die Grenzen treiben, wohin sie ohnehin gehören. Sie bereichern sich am tschechischen Fett und an den Schwielen und verderben uns körperlich und geistig. Wenn... die Němcová über Donner und Blitz herrschen könnte, würde sie das Land von ihnen reinigen. Die Němcová hielt die Deutschen für unsere Mörder, welche zu bekämpfen unser heiliges Recht und größte Pflicht ist" (Prazák 229).

In der angesehenen „Bohemia" wird am Beispiel des Austausches von Kindern mit der anderen mitwohnenden Nationalität - hier: ein deutsches Kind im Tschechischen - Verständnis und Ausgleich beschworen, in der privaten Äußerung der Schriftstellerin wird aus dem geheimgehaltenen Kern der Prager „Versammlung" weitergereicht, was unter der Decke notwendiger Zurückhaltung nun auch wegen der polizeilichen Nachforschungen sich in die Herzen einfrißt, zuerst in die weniger, dann über die Volksbildung, welche die radikale „Partei" bald in die Hand bekommt, in jene Schichten, die, im Aufstieg begriffen, alle Gegenstände des neidvollen Verlangens um sich hatten, besonders in der Hauptstadt. -

Bis in die Zeit nach der Staatsgründung bleiben Bilder und Wörter fest, sie sind eingebunden in die Motivstränge, die sich an besonderen Ereignissen bündeln, Slawenkongressen, Krisen um Parlamentskämpfen, deren es im sich nun anhebenden Nationalitätsstreit genug gab: „eine ordentliche Revolution", anders als 1848, um sie, die Deutschen „über die Grenzen zu treiben", weil sie sich „am tschechischen Fett" nähren, das „Land reinigen" von den „Mördern", den Verderbern, mit „Donner und Blitz", vereint mit allen Mächten himmlischen und höllischen: „Hrom a peklo" (Donner und Hölle). Dieser Refrain des Slawenliedes „Hej slowanie" prägte die Versammlungen der Volksbildungs- und Kulturvereine. Immer mehr Mitglieder konnten sich immer mehr vorstellen, was alles im Umfeld dieses Wunsches sich meist ruhig verhielt, manchmal vorsichtig bewegte, dann aber hervortreten konnte, müßte...

Eine Utopie?

Der am nachhaltigsten wirkende Theoretiker in der vorrevolutionären Zeit und dann auf der Slawen-Versammlung selbst war nicht der dafür allseits gewürdigte Austroslawist Palacký, dem der Kranz als dem Wegbereiter des tschechischen Nationalstaats gereicht wurde, sondern Štúr. Dieser war, ganz Slowake, unbedingt in seinen Zielen und in der Umsetzung. - Am Ende des Palacký-Weges hätte konsequent eine kantonale Gliederung der Länder Cisleithaniens und damit der Länder der böhmischen Krone stehen müssen. Eine solche hatten er und sein Mitstreiter darin, zugleich aber Gegenspieler, Löhner, auch schon vorgelegt.

Zu Beginn der Verfassungsberatungen am 11. März 1848 hatte es noch geheißen: „Čech a Němec jedno telo" - „Der ‚Böhme' (d.i. der Tscheche) und der Deutsche - ein Leib"! Dies war der Wahlspruch im Wenzelsbad-Saal in Prag bei der Eröffnungsfeier, so war es am Transparent zu lesen und so wurde er mehrheitlich , in der Begeisterung des konstitutionellen Aufbruchs kurzfristig wohl fast einhellig verstanden.

Nach zurückgewiesener Einladung nach Frankfurt und dem Pfingstaufstand kam als mögliche Lösung auf Sicht eine Teilung in Betracht: Die slawischen Teile der böhmischen Länder (Tschechisch-Österreich) waren bei Palacký als (übersetzt:) „Tschechowien" vorgesehen und hätten „Deutsch-Österreich" gegenübergestanden, in das die deutsch besiedelten Gebiete Böhmens, Mährens sowie der Troppauer Kreis (d.i. Sudeten-Schlesien) einzubeziehen gewesen wären. Aber die Nationalitätenfrage wurde 1849 nicht gelöst, Österreich blieb, in der Abwehr der revolutionären Ziele, Nationalitätenstaat, ohne nationale Innengrenzen.

Die Tschechen versuchten nun in der Rieger-Mission, wenn auch ohne Erfolg, Hilfe im Ausland, dort, wo dann ihr Staat konsequenterweise geschaffen wurde, in Frankreich. Štúr aber hatte für den Weg dorthin das erfolgversprechende Konzept: „... unausgesetzte Arbeit... thun, was zu unserem Heil gefordert" wird, nicht: „Aufbau von Staaten" (Štúr 174). Dies besagt nicht, wie aus dem Text ersichtlich, die Slawen, und als ein Teil die Tschechen, sollten nicht staatspolitisch tätig sein, sondern sie sollten nur im Innern, in der Um- und Ausgestaltung wirken. Daran hielten sich seine Anhänger und bald auch sein Gegner Palacký mit seinem Gefolge.

Die Sorge für das Bestehen des Österreichischen Kaisertums und in ihm: Cisleithaniens wurde den Deutschen überlassen, die sich also im „Aufbau von Staaten" - auch im Widerstreben der späteren Schönerer-Gruppe - aufrieben und als Konsequenz im Krieg 1914/18 überproportionale Verluste erlitten, mit ein Grund für das Scheitern beim Aufbau Deutsch-Österreichs.

Die Utopie Šturs wurde von K. Marx kommentiert: In der "New York Times" vom 15.3.1852 äußerte er, ein scharfer Kritiker besonders der russischen Panslawismus-Ziele, sarkastisch: „Die Böhmen und Kroaten beriefen nun den slawischen Kongreß nach Prag ein, der die allgemeine Verbrüderung der Slawen vorbereiten sollte... die armen slawischen Enthusiasten, deren einziges gemeinsames Empfinden der gemeinsame Haß gegen die Deutschen war..." (Kann II 310). Er, der in seinem Manifest 1848 im alten Kontinent ein „Gespenst" seinen Weg gehen sah, schenkte der in vielen Völkern sichtbaren slawischen Bewegung nicht die nötige eindringliche Aufmerksamkeit, wenn er auch das Eingangsmotiv richtig bestimmte. Ein Zeitzeuge hatte aus dem unmittelbaren Eindruck - "„geschrieben zu Dresden im Sommer 1848" - eine Kernaussage mitgeteilt: „"Seit 1000 Jahren", so lasen wir (in den) Congreßacten, „werden die Slawen... geknechtet..; in ihrem tiefen Innern aber glüht ein Feuer, in ihren Sehnen zuckt eine Glut, die unermeßlich, unaufhaltsam sich aus allen Poren drängt und in kurzen Tagen vielleicht schon durchbrechen und Alles überfluten kann, was sich ihr in den Weg stellt... Ein dunkles Gefühl geht von einem Ende des Slawenthums zum anderen, das Streben, der heiße

Durst nach Etwas, das man selbst nicht zu nennen weiß... Kurze Zeit vielleicht noch. - und jener die Slawen beseelende Geist wird ein grausenerregendes Gespenst, das, eine zweite Geisel Gottes, wie ein wüthender Orkan daherbraust über die Fluren und in seinem unaufhaltsamen Zuge Dörfer, Städte, Länder und Reiche austilgt"" (Kohl 172).

Diese Utopie enthielt notwendigerweise den Vertreibungsaspekt als den wesentlichen, so vertreten in der Forderung auf dem Prager Slawenkongreß, „es müßten vertrieben werden alle Türken aus Europa, alle Italiener vom Ostufer der Adria, alle Millionen Deutschen östlich der Isthmuslinie Triest-Stettin, alle Finnen von der karelischen Nase bei Petersburg". K. Marx setzte dazu als unmittelbare Entgegnung in die Neue-Oder-Zeitung 1855: „Panslawismus ist eine Bewegung, die ungeschehen zu machen strebt, was eine Geschichte von tausend Jahren geschaffen hat, die sich nicht verwirklichen kann, ohne die Türkei, Ungarn und die Hälfte Deutschlands von der Karte Europas wegzufegen..." (Schlau, 74).

Die Utopie lebt im Scheitern weiter, dem Begriff entsprechend, daß für eine Idee zur Verwirklichung (noch) kein Ort ist, wie das ein Verfechter der neuen slawischen Ostgrenze und des russischen Panslawismus, Carl Vogt, für die Zeit unmittelbar vor 1860 bestätigt: „Die paar deutschen Enclaven und sonstige Eindringlinge auf slavisches Gebiet können die Entwicklung des große slavischen Ganzen nicht länger im Weg stehen; ohnehin haben sie kein Recht, da wo sie sind" (Marx 81 f).

Die notierten Äußerungen kommen aus den geheimen Sessionen und werden also z.T. auch erst nach Jahren bekannt. Ein Zeitzuge, der einem Buch über „Slaventhum und Deutschthum" aus 1849 in einem Anhang I einen „Bericht über den Slaven-Kongreß in Prag" beigibt, vermag, da er die Äußerungen und Beschlüsse der öffentlichen Sitzungen wiedergibt, dazu nichts mitzuteilen, es sei denn, er verschweigt sie (Krasinski 271 ff).

Der Weg der Utopie durch die Schlüsseljahre 1863, 1867, 1882 und 1886: Separation als Voraussetzung

Was in Böhmen in die Herzen einsinkt und in privaten Äußerungen Gleichgesinnter mitgeteilt und in den nächsten zwei Jahrzehnten nicht mehr öffentlich erörtert wird, gewinnt im nordöstlichen Nachbarvolk großes Gewicht. 1846 in Galizien nicht gezählt, war für Polen als Ganzes 1848 schon der zweite gescheiterte Versuch, die formale Selbständigkeit als „Königreich Polen" innerhalb Rußlands in eine tatsächliche und nicht nur vorgebliche Personalunion zu verwandeln sowie für Posen in Preußen eine Autonomie zu erreichen. Polnische Patrioten hatten sich 1830 in Warschau schon einmal erhoben („Novemberaufstand"), fanden aber keine Unterstützung bei der polnischen Generalität, so daß Warschau zurückerobert werden konnte und die Verfassung mit der Personalunion „sistiert", also eingestellt, und das Land künftig als Provinz regiert wird.

Die in den Westen flüchtenden Polen lösen in Deutschland fast hysterische Begeisterung aus, die durch den sog. Großen Polen-Prozeß (1847) gegen Verschwörer verstärkt wurde, wiewohl er insgesamt milde Urteile brachte. - Als in Berlin die acht polnischen Gefangenen in der März-Revolution 1848 befreit worden waren und die von den Aufständischen gegen Rußland in Stellung gebrachten Kämpfer Posen selbst bedrohten, ging Preußen gegen sie vor.

Die deutsche Polenbegeisterung war verflogen. In Polen stand gegen panslawische Ideen die russische Wirklichkeit. - Im Winter 1863 („Januaraufstand") wandten sich etwa 30 000 Aufständische gegen die große russische Übermacht, sie scheiterten. Flüchtende wurden von Preußen diesmal nicht aufgenommen, was die Enttäuschung nun voll auf diese Teilungsmacht lenkte, was von der russischen Geheimpolizei gefördert wurde - eine Sache, die sich bis in das 20. Jh. hinein immer wieder verfolgen läßt.

Die vollständige Ernüchterung führte bei den Polen zur „Arbeit an den Grundlagen", ganz nach Štúr. Es wurde über die fremdnationalen staatlichen Strukturen hinweg eine eigene Volksorganisation geschaffen, die sich möglichst unabhängig entwickeln sollte. Für Posen/Westpreußen, das 1866/67 - auch eine Folge des deutschen Bruderkrieges - in den Norddeutschen Bund einbezogen wurde, wogegen die polnischen Abgeordneten im Landtag protestierten, begann damit der Nationalitätenkampf.

Assimilierungsbestrebungen forderten das äußerst nationalbewußte Volk in diesem Teilungsgebiet besonders heraus, da Deutsche nicht nur in der Verwaltungsspitze, sondern als mitwohnende Staatsbürger, in sehr vielen Bezirken mehrheitlich, präsent waren. Es war die Auseinandersetzung um Sprache, Schule und Boden, der Kampf um die Mehrheit in diesen Gebieten mit Streu- oder Mischsiedlung. Auf staatlicher Seite wurde er durch das Schulaufsichtsgesetz (1871), den Kulturkampf (1871 ff) gegen die Einflußnahme des katholischen (d.i. polnischen) Klerus als den quasistaatlichen Herren und die Ansiedlungsgesetze (1886) beeinflußt, wobei die polnische Seite völlig - und dies schon damals - unberücksichtigt läßt, daß die gesetzlichen Maßnahmen, außer das Bodengesetz, ‚übernational' waren und die katholischen Gebiete Deutschlands insgesamt betrafen. Das Bodengesetz selbst war nicht so sehr eine Aktion als eine Re-Aktion auf den von den Polen geschickt geführten „Kampf um den Boden".

Die „Arbeit an den Grundlagen" betraf die Bauernorganisation (1873), das Genossenschaftswesen und zielte mit einem Netz von Banken mit einheitlicher Kreditpolitik nur für Polen auf den „Kampf um den Boden" durch Vergabe zinsgünstiger Kredite, um den polnischen Bewerbern den Kauf von Parzellen geteilter Güter zu ermöglichen. Die „Güterschlächtereien" brachten überwiegend den Polen Bodengewinne ein, da „deutsches Privatkapital zu 5% Zins in polnische Banken" (floß), „welche mit dem Geld polnischen Besitz begründeten" (Bernhard 534), „wohlhabende Polen konnten über (den) Kauf deutschen Besitzes" (564) nationale Verdienste erwerben: „So befestigten die Polen ihr Bauernland und glichen nach Möglichkeit den Vorteil aus, den das Gesetz der preußischen Ansiedlungskommission gewährt" (564).

Als Ergebnis des Ansiedlungsgesetzes ist festzuhalten, daß zwischen 1896 und 1914 die Deutschen in 15 Kreisen gewannen, in 49 zurückgedrängt wurden, den „Polen... brachte der Kampf um den Boden eine Reorganisation, er zwang sie zu Reformen (für) das Gemeinwesen, das... als Verkörperung der slavischen Kultur in Preußen erscheint." (572).

Äußerlich gesehen, wurde „dem Rückgang der Deutschen in der Provinz Posen Einhalt" geboten (Suchenwirth 205).

Die organisatorische Aufbauarbeit war gestützt und begleitet durch eine tiefgreifende Pflege der kulturellen Tätigkeit in Schule und Volksbildung, welche es nun von der ‚deutschen' abzuheben und zu separieren galt.

Ein polnisch-katholisches Lied, 1848 in Prag gesungen, gibt, wenn nicht dafür, so doch einen möglichen Ton an: „Brüder, Sensen in die Hände! Auf zum Kampfe laßt uns eilen... Unser Feind der Deutsche falle! Plündert, raubet, senget, brennet. Laß die Feinde qualvoll sterben. Wer die deutschen Hunde hängt, wird sich Gottes Lohn erwerben. Ich, der Probst, versprech euch fest dafür das Himmelreich. Jede Sünd wird euch vergeben, selbst der wohlbedachte Mord, den der Polen freies Leben unterstützt von Ort zu Ort..." (Löser 9 ff). Dieses Lied wurde bis in die 20er Jahre dieses Jahrhunderts gesungen. Die zugrundeliegende Haltung ist durch eine breite Volksüberlieferung - wohl seit der Teilungszeit - unterfüttert und begleitet, bei Abzählreimen in Kinderversen beginnend (übersetzt:) „Raus, ihr Deutschen! Ihr seid Fremde hier. Einheimische in Polen, das sind wir. (aus Neu-Sandec)" (Lück 44). Für Erwachsene ist ein Dreizeiler mit Innenreim gedacht: „Polacy do Pracy! Germana do Potsdama, Niemczyna do Berlina.". (übersetzt:) Polen ans Werk! Den ‚Germanen' nach Potsdam, den Deutschen nach Berlin! (44).

Über das in der Volksüberlieferung gesicherte Sprichwort „Der Deutsche und der Teufel stammen aus einer Familie" (53) und der Erfahrung: „Tiere und Teufel sprechen deutsch!" (143) gelangt die Spruchweisheit zum unerschöpflichen Ur-Thema, zum Neid: „Dem Deutschen geht es überall gut, ganz gleich, wo er sitzt", dann, mit abgerungenem Eingeständnis: „Überall, wo kein anderer sitzen will, sitzen Deutsche" - das Schlüsselerlebnis der anderen Bewohner bei der Kolonisation und der Inwertsetzung des Landes -, dann das Gefühl, daß der Pole beraubt wird: „Wären nicht unsere Ochsen und Schwein, müßte der Deutsche nackt und hungrig sein" (212). Das Schwein (świnia) eignet sich in der Wortverbindung „nach Berlin". „Berlinie-świnie" zu unerschöpflich vielen Ausgestaltungen und Abwandlungen, wobei sich der Neid als der stärkste Beweger zeigt (übersetzt:) „Weg mit dem Deutschen nach Berlin, denn hier ist kein Brot für ihn. Dort er Wassersuppen kriegt, daß ihm die Hose vom Hintern fliegt (Neu-Sandec, Gnesen, Leslau)" (288).

Die schöngeistige Literatur bedient den Neid an den sichtbaren Zeichen der Position der mitwohnenden Deutschen, der Kolonistendörfer, der Gewerbe, der Infrastruktur, wobei die Stoffe weit zurück ins Mittelalter verlegt werden, vorzüglich in die Piastenherzogtümer, deren Land von den Deutschen ausgebaut wurde. Diese Linie reicht bis in das Erzählwerk des 20. Jahrhunderts, wo in einem 1930 erschienenen Roman einem Jägermeister folgender Wunsch zuerkannt wird: „Die Pest aus dem Lande treiben. Die Deutschen verjagen, das war seit den Kindertagen sein liebster Traum. Schlesien von ihnen säubern, möge es denn auch arm und kulturlos sein! Was galten ihm da Vater und Bruder - -„ (369). (Welch ein Kindheitstraum, welch eine Prophetie!) - Die Lieblingssehnsucht des durchschnittlichen Polen vor und nach 1918 war aber immer ein ordentlicher Krieg gegen die Deutschen, verständlich, diesen hatte es bis jetzt auch tatsächlich nie gegeben. (Der von 1410, das wurde doch wohl einigen bewußt, war keiner zwischen den Völkern.).

In einem Roman aus 1927 „Rok 1975" („1975") erobern die Polen mit Intelligenz und Zukunftswaffen Berlin, befreien die Masuren in Ostpreußen, die „urslawischen" Gebiete Ostdeutschlands; das Werk „gibt die Illusion wieder, die sich die Warschauer Literaten und Politiker über einen Krieg mit Deutschland machten" (467).

Dies alles ist nicht verständlich ohne die generationenlange Arbeit in der Volksbildung bis hinauf in die oberen Ränge, denn der bezeichnete Roman gehört in die erste Kategorie. Der Bearbeiter notiert eine Unzahl von Haßromanen vom Primitiv-Niveau bis hinauf zu den literarischen Beilagen überregionaler Zeitungen und Zeitschriften, die Anspruch vertraten. In einem Werk erscheint auf einer Seite sechsmal der Hinweis „Na Berlin!", dreimal wiederholt in aufeinanderfolgenden Zeilen, der Ausruf je nur für sich stehend (also:) „In Berlin!"; gemeint ist das Ziel des großen Zuges „do Berlina" (Nach Berlin!) (Kopie vor 467). Einige der mitgeteilten Formulierungen lesen sich wie von einem anderen Stern.

Seit der Mitte des 19. Jahrhunderts besteht ein gefestigtes der Wirklichkeit nicht entsprechendes einseitiges Bild vom Deutschen, ein Mythos. Die Funktionen, welche der Deutsche in der Wiederbelebung des Volkes und im Aufbau des Staates zu erfüllen hat, sind Vorbild, Gegenbild und nationaler Feind. Weil die Russen wegen der dort scharfen Zensur und des immer drohenden Sibirien als Feinde nicht gezeigt werden dürfen und können, verlegt man Handlungen, die dort zurecht hätten angeprangert werden sollen, in das deutsche (Teilungs-)Gebiet. So entsteht ein völlig verzerrtes, entstelltes Bild. Die „deutsche Freiheit", die Meinungsfreiheit also und das Recht, sich als Volk zu entwickeln und darzustellen, derer man sich bedient, wird nicht nur gegen die Deutschen in Anspruch genommen, sondern in einer verleumderischen Art umgesetzt.

Der sog. „klassische Roman" in Polen hat die Wiederherstellung des Staates zur Aufgabe; der Dichter und Schriftsteller ist als nationaler Führer „Erzieher" (Rhode 1961, 337). Er übernimmt quasi-staatliche Aufgaben und steht neben, manchmal vor, manchmal hinter dem Kirchenführer, der, ist er Primas, in der königs-, staatenlosen Zeit die Nation repräsentiert. - Mickiewicz greift im „Konrad Wallenrod" den Deutschen Orden an, meint aber die russische Tyrannei, Sienkiewicz verlegt die „Leiden eines zartbesaiteten elfjährigen polnischen Schülers in der russischen Schule" - die Realvorlage ist dokumentiert - im Roman „Aus dem Tagebuch eines Korrepititors" in das deutsche Gebiet, er „macht aus

Russen Deutsche" (348). Der Roman wurde 37 mal nachgedruckt und der Vielschreiber Kraszewski - 232 Romane und Novellen in 600 Bänden - verlegt sich ganz auf die Deutschen als „hassenswerte Erbfeinde" (349), besonders auf die Frauen. In der „Erzählung von Peter Wlast" urteilt er: „Von diesen deutschen Frauen kam und kommt bei uns alles Böse" ((350). Seine Romane aber schreibt er in Dresden, als Asylant, er spioniert in Deutschland, wird in Preußen als Landesverräter verurteilt und - mild bestraft.

So kann er weiterhin die Liberalität der Deutschen nutzen - eine Art Vision für 2000 -, zeichnet ein bestürzend haßerfülltes Bild, das bis heute Breitenwirkung zeigt. Er tut dies während seiner Spionage, des Asylstatus' und danach.

1863 ist für Kraszewski das Schlüsseljahr, in dieses verlegt er die Handlung eines Romans, in dem Deutsche auf jede nur mögliche Weise Intriganten und Verräter sind - wobei ihm seine Biographie sehr zustatten kam.

Die „künstlerisch erstrangigen Schriftsteller wie Pius und Reymont", die sachlich schreiben, nehmen in der Auflage die dritte Stelle ein, zweitrangige wie Sienkiewicz die zweite und Kraszewski, der in Deutschland lebt und hingebungsvoll sein Klischee vom Erbfeind pflegt, ist an erster Stelle. Rhode fast zusammen: „Gewiß ist es falsch, den Einfluß eines von der Literatur vermitteltes Bildes überzubewerten, aber ebenso falsch ist es auch, ihn gering zu veranschlagen, und deshalb muß die Renaissance von Kraszewski und Sienkiewicz in Polen jeden, dem an einer Verständigung zwischen den Völkern liegt, mit ernster Sorge erfüllen." (366). - Dieses Wort ist in die Nachkriegszeit hinein gesprochen; die Wirkung für die Erscheinungszeit und bis hinein in das 20. Jh. war enorm, da sie durch die schulische Erziehung und den chauvinistischen Aufwand der Kirche darin verstärkt wurde; sie ist bis in das ‚neue' Polen hinein sichtbar.

Im Kraszewski-Roman „Kreuzritter" (1874) werden die deutschen Bürger in Krakau als Verschwörer verdächtigt: Die zu erwartende Folgerung tritt - hier beim König - ein: „Die Deutschen, die Deutschen! Wann werden wir uns von ihnen reinigen! Hier und überall verfolgen sie mich, die Sachsen, die Brandenburger, die Kreuzritter und die in den eigenen Städten, wo es sie wie Ameisen gibt" (351).

Sienkiewicz nimmt das Thema „Die Kreuzritter" wörtlich auf. Die Ordensmänner werden - mit einer Ausnahme - zu einem „Kolossalgemälde von Grausamkeit und Falschheit" (355) zusammengeschoben. Der Roman erschien „in den Jahren 1897 - 1900 gleichzeitig in sieben polnischen Zeitungen, davon zwei in Posen, eine in Oppeln, eine in New York" (354), 1900 als Buch, wurde Schul-Pflichtlektüre, und ist weit verbreitet. „Der fortdauernde große Einfluß dieses Romans und seines abstoßenden Bildes vom Deutschen kann deshalb gar nicht hoch genug eingeschätzt werden..." (363).

Die Wirkung gilt für die unmittelbare Folgezeit. Zur Verdeutlichung des Umfeldes: 1919 kippen Dmowski und Sosnowski in den USA des Präsidenten Absicht, die deutsche Ostgrenze zu belassen, mit der „versteckten Drohung, daß die vier Millionen amerikanischen Polen bei den Wahlen zum Kongreß Wilson [gemeint wohl: seiner Partei] nicht ihre Stimme geben würden" (Spohr 5).

Die Wirkung bleibt, als der Utopie-Pfeil den ersten Zielpunkt, den Staat nur für sich, bereits überholt hat und dem zweiten zustrebt, der Vertreibung.

Was 1863 und 1886 für Polen, wurde 1867 und 1882 für die Tschechen: anfangs tiefe Enttäuschung, dazwischen Volksarbeit, dann: Erfolgshoffnung! Der sog. Ausgleich in der Donaumonarchie, die erzwungene absolute Vormachtstellung der Ungarn in ‚ihrem' Königreich und die Gleichstellung mit den Deutschen in der Gesamtleitung der nun „k.u.k."-Monarchie ließ die Tschechen Vergleichbares für sie in Böhmen und im Gesamtreich fordern. Die Niederlage 1866 erwirkte von Österreich nur ein Zugeständnis, das auf Kosten des Gesamtstaates, nicht aber die Zerteilung Cisleithaniens. - Das traf die Tschechen auch wegen ihrer beanspruchten Beschützerrolle für das kleine Brudervolk, die Slowaken, das den Ungarn, nun zu noch schärferer Magyarisierung, ausgeliefert blieb.

Aber die 1867 gegebene „Dezemberverfassung" wies den Weg in die Volksarbeit: Sie gab jedem Volk der westlichen Reichshälfte sprachliche und kulturelle Autonomie und Entwicklungsmöglichkeit. Die Tschechen nutzten sie konsequent im Bildungsbereich und setzten all ihre Kraft darein.

1871 gab es einen sehr engagiert betriebenen Ausgleichsversuch zwischen den zwei Völkern Böhmens und einen (trialistischen) für den Gesamtstaat: Deutsche - Magyaren - Tschechen, der aber alle anderen Völker ausgeschlossen hätte. - Nach schweren tschechischen Ausschreitungen in Prag im Sommer 1881 beruhigten eine Wahlrechtsreform zugunsten der Kleinbürger und besonders die Teilung der Karl-Ferdinand-Universität in eine deutsche und eine tschechische Hochschule 1882 den Nationalitätenkampf.

Aber:

„In der staatsrechtlichen Frage können die Tschechen eine gleichberechtigte Stellung der Deutschen in der Krone Böhmens nicht anerkennen... (da)... die Lösung der staatsrechtlichen Frage sich unbedingt nach der Majorität der Bevölkerung gestalten müsse" (Kann I 413), hatte der Alttschechen-Führer Rieger schon 1869 erklärt, damit den französischen Staatsbegriff in Anspruch genommen und auf den Raum in den Grenzen der vorrevolutionären und vornationalen Zeit angewandt. Das ist die These vom „Böhmischen Staatsrecht"; sie ist durch nichts zu belegen, aber gerade deshalb wurde sie hartnäckig und bald wütend als weltgeschichtlich gewollt vertreten. - Den Deutschen wurde ein „Nationalitätengesetz" in diesem nationaltschechischen Staat in Aussicht gestellt.

Das Jahr 1882 bedeutet demnach mehr als das Ende der Separierungsphase. Wenn auch das Zahlenverhältnis der Völker in etwa gleich bleibt (Böhmen und Mähren 1880 4,98 M. : 2,68 M.; 1890 5,52 M: : 3,00 M.), ist seit etwa 1880 eine entscheidende Veränderung eingetreten. Auch durch die Industrialisierung füllen sich die deutschen Sprachinseln auf, sie verlieren durch tschechischen Zuzug die in 600 Jahren gewachsene Prägung.

Die Brüder des Neides, Hochmut und Zorn, wachsen: 1897/98 als Ahnung für das Künftige

Es ist nicht der Neid auf sichtbare Güter alleine oder hauptsächlich, welcher die Phase der Entwicklung hinein in die formale Staatswerdung und das Lossprengen anderer Volksteile kennzeichnet. 1882 ist der tschechische Staat im Siedlungsgebiet des Volkes in den Grundzügen verfaßt, in anteiliger Volksvertretung, mit eigener Sprache und allen Arten von Stätten der Bildung und der kulturellen Tätigkeit und Bestätigung, vollem, ja, überproportionalem Zugang zu allen Berufen und Ämtern und in der deutlichen Mitwirkung in der österreichischen Reichshälfte.

Die Ausgleichsrolle der Regierenden zwischen den neun Nationalitäten war schwierig und wurde noch verzwickter, weil eine von ihnen, von mittlerer Größe, mehr als die übrigen nicht-deutschen verlangte. Den 36% Deutschen standen im Reichsteil 23% Tschechen, aber diesen und jenen 41% gegenüber, wobei die 23% noch zudem die alleinige Führung im Königreich Böhmen beanspruchten. Da sie sich um den Bestand des Teilreiches und auch der Doppelmonarchie nicht kümmerten und ganz im Sinne Štúrs nur ihr Ziel verfolgen, konnte nur eine schiedliche Lösung zuerst im Königreich selbst den Weg öffnen.

Im Lande Mähren innerhalb des Königreiches Böhmen arbeitete man ernstlich an einem Ausgleich, weil den staatsverantwortlichen Tschechen (eigentlich: Mährer, wie sie sich verstanden) und Deutsche die Lösung im Kleinen eine Voraussetzung für die im Großen zu sein schien. - Es kam auch zu dieser Lösung, 1905: Die Wahlkreise, national getrennte, wurden so geschnitten (zum Teil überlappten sie sich), daß keine der ‚nationalen' Stimmen verlorenging und im Ergebnis landesweit die zwei Völker im Mährischen Landtag proportional repräsentiert waren. Der Vorschlag der Deutschen, im Böhmischen Landtag eine vergleichbare Lösung zu versuchen, wurde brüsk und auch schon hochfahrend zurückgewiesen. Man wollte alles.

Der Unmut der Tschechen wegen ihres Mißerfolges mit einer trialistischen Lösung, die nicht den Slawen, sondern nur ihnen aus diesen, die Teilhabe ermöglicht hätte, sollte besänftigt werden. - Nach der Sprachenverordnung des österreichischen Ministerpräsidenten, des Polen Badeni, von 1897 sollte im Königreich eine strikte zweisprachige Gleichberechtigung gelten mit der Verpflichtung, daß alle Beamten usf. doppelsprachig sein bzw. werden müßten. Für die Tschechen war Deutsch an den Schulen 1. Fremdsprache und zudem die allgemeine Verkehrssprache im Gesamtstaat; für die Deutschen, als dem gesamten Volkskörper angehörig und folglich so handelnd, wie dieser, waren Latein und Französisch die gewählten Fremdsprachen, was durch das auch gewählte Tschechisch nicht ausgeglichen wurde. Damit wären die Tschechen etwa bei der Stellenbesetzung weitaus im Vorteil gewesen. Dagegen formierte sich Widerstand. Badeni mußte gehen, die Sprachverordnungen blieben noch zwei Jahre. Der Konflikt vergiftete die Atmosphäre besonders in Prag, wo die deutsche Landtags-Minderheit Obstruktion betrieb - wie die tschechische Reichstags-Minderheit in Wien. Es kam zu schweren Ausschreitungen. In diese hinein wurde die (tschechische) Nationalsozialistische Partei, Vorreiterin und Vorbild aller so genannten Parteien, gegründet. Auf sie stützte sich schon der junge Beneš. Schon 1893 hatte der Omladina- (d.i. Jugend) Hochverratsprozeß für Erregung gesorgt. 1895 wurden die verurteilten Angeklagten begnadigt, was sie dem Staat nicht dankten, da er sich als schwach gezeigt hatte. Im Oktober 1897 kam es zu Plünderungen, 370 deutsche Häuser und 51 deutsche Läden wurden zerstört, die deutsche Hochschule ein erstes Mal heimgesucht; dies wurde dann ständige Übung bei Konflikten.

Als in die Krise hinein am 17./18. Juni ein Slawischer Journalisten-Kongreß abgehalten wurde, fühlte der tschechische Teil Böhmens sich schon als Herr des Landes. Der beim Kongreß anwesende geladene russische General Komarow faßte dies deutlich genug zusammen: „Die Slawenapostel Cyrill und Method haben alle Slaven gegen die Mörder geeinigt. Wir Russen sehen die Angelegenheit der Tschechen als die unsere an... Wenn das deutsche Element zurückgeworfen sein wird, dorthin, woher es kam, dann werden auch wir beruhigt und freudigen Sinnes sein" (Kaindl 1919: 101).

Dazu mußte ein Krieg geführt werden und noch einer. An den Knotenpunkten der Entwicklung, wo die Begeisterung durch die Zurückhaltung bricht, zeigt sich das blanke Ziel im Argumentationsstrang. - Hier konnte ein Ausländer das Vertreibungsmotiv ansprechen und angesichts des offensichtlichen Sieges des Teilvolkes in Böhmen es in seinem Hochmut bestärken.

Die Ereignisse strahlten örtlich und zeitlich aus. Ausschreitungen besonders gegen deutsche Studenten sind nun häufiger zu gewärtigen, 1903 im Juni in Prag, im März 1904 in Brünn und Prag. Die Äußerungen griffen auf das weitere Siedlungsgebiet über, 1908 nach Bergreichenstein, Schüttenhofen,...: „Am 22. August 1909 saß im Gasthaus „Zum weißen Löwen" in Bischofteinitz eine Gesellschaft beisammen, in welcher der tschechische Gerichtsdiener seinen nationalen Gefühlen mit folgenden Worten Ausdruck verlieh: „Die Deutschen müssen alle hinaus aus Böhmen, alle müssen fort von Bischofteinitz und viel Blut wird dabei fließen"" (Bischofteinitz 110).

Die Ahnung von einer schrecklichen Entwicklung erreichte Schriftsteller und Dichter. Rainer Maria Rilke gibt ein Bild der in Frage stehenden Zeit in seinen „Zwei Prager Geschichten". Im „König Bohusch" wird ein Gespräch zwischen zwei Tschechen geführt: „.... Das ist doch tschechisch - es ist ja so traurig... Die Eltern sind traurig und die Kinder sind es auch und bleiben es. Sie sehen den traurigen Nepomuk vor der Thür, der den.... Gekreuzigten im Arm hält, und die alte Weide am Dorfteich... Macht das froh? Und dann lernen sie so zeitig den Haß. Die Deutschen sind überall und man muß die Deutschen hassen. Ich bitte sie, wozu das? Der Haß macht so traurig. Sollen die Deutschen thun, was sie wollen...." Nach einigen Bemerkungen, einem Nachdenken und einer langen Pause: „Nein, im Ernst. Nur müssen Sie sich sagen lassen. Das mit den Deutschen.... Wenn sie vernünftig sind, vielleicht braucht sie das Volk noch einmal" (Rilke 21 f). Rezek, der unversöhnliche Agitator einer Verschwörung und sein Gesprächspartner denken in der langen Pause Gleiches. In der Erzählung „Geschwister" sagt Rezek: „Wie ein Kind ist unser Volk. Manchmal sah ich es ein: unser Haß gegen die Deutschen ist eigentlich gar nichts Politisches, sondern etwas - wie soll ich sagen? - etwas Menschliches. Nicht, daß wir uns mit den Deutschen in die Heimat teilen müssen, ist unser Groll, aber daß wir unter einem so erwachsenen Volk groß werden, macht uns traurig..." (75). Dies besagt: Die Deutschen haben ihr Leben schon; dieser existentielle Aspekt des Neides erfordert eine unbedingte Antwort. Der junge Mensch stößt seinen Lehrer von sich, vertreibt ihn aus dem Bereich, der jetzt von ihm allein gestaltet werden soll - eine ur-alte Geschichte.

Böhmen vor 1918: Zwei Körper - eine Nation?
Eher: „Deutsche raus!"

Vor dem Slawenkongreß 1848 hatte man angenommen, daß zwei Nationalitäten einen Leib bilden könnten, nach 1882 hatte jede der Nationalitäten in Böhmen ihren „Leib", von schon verschiedener Gestalt und Größe, noch vor der Jahrhundertwende stießen sich diese Körper so hart, daß die europaweit national aufgeladene Lage hier krisenhaft wurde; neben der „polnischen" Frage in Rußland und Preußen und z.T. auch in Krakau und Galazien, der "serbischen" im Osmanischen und im Habsburger Reich gibt es nun die „tschechische". Diese Gefahr war vielen bewußt, sie teilte sich über die Berichterstattung hinaus in Journal-Beiträgen mit und erreichte auch die Welt der Erzählungen und Romane. Was in der Öffentlichkeit handfest als „Němci a Žide ven" („Deutsche und Juden raus") umlief, wurde von Rilke eher abgehoben abgehandelt. Ein Zeitgenosse nimmt als Figur, in der sich die nationale Auseinandersetzung versinnbildlicht, den deutschen Studenten in der nun betont ins Tschechische hinein sich verfestigenden Stadt Prag, deren deutsche Bau- und Kulturzeugnisse wie

Schemen aus einer anderen Zeit erscheinen oder wie Festungen: „Deutsches Haus". Der ‚Fux' ist auf Budensuche, er gerät in Aufläufe, Überfälle (d.i. Badeni-Krise): „... Alle Deutschen werden erschlagen!"... „Na, na" ((Strobl 1902, 113). Noch ist das Ärgste nicht zu befürchten, aber immerhin: „Diese „Kulturarbeit", wozu brauchen wir die deutsche Kulturarbeit, schmeißt ihnen die Fenster ein. Ein neues Anschwellen des Schreiens und des rasselnden Klirrens zerbrechender Glasscheiben... Demonstration auf dem Wenzelsplatz.
Hrom a Peklo!..." (120 ff).
Eine andere Erzählung spricht auch das an: „„..denn hier gab es keine Brücken zwischen den Nationen, und einem deutschen Studenten blühte bei den tschechischen Mädchen kein Glück. Sie waren alle zum Haß gegen die Deutschen erzogen, zu einem dumpfen und abgründigen Haß - -„ (Strobl 1907, 28). Der Student hat seine Bude in einem ehemaligen deutschen, nun umgebauten Kaufhof, im Erdgeschoß eine Bierwirtschaft, in einem mitgehörten Gespräch wird die nationale Sache erörtert: „Ja, der Hus! Der Hus hat gewußt, was uns Tschechen nötig ist. Hinaus mit den Pfaffen. Damals waren wir stark. Ganz Deutschland hat vor dem Žiska gezittert".... Das läßt einen tschechischen Studenten verzagen: Es wird ihm .." so trübsinnig zumute, weil ich daran denke, was wir noch alles zu tun haben, um so groß zu werden wie die Deutschen" - ein fester Topos -. In der Überlegung, was nach einem Sieg der „Franzosen und (der) Russen, unsere(n) Brüder" mit Deutschland geschehen solle, wird vorgeschlagen: „Wir werden uns unter ihnen festsetzen und sie schlagen, wie einst die Hussiten... (ein Lehrer:) Das ist ohnehin slawisches Land, das von den deutschen Räubern genommen wurde... Und Böhmen? Kommt mit Mähren und Schlesien an Rußland" (145f). In einer anderen Unterhaltung: "Und sie werden über die Karlsbrücke gehen... Und man wird nirgends ein Wort Deutsch mehr hören, denn es wird verboten sein, in Prag Deutsch zu sprechen. Nur Französisch und Russisch .. Aber vorher wird noch der zweite Fenstersturz sein... aber es soll keiner davonkomen..." (- der 1. Fenstersturz wurde übersehen, der bei Hus -).

"Wir sollten Ihnen [Zeichen des Halsumdrehens].. Ja das sollten wir..." (Es geht um die Aushebung eines Kneip-Gasthauses) (221f).

In einem weiteren Buch wird der Schilderung eines Aufstands, der von einem betrunken-seherischen deutschen Altsemeseter angekündigt wird, angefügt: „An einer Laterne klebt eine aus einem Witzblatt herausgeschnittene Gestalt: ein deutscher Michel mit der Zipfelmütze. Um seinen Hals und rund um den Laternenständer war eine rote Schnur geknüpft. Die Vorübergehenden hatten ihre helle Freude an dieser sinnbildhaften Hinrichtung" (Strobl o.J., 93). - Das Wirtshaus „Zum König Přemysl" verliert schließlich seinen anheimelnden böhmischen konationalen Namen an den kämpferisch-tschechischen „Zur Trommel des Žiska". Ein großes Papier, gerandet in den Nationalfarben Weiß-Blau-Rot verkündet tschechisch: „Deutschen wird hier nicht eingeschenkt" (28).

Die benannten Bilder und Motive gehörten um die Jahrhundertwende bereits zum nationalen Fundus. Das vor 1914 konzipierte Kuffner-Projekt geht nicht mehr von einem - wenn auch spannungsreichen - Nebeneinander der beiden Völker aus, es sieht innerhalb der Grenzen keine Deutschen mehr (vor), „Tschechien ist Hauptkampffront gegen die Deutschen. Wacht an der oberen Elbe, im Böhmerwald (Naab), an der mittleren Donau... Auch nach dem Kriege werden wir Deutschland an der Gurgel bleiben..." (Kuffner 22f). Hier äußert sich eine schon verfestigte Vorstellung.

Kramář hatte unmittelbar vor dem Krieg dem russischen Außenminister gegenüber für den zu errichtenden Staat, der von den Tschechen repräsentiert werden soll, die Eingliederung der „historischen" Provinzen... Lausitz, Glatz und andere Teile Preußisch-Schlesiens gefordert (Goldmann 22), was Masaryk wegen der damit entstehenden Bindung an die panslawistische Vormacht ablehnte; die Ausgangslage dafür, die Deutschen als staatsrechtlich vernachlässigbar zu halten, blieb. - Eine Hungersnot ab 1917 im nordböhmischen Industriegebiet wurde auch durch die „Passive Resistenz der Tschechen in der Ablieferung von Lebensmitteln verursacht,... die ab August 1918 in eine... Hungerblockade gegen das deutsche Gebiet" einmündete. Der Tepler „Abt Helmer sprach verbittert: „Unser Volk sagt sich laut -: Die Tschechen sind auf dem besten Wege,... die deutsch-böhmische Fragen zu lösen: Ein Teil bleibt im Krieg, ein Teil kann verhungern und der dritte wird dem tschechisch-slowakischen Staate inkorporiert; und da werden sie mit ihm schon aufräumen!" Es hat ja ein tschechischer Abgeordneter uns bereits drohend zugerufen: „Wir werden den Deutschen schon zeigen, daß es kein geschlossenes deutsches Sprachgebiet gibt!..." (39).

Vergleichbar den polnischen Romanautoren des späten 19. Jahrhunderts hatte Alois Jirásek (1851 - 1930) in epischer Breite die Geschichte seines Volkes in zahlreichen Roman-Zyklen zu vergegenwärtigen versucht. In ihnen „begreift sich (der Tscheche) fast nur im Gegenübertreten zum Deutschen" (Lemberg 143), im Gegensatz zu ihm, der in Besitz von Macht, Reichtum und Einfluß ist, während die Vertreter seines Volkes sich als weise und menschlich erweisen. Diesen Grundtypus pflegt er in einer Zeit (1886 ff), in der die Tschechen deutlich im Besitz staatlicher Macht sind und die Deutschen - seit 1848 in der Abwehr - längst schon in der Minderheit, an Zahl und an Einfluß. Dies kann sich nur so auswirken, daß die überschießende Energie den Konflikt nicht mehr quantitativ lösen kann, sondern in einem Angriff auf den je einzelnen der anderen Gruppe als einem ‚anderen', der nun überwiegend als Neid-Objekt gesehen wird: Der Deutsche ist .., die Deutschen sind reich, haben schöne Häuser...

Der für viele Jahrzehnte sichtbare Wettstreit der Nationalitäten, der Böhmen - neben vielem unsinnigen Gerangel - einen mächtigen Aufschwung gebracht hat, verschiebt sich in Verhärtung und Verklammerung hinein. Der Hussitismus-Kult, in der Freimaurergeprägten Zeit vom religiös-konfessionellen, auch vom sozialen Aspekt weitgehend gelöst, setzt auf die revolutionäre Komponente und sieht im Deutschen den Ausbeuter. Die Neid-Spirale wächst. Beim Aufbau des Tschechen-Staates muß ein sozial gerechter, ein hussitischer, ein humanistischer Bürger mitwirken, er muß sich und das Land von ihnen, den „Mördern" (Němcová) – „reinigen".

ČSR: Wohin mit den Deutschen, vertreiben oder „entgermanisieren"?

Havliček hatte am 28.4.1848 hinein in die österreichisch-böhmischen Verfassungsberatungen gerufen: „Uns Tschechen wies das Schicksal den ehrenvollen und gefährlichen Platz der ersten slawischen Bastion im Westen zu. Wir verteidigten unseren Grenzwall ehrenvoll durch viele Jahrhunderte, wir werden ihn so lange verteidigen, bis die Donau unser slawischer Strom sein wird" (Zit. Suchenwirth 253). - Der etwas mißverstandene Schwejk-Schöpfer Hašek benutzt die Worte im Krieg in einer äußerst bösartigen Betrachtung über einen Besuch in Deutschland (übersetzt:) „Auf der Walhalla", die er in Kiew 1917 in der Zeitschrift „Cechoslovan" als Legionär veröffentlichte.

Wegen der Unbedingtheit der Forderung, wie sie bei Havliček schon deutlich ist, befürchtete der Paulskirchen-Abgeordnete Kuranda am 1.7.1848, auch unter dem Eindruck der ihm wohl bekannten Äußerungen in den geheimen Sitzungen des Slawen-Kongresses, „daß wir Deutsche fortan bloß als Eingewanderte, als geduldete Fremdlinge betrachtet werden sollen; es handelt sich hier nicht mehr etwa darum, dem deutschen Element zum Sieg über das tschechische zu verhelfen, es handelt sich nur um die Verteidigung desselben gegen slavische Tyrannengelüste" (Habel 83).

Masaryks Staat gestand den „Immigranten und Kolonisten" 1918/20 keine staatsgestaltenden Rechte zu, so daß der „tschechoslowakische" Nationalstaat nur Vertreibung oder Entnationalisierung konsequenterweise für die Deutschen als Staatsziel vorsah, da er ja auch die ihm 1919 in Paris abverlangte Kulturautonomie zuzugestehen bis 1938 sich hartnäckig weigerte.

Laut der Neufassung eines Aufrufes aus dem Jahre 1900, den „10 Geboten für das tschechische Volk" vom Februar 1919 - ohne Verfasserangabe - galt es, den reinen Nationalstaat als Voraussetzung für die große Aufgabe zuerst im Volk selbst zu sichern: „... 5.... löscht die Spuren der deutschen Kultur aus euerem Leben, aus euerer Häuslichkeit, euerer Wohnung und eueren Unterhaltungen!... befreit euch aus der Atmosphäre der deutschen Wissenschaft und der deutschen Kunst! .. 9.... führt die Reinigung unseres nationalen Lebens in der Familie, der Gesellschaft, in den Ämtern und in der Öffentlichkeit durch!" (Habel 121f). Dies ist die Vorstufe der ethnischen Säuberung.

Für den ersten Lösungsweg, die Vertreibung, hatte die Entwicklung in Europa mit den Balkankriegen ein erfolgreiches Beispiel geliefert: Serbien hatte 1912/13 durch eine kombinierte Aktion sein südslawisches Konzept im Süden eines Siedlungsgebietes (im Kosovo) gegen die Albaner umgesetzt, wenn auch nicht im Gebiet insgesamt, in einer Vertreibung durch Terror- und Mordaktionen, wobei Tausende zu Tode kamen und Zehntausende flohen oder vertrieben wurden. -

Auch aus den südlichen Randgebieten des Russischen Reiches in Kaukasien und Transkaukasien - hier also im europäischen Umfeld, nämlich im (alt)griechisch mitgeprägten Gebiet waren solche Aktionen, sonst weitgehend unbemerkt, Interessierten bekanntgeworden. - Der Krieg 1914-18 war für die ČS-Nation ‚im Entstehen' hauptsächlich ein Krieg im Verein mit Rußland, d.i. Ost-Slawien (hier wurde die „Tschechische Legion" aufgebaut) und Süd-Slawien. - Aus beiden Bereichen gab es also bedenkenswerte Erfahrungen.

„Ähnlich unbemerkt wie die Deportationen Deutscher aus Rußland 1914/15 nach Sibirien blieben Stimmen im tschechischen Exil, die den zunächst theoretisch-historischen Argumentationsboden für Vertreibungen entwickelten. Die Vorfahren der heutigen Deutschen in Böhmen und Mähren... (hätten) in den böhmischen Ländern Gebiete besetzt, welche die natürlichen bewaldeten und gebirgigen Schutzzonen des Landes waren. Damit sei durch die Deutschen einerseits der Schutz des Landes zerstört und andererseits verhindert worden, da sich die Tschechen... bis zu ihren natürlichen Grenzen... ausdehnen konnten.... .. Eroberungskolonien"... „Landfremde können jederzeit vertrieben werden,..." (Mühlfenzel 64).

Diese in die fachlichen Vorgespräche der Friedensverhandlungen eingeführten Überlegungen - das Kuffner-Buch wurde in einer Anzahl von 150 Exemplaren in den Delegationen verteilt - wurden bereits im zweiten Buchteil gekennzeichnet. - Die Zeit für die Vertreibung war noch nicht reif. -

Aber die auch aus den zurückgekehrten Legionären gebildeten Volkswehr-Verbände, denen man in völliger Verkennung ihrer kämpferischen Fähigkeiten fast alles zutraute, wurden nun im „Stolz der Nation", der Festnummer einer sehr vornehmen Zeitschrift, in der „Zlatá Praha" (Goldenes Prag), am 26.6.1920 aufgefordert: „Euch Sokoln, die ihr euch ein reines und wahrhaft nationales Herz bewahrt habt bitten wir: Nehmt die Peitsche und peitscht dieses fremde Geschmeiß aus Prag, ja aus der ganzen Republik, jagt es weit über die Grenze" Sedlmeyer 493).

Aber: Die Reinigung des vom Sieger Frankreich zum Wahrer Mittel-Europas ausersehenen Landes war noch nicht möglich.

Deshalb mußte man für die „naši Němci" (unsere Deutschen) aus der Konkursmasse des Habsburgerreiches die „Entgermanisierung"-Alternative Masaryks wählen. Sehr einfühlsam bezeichnet ein Gesundbeter der ČSR diese Bestrebungen so: „Zu den struktur- und machtpolitisch bedingten Einbußen der Sudetendeutschen nach 1918 kamen freilich auch bewußte Benachteiligungen von seiten der tschechischen Bürokratie.... und Anfeindungen in der tschechischen Öffentlichkeit" (Jaworski in: Benz 30). Den faktischen Ausschuß aus der Staatsgestaltung, die Verdrängung aus den Städten Prag, Pilsen, Budweis sowie die organisierte Entdeutschung der Kohlereviere werden von ihm nicht als solche zur Kenntnis genommen. -

Die geschlossen deutschen Siedlungsgebiete Böhmens (1898: 75 Gerichtsbezirke mit 1,6 M. Deutschen haben nicht mehr als 0,02 M. Tschechen, also weniger als 1 1/6%) werden mit „Ansiedlern", denen Schulen gebaut werden, durchsetzt. Der Gefallenen-Anteil der Deutschen im Krieg stand bis 1917 im Sudetengebiet bei 35‰, in Deutschmähren bei 44,4‰, im tschechischen Gebiet bei 11‰. „Bis Ende 1918 haben die etwa 3,5 Millionen Sudetendeutschen 85 000 Soldaten mehr verloren als die 6 Millionen Tschechen" (Suchenwirth 306). Einer der politisch Verantwortlichen, Rasin, erklärt im Januar 1920 klar: „Wir haben das Recht, unsere Sachen so einzurichten, als ob andere Nationen nicht existierten. Das ist die Grundlage unseres Staates" (Bohemia 1920; 7,1). Nach den ersten Wahlen im Sommer 1920 werden die deutschen Abgeordneten im Parlament mit tschechisierten Vornamen aufgerufen, ein unerhörter Affront. Der deutsche Sprecher reagiert, die „Immigranten und Kolonisten verlassen den Saal!" (124,1). Als im Oktober 1920 bekannt wird, daß Beneš' Memoire 3 zu einem großen Teil auf Fälschungen aufgebaut ist und Legionäre in deutschen Städten, in Teplitz, Eger, und in gemischten wie Pilsen und Brünn, unter Duldung der Behörden ihren Begriff von Staatsführerschaft zeigen, das Deutsche Landestheater in Prag gewaltsam umgewidmet wird u.a.m., faßt die „Bohemia" zusammen: „Die Vorgänge in Prag (sind) eine Kette von zwangsweisen Enteignungen und ein Musterbeispiel für die Diktatur" (274,2).

Die Gewaltakte steigern sich in das Jahr 1922 hinein. Bahnbedienstete ermöglichen einen Überfall auf eine deutsche Turnergruppe auf ihrer Fahrt zu einem Treffen, Straßenbahnausweise in Prag werden eingezogen, weil sich die Besitzer mit ihrem deutschen Vornamen unterschrieben haben (Bohemia 1922; 262,6). „... Mit jedem Programm auf tschechischer Seite wurde den Deutschen in Böhmen immer deutlicher, daß es ihre nationale Existenz sei, die hier in allem Ernste auf dem Spiel steht..." (165,3). „Wie wiederholt Kramař ..in seinen Versammlungen? „Was imponiert unseren Deutschen? Die Gewalt und nichts als die Gewalt...!"" (170,3).

Die besonders in Prag auch durch Staatsränge aufgeheizte Atmosphäre wird auf der Grundlage veröffentlichter allgemein zugänglichen Quellen in einem Roman dargestellt:

Ein deutscher Student freundet sich mit einem tschechischen Mädchen an, in ihren Gesprächen, auch im ‚nationalen' Streit, heißt es: „Warum wollt ihr nicht daran glauben, daß Prag eine tschechische Stadt ist, und daß ihr hier nur Gäste, fremde Gäste seid? ... Warum? Weil wir wissen, daß Prag als deutsche Stadt wurde... ...Ich höre mein ganzes Leben nichts anderes,..., daß das ganze Land uns gehört und ganz unser werden muß... so steht es überall gedruckt zu lesen! -" (Heine 68 f). - Die Ereignisse 1922 in Eger und Teplitz, welche den Widerstandswillen der Deutschen zeigten - umgestürzte Denkmäler wurden wiederaufgerichtet -, führten zu den schweren Ausschreitungen in Prag („Revanche", „Rache", „Prag reinigen") in denen fast alle Studentenheime gestürmt oder zu stürmen versucht wurden. Das innige Verhältnis zerbricht, der Student ist farbentragend, das Mädchen ist in eine kämpferischer Organisation eingebunden: „Lebewohl Riki! Ich kann nicht anders, ich bin eine Tschechin...! Ich kann Dich nicht lieben, darf Dich nicht, weil ich mein Volk liebe.." (219).

Jugoslawien: Wohin mit den Deutschen? Vertreiben? Wann, wohin?

In der Anfangszeit des Nationalitätenkampfes kamen die schärfsten Töne der Westslawen aus dem slowakischen Volk - Štúrs Impuls wirkte weiter - und bei den Südslawen von den Kroaten und Serben. Der gemeinsame Gegner waren die Magyaren als die durch den „Ausgleich" 1867 noch gestärkten Herren des Königreiches. - Das deutsche Element wurde entscheidend, als die Wojwodina 1919 von Ungarn abgetrennt worden war und nun deutsche Siedler in den Ländern des Königreiches der Serben, Kroaten, Slowenen (SHR), bald in Jugoslawien umbenannt und umgeformt, durch ihre wirtschaftliche und gesellschaftliche Stellung die Träger des Staates, die Kampfgefährten des Helden des 2. Vidovdan (29.6.1914), durch ihre bloße Anwesenheit herausforderten. Ein Nach-Denker schlägt 1916 vor, „...Den schwäbischen Bauern müsse man ebenso alles wegnehmen und sie vertreiben.. .. Alle diese Güter sollten an Serben verteilt und mit Serben aus Serbien besiedelt werden... Das soll das Militär im ersten Anlauf erledigen .. Einige Dörfer anzünden, die Einwohner flüchten lassen, andere Orte, aus denen sie nicht flüchten, beschießen und sagen, daß sie sich aufgelehnt hätten! Das Militär erschießt einen Teil, der andere flüchtet, bis alles gesäubert ist!" (Weißbuch 37). Was als gerissener Plan erscheint, ist nichts anderes als die Anwendung der vier Jahre zuvor gegen Albaner im Kosovo umgesetzte Vertreibungsaktion auf die Deutschen im Donauraum, auf die Donauschwaben. So wird verständlich, was der serbische Ministerpräsident Paschitsch 1922 beklagt: „Hätten wir die deutsche Frage noch 1918 gelöst, so wären wir jetzt fertig damit!" (Leidensweg II 21).

Die Verschwörer von 1914 und nunmehrigen Garanten des demokratischen Völkerfriedens, Frankreichs Arme im Osten innerhalb der Kleinen Entente (1920), gehen von der nunmehrigen Machtlage aus, die wegen England Rücksichten verlangt, so daß eine ‚friedliche' Entdeutschung als der nun gangbare Weg erscheint. „Am 11. Mai 1924 verrichteten Dobrowoljzen (d.i. Überläufer aus 1914/18) ein Blutbad an Deutschen. Diese serbischen Deserteure wurden nach 1918 in der Wojwodina angesiedelt, vergleichbar den tschechischen Legionären in den Sudetengebieten. In Pardan im Banat wurden mehr als 100 Deutsche von der serbischen Gendarmerie verhaftet und brutal gefoltert" (24).

„Ein sehr viel ergiebiger Faktor einer Depopulation ist die Aussiedlung über die Staatsgrenzen hinaus", gibt ein Vordenker künftiger Politik 1931 zu bedenken, und: „Als letzter Faktor einer Depopularisierung der Nichtslawen könnte in Betracht kommen ihre freiwillige Übersiedlung in unsere übrigen nationalen Gebiete .." (23).

Die Verdrängungs- und Vertreibungsaktionen durch Serben, 1912 begonnen, sind seitdem aus dem südslawischen Gebiet nicht mehr wegzudenken: Ein Teilnehmer des Attentats 1914, Vaso Cubrilovic, Professor für Geschichte, empfiehlt 1937 in einem Memorandum der kgl.-jugoslawischen Regierung, den Albanern das Leben so schwer zu machen, daß sie schließlich en masse nach Albanien und in die Türkei flüchten würden.

Am 29./30.11.1943 wird mit der Proklamation von Jajce das unerbittliche Vorgehen gegen „Volksfeinde", „Landesverräter" und „Helfer des Okkupators",legitimiert', so daß zusammen mit dem Enteignungsbeschluß des AVNOJ vom 21.11.1944 in der nun anlaufenden Tötungs- und Vertreibungsaktion die Früchte des Neides geerntet werden konnten, nachdem man Haß- und Rachegefühle aufgebaut und sie auf die mitwohnenden Deutschen gelenkt hatte.

Polen, 1. Republik - Wohin mit den Deutschen?

Verdrängung, Vertreibung und „Entdeutschung"

Jan Josef Lipski erinnerte in seinem Plädoyer für einen weniger verkrampften Umgang seiner Landsleute mit ihrer Geschichte an die „verschiedenen Arten der Fremdenfeindlichkeit", mit denen „der nationale Größenwahn Hand in Hand" gehe. „Wir Polen sind angeblich etwas ganz Besonderes.. nach 1830/31 blühte der polnische Messianismus auf... ein Überheblichkeitsgefühl, häufig versetzt mit einem Schuß religiöser Exaltation.." (Lipski 34).

Überheblichkeit und Hochmut sprechen aus einer 1970 deutschsprachig herausgegebenen Presseübersicht: „Schon lange vor... dem ersten Weltkrieg äußerten viele polnische Gelehrte die Ansicht, daß die Oder und Lausitzer Neiße die wohlbegründete Grenze Polens im Westen ist. Der bekannte polnische Geograph W. Nałkowski schrieb im Jahr 1887: „...Hier an der Oder liegt die natürliche Südgrenze, liegen die Sudeten, also hier verschieben wir im Einklang mit der historischen Vergangenheit die Grenze über die Oder hinweg bis zu ihrem linken Zufluß,... Lausitzer Neiße .." (Pressespiegel Nr. 2, 10.2.70; 12).

Dieser hier offen ausgesprochene Aggressionsdrang - des zu schaffenden Staates - war auch bedingt durch den fortdauernden Druck des Zarenreiches, in dem Pogodin eine Trennung von Polen als „Pest am Leibe Rußlands" vorschlägt und einen Wegzug „aus den russischen Westgebieten .. mit ihren Priestern .. ihrer ganz beweglichen Habe, aber das Unbewegliche, das Land, ist unseren Blutes, ist russisch..." (O. Wagner 19ff). Dieses Gebiet hatte das alte Königreich Polen erobert. Dmowski übernimmt diesen Machtverschiebungstrend und betrachtet 1923 das in Versailles Erreichte als „ein kleines Angeld auf ein wirklich großes Polen.." (36). Als dieses 1945 geschaffen war, triumphiert 1947 Giertych in Verkennung einer Tatsache: „... Unser Sieg im Kriege mit Deutschland hat direkt einen totalen Charakter. Wir haben von Deutschland das Maximum dessen erreicht, was wir erreichen konnten." (38).

Im Januar 1920 hatten auch schon die Kaschuben in Pommerellen, ein weitverwandter Stamm, im Jubel über einziehende polnischen Truppen „...Ernüchterung wegen Plünderungen .. und dem polnischen Hochmut" (Lorentz 141 f) erlebt. Das wiederholte sich 1944/45.

Auch die Zivilisationshöhe im Westen zog das polnische Volk, wie andere vergleichbare, an: „Das Deutschtum sieht sich heute überall in die Verteidigung gedrängt, Slowenen, Tschechen und Polen gehen... angriffsweise vor" (Worgitzki 15), stellt ein deutscher Beobachter 1925 fest: „Warschau erstrebt eine „Lösung" durch neue Annexionen in der Hoffnung, von den Arbeitserträgnissen der Nachbarvölker zehren zu können... (es) erstrebt die Meeresküste von Memel bis Danzig und... Erweiterung des oberschlesischen Erwerbs .. (unter) Polonisierung und Verdrängung der Minderheiten .. die Zahl der aus dem heutigen polnischen Staatsgebiet abgewanderten und gewaltsam verdrängten dürfte bald eine Million erreicht haben" (17 f).

Die im zweiten Buchteil schon bezeichnete Verdrängungspolitik des Landes im Innern und der nicht verhehlte Eroberungswille nach Westen - wiewohl im Osten weit über die Volksgrenzen hinausreichend - ist durch die Noten der Reichsregierung in Warschau, später durch Eingaben und Klagen beim Völkerbund hinlänglich dokumentiert. Allein bei Überfällen bis zur Abstimmung am 20.3.1921 in Oberschlesien wurden 150 deutsche Vertrauensleute umgebracht. Zusammengefaßt: „Das offene und zugegebene Ziel der polnischen Politik ist die Vernichtung des Deutschtums" wie das Staatslexikon 1931 zur Situation der Volksdeutschen in Polen notierte. „In dem unvermeidlichen, künftigen Endkampf auf den Fluren eines neuen Tannenberg wollen wir diesen Landen die Freiheit .. wiederbringen" (Neumann 1931, 165), d.i. Ostpreußen und Danzig, das Völkerbundstatus hatte! Eroberung ist immer auch Vertreibung und Verdrängung, schon seit dem „Posener Aufstand". Ein offener Brief des Abg. E. Neumann, des Vorsitzenden der Deutschen Fraktion im polnischen Sejm und Senat, an den Grafen Stanislaw Sierakowski auf Groß-Waplitz hält fest: „... Überall galt der Grundsatz, die Deutschen durch eine Fülle von Drangsalierungen aus dem Lande zu treiben oder aber ihr Aufgehen im Wirtsvolke zu forcieren. Überall richtete sich der Hauptstoß gegen das bodenständige Deutschtum und es wurden Gesetze geschaffen .. ihren Landbesitz ohne oder sogut wie ohne Entschädigung fortzunehmen.... und auch Polen schickt sich an, die... Parole „Entdeutschung des Landes" .. restlos durchzuführen". Er setzt in Vergleich „die Entwurzelung von ein paar tausend polnischen Landarbeiter... - von einer „Verdrängung" durch physischen oder psychischen Druck kann überhaupt nicht die Rede sein!" (- d.i. 1886 ff) - und "die hunderttausende meist bodernständiger (entwurzelter) Deutscher" (Auslandsdeutscher 1925; 521). Der „Illustrowany Kurjer Codzienny" in Krakau fordert am 20.4.1929: „Fort mit den Deutschen hinter ihre natürliche Grenze! Fort hinter die Oder!" (Fuchs 176).

Der von Lipski beklagte "Messianismus" und der Hochmut äußern sich in einem Aufsatz, welcher „Kindern, die die polnische Schule besuchen müssen, am 28.5.1928" in einer polnischen Klasse gegeben wurde: „Was für Nachbarn sind die Deutschen", wobei die deutschen Kinder schreiben mußten: „... Die Deutschen wollen die polnische Seele herausreißen. Sie wollten Blut trinken, denn sie haben noch immer nicht genug getrunken. Sie sind Diebe, Lumpen, gemeine Hunde, Geschwüre, Schlangen, Stänker. Die polnischen Kinder sind Schäfchen, die deutschen Kinder sind Wölfe." (Auslandsdeutsche 684).

Das ist nicht eine zu vernachlässigende Ausgeburt einer wilden Lehrer-Phantasie, sondern in und mit den bezeichneten Erzählungen und Romanen millionenfach umlaufende und weitergegebene Durchformung. Der perfide, haßerfüllte Angriff auf Kinderseelen reiht sich ein in die guten Wünsche, welche der Domherr von Posen, Prälat Kos, 1922 bei einem Partei-Gedenken zum Sieg von Versailles nach dem Aufzählen der bisherig errungenen Siege dem anvertrauten Volke - aus einem 1902 fabrizierten Drama (übersetzt:) „Die Gefangenen" entnommen - deklamiert: „..Dort, wo der Deutsche atmet, dort wütet 100 Jahre die Pest... Den Starken betrügt er, den Schwachen beraubt und regiert er .." (Löser 11). Ein Jahr zuvor hatte man in Posen zum Mord aufgerufen und den Neidkomplex auf Plakaten und Flugblättern angestachelt: „Mit diesem Besen werden wir die letzten Deutschen aus Polen hinausfegen! Wer noch im Juli 1921 da ist von dem deutschen Gesindel, wird ohne Ausnahme niedergemacht, und die größten Hakatisten werden mit Benzin, Petroleum und Teer begossen, angesteckt und verbrannt.. Jetzt kommt ihr alle dran .. alle Ärzte, Pastoren, Rechtsanwälte, Domänenpächter, Ansiedler, Besitzer aller Art, wer Deutscher oder Jude ist". (13).

„Deutscher - Jude" ist eine in der Republik Polen, auch der nach 1946, grundsätzlich gerne verwandte Wort-Verbindung, die Volksangehörigen zu Gewalttaten aufzustacheln.

Der „Dziennik Poznanski" wies schon Anfang 1919 darauf hin: „Die Juden bilden überall im Osten Europas die deutsche Avantgarde" (Prause 35), so daß die Folgerung daraus 1924 gut verstanden wurde: „Bei uns leben die Deutschen wie der liebe Gott in Frankreich. Haben wir nicht genug Optanten (d.i. Deutsche, die sich als Deutsche erklären, was ihren Abschub ermöglicht)... die wir zur Vergeltung nach Mecklenburg schicken könnten..?" (40).

In einer Studie zum Wirtschafts- und Nationalgefüge im Weichselkorridor vor und nach dem Krieg weist ein Autor 1926 nach, daß die Steuerkraft „mit dem Überwiegen der deutschen Bevölkerung" (steigt). „Es kann somit kein Zweifel sein, daß .. der Aufschwung, die Kultur und Blüte des Landes der jahrhundertelangen, mühsamen, aber ertragsreichen Arbeit der Deutschen zu verdanken ist. - Es bedeutet deshalb einen krassen Widerspruch gegen alles Völkerrecht, daß der Versailler Vertrag den Polen gestattete, die deutsche Mehrheit aus Westpreußen zu verdrängen und ihrer staatlichen Freiheit zu berauben, um selbst die Früchte der deutschen Kulturarbeit zu ernten" (Keyser 1926; 160).

„Nach polnischen Angaben sollen bereits in der Zeit vom 1. Dezember 1918 bis 30. Juni 1921 aus Posen 503 973 Deutsche und aus Pommerellen...225 725 Deutsche abgewandert sein" (163). Für die Zeit 1918 bis 1939 insgesamt stellt er fest: „Der Deutschtumsverlust ist mit 60% auf Abwanderung und mit 40% auf Umvolkung zurückzuführen" (Keyser 1961; 77), als Gesamtverlust gibt er für 1918-1931 an: „Etwa 25% der deutschen Volksgruppe ist bis 1931 ..und bis zum Ende der polnischen Herrschaft, als Deutsche im Lande geblieben, 75% sind verschwunden, davon wiederum etwa 75% abgewandert und 25% umgevolkt. Das bedeutet in anderer Hinsicht: Es sind 25% als Deutsche im Lande verblieben, 55% sind abgewandert und 20% sind umgevolkt" (78). Die „Abgewanderten" wichen dem Druck oder "etwaigem Zwang" aus (63); Freiwilligkeit ist angesichts der zu erwartenden Notsituation in Rumpfdeutschland kaum wahrscheinlich.

Zusammengefaßt: „Gelegentlich entlud sich sozialer Neid gegen die Deutschen in pogromartigen Ausschreitungen. Die Deutschen mußten ihre Lage im polnischen Staat auf längere Sicht in nationaler Hinsicht als hoffnungslos ansehen" (Mühlfenzel 58). Der "Schutz des Deutschen Staates..., der für sie seit Generationen eine selbstverständliche Lebensvoraussetzung geworden war" (W. Kuhn 32), schien endgültig verloren.

1930 wandte sich ein Buch „Zehn Jahre polnischer Politik" eindringlich an die deutsche Öffentlichkeit. Bestürzende Äußerungen von Ministern und hohen Beamten (Ministerpräsident Witos „Dies ist der erste Vorstoß gegen die deutsche Intelligenz, und es ist höchste Zeit, daß die sogenannten deutschen Kulturbringer, verschwinden"; Grabski „Das polnische Land ausschließlich für die Polen"; ein Starost „Wenn ein Deutscher oder Jude wagt, irgend etwas gegen den polnischen Staat zu sagen, so bindet ihn mit Stricken und schleift ihn durch die Straßen" (Rauschning 45, 53, 60), ein Geistlicher (Pfarrer in Adelnau) „Alle Deutschen, die sich in Polen befinden, müssen aufgehängt werden"; Domherr Prondzynski von Posen „Noch ist unsere Aufgabe nicht erfüllt" (59), belegten, wie dies Sikorski 1923 in Posen äußerte, das „der große historische Prozeß der Entdeutschung der westlichen Wojwodschaften sich in möglichst kurzer Zeit vollzieht" (68). Eine Zeitung will 1923 die Deutschen „wie ein Geschwür am Körper... mit unseren erprobten und einzig erfolgversprechenden Hausmitteln herausschneiden" (71)). Der Autor listet Terrormaßnahmen, Menschenrechtsverletzungen, Mißhandlungen wie im Lager Szczypiorno (ab 1918), Plünderungen, die Verdrängungswellen 1918, 1920, 1922/23, Angriffe gegen Kirchen und Geistliche, Lehrer, das Volksbildungswesen auf und zieht eine besorgniserregende Bevölkerungsbilanz: Abgewanderte bis 1926: 761 282, relativer Verlust (1910 auf 1926) der gezählten deutschen Bevölkerung 758 867 (358). Er zitiert schließlich die Äußerung Lloyd Georges vom 19.3.1919, der in den polnischen Land-Forderungen (mit 2,1 Mill. Deutschen) den Punkt sieht, der „uns früher oder später zu einem neuen Kriege im Osten Europas führen" würde (398).

Eine 1970 erschienene Untersuchung, die mit dem Vorwort eines ‚politisch korrekten' Historikers so etwas wie ein ‚Imprimatur' erhielt, kommt zu höheren Verlustzahlen, benennt die „Verluste von Bodenbesitz aus deutscher Hand (mit) 31,9%" und bestätigt allgemein den Sachverhalt (Kellermann 54). Zitiert wird ein polnischer Generalstabsoffizier mit der Forderung nach Danzig, Ostpreußen und Schlesien und, „Daß die Deutschen ihre Hauptstadt von Berlin weiter nach Westen verlegen zur ehemaligen Hauptstadt Magdeburg an der Elbe oder Merseburg an der Saale .. (damit) Frieden in Europa (herrsche)" (135). -

Im Deutschen Reich wird um 1930 die Frage der Deutschen in Polen das erste Mal allgemein zur Kenntnis genommen, nachdem auf einer Tagung in Österreich 1928 „die gewaltsame und brutale Transplantation von ganzen Bevölkerungsteilen von einem Staat in

den anderen mit allen ihren verderblichen Folgen" ersichtlich wurde (11).
Polen verstärkt die Pressionen und Gebietsforderungen (Oertzen 1932).

„Haß, Überhebung und Unersättlichkeit sind die Triebfedern, von denen die polnische Minderheit (in Deutschland) beherrscht und geleitet wird, .. Es dauert nicht mehr lange, dann sind wir alle bei Polen" (37), „Die Grenze ist nicht die von heute, sondern sie reicht bis zur Oder und bis Stettin" (41) sind Äußerungen, die aus dem geplanten polnischen Präventivkrieg her verständlich sind. Die deutschen Parteien hatten insgesamt eine Grenzanerkennung ohne schiedliche und friedliche Regelung abgelehnt. Da der Krieg 1932 dann doch nicht anlaufen kann, muß Polen mit ihm warten, bis es mit der Garantieerklärung Englands und Frankreichs vom Frühjahr 1939 den Sieg als sicher erwarten darf. Der Vertreibungsvorgang setzt sich schon mit den letzten Augusttagen mit all den bekannten Kennzeichen fort, da der Sieg bei Berlin gefeiert werden würde.

Komplex Vertreibung:
eine mächtige Umwälzung mit tiefen Wurzeln

Die Erscheinungsformen der Vertreibung sind vielgestaltig, ineinander verschichtet, heben sich jedoch voneinander ab; (1) Ausgrenzung und Quarantäne, (2) Verdrängung mit Fluchtaspekten, (3) Flucht in existentieller Bedrohung und Vertreibung i.e.S. . Es ist in ihnen eine Wachstumslinie erkennbar, die sich jedoch in den Ländern nicht überall in ihrer typischen Abfolge zeigt.

(1) Die kämpferische, z.T. staatlich ausgelöste oder unterstützte Separation der miteinander wohnenden Gruppen im Misch- und Streusiedelbereich, aber auch in den Grenzsäumen geschlossener Besiedlung hat in sich verschiedene Formen nach dem Maß staatlicher oder gesellschaftlich-wirtschaftlicher Macht dessen entwikkelt, der eine Gruppe hinauszudrängen bestrebt ist. Als nach den

als Demütigung empfundenen Rückschlägen des machtbewußten Zarenreiches, das 1815 mit seinen Truppen in Paris gestanden war, nach dem Gesichts-Verlust im Krimkrieg und im Berliner Kongreß, die „Westler" gegen die „Slawophilen" an Einfluß einbüßten, konnten diese für ihre slawische Erweckungspolitik die volle staatliche Macht in Anspruch nehmen. Ausgelöst durch den Zarenmord 1881, begann unter Alexander III. eine dicht aufeinanderfolgende Bekundung slawischen Aufbruchs gegen mitwohnende Nationalitäten.

- Die freie sprachbezogene Religionsausübung, die besonders die sektenhaften, freikirchlichen, aber auch protestantischen Gruppen der deutschen Ansiedler im San-Dnjestr-Gebiet betraf, die Wolhyniendeutschen, wurden drastisch eingeschränkt. Damit beginnt z.B. Auswanderung nach Übersee, aber auch der Wegzug in machtferne östliche Gebiete.

- Die sprachliche Dominanz des Deutschen in den Westgebieten, die sich bis in die Universitätslehre hinein erstreckte, wird durch die scharfe Russifizierung zurückgeschnitten, dann gebrochen, so daß diese Stütze für das Streudeutschtum in den baltischen und den weiteren Randgebieten ausfiel.

Die auf Rußland hin bezogenen Länder und/oder Völker, welche sich seit der Slawischen Versammlung von ‚ihren' Deutschen reinigen wollen, haben eine deutliche Stärkung erfahren. In etwa zeitgleich ist bei den Tschechen in Böhmen mit 1882 der wesentliche Einschnitt vollzogen, ebenso in Serbien, das sich seit der Selbständigkeit 1878 als eng mit Rußland verbunden, zum südslawischen Kernstaat hin entwickelt, was die Ausgrenzung starker andersnationaler Gruppen voraussetzt, andererseits durch das Ausgreifen wieder neue einbezieht, welche nun wieder zu separieren sind.

Die deutsche Streusiedlung im Westen des Russischen Reiches steht seit Beginn der 80er Jahre faktisch unter Quarantäne, die an der Ostseeküste führenden Baltendeutschen werden nun erstmals unter nationalrussischem Aspekt eingegrenzt, aber in ihren Funktionen belassen, weil sie Herrschaftsmittel gegen die baltischen und finno-ugrischen Stämme und Völker sind, die Litauer, Kuren und Letten sowie der Esten. - Als diese Funktion mit deren Selbständigkeit und Staatsbildung weggefallen ist, stehen sie zur Disposition, sie gehen aus dem Land (1919 ff) oder werden zurückgeholt (1939 ff).

Polen ist ein Sonderfall, da es sich unmittelbar von Rußland als der slawischen Vormacht bedroht sieht. Es will und kann seinen Volksbereich aus eigener Kraft unter fremder Staatsmacht im westlichen Teilungsgebiet voranbringen. Das faktische Scheitern der preußischen Ansiedlungskommission, die nicht Aktion, sondern Re-Aktion war, macht auch in diesem Bereich deutlich, daß seit den 80er Jahren des 19. Jahrhunderts eine breite, vielgestaltige Entdeutschungs-Welle das gesamte in vornationaler Zeit entstandene und entwickelte Siedlungsgebiet ergriffen hat und seitdem zeitlich zusammenhängend unter erputiven Ausbrüchen (1897/98, 1918/19, 1938/39 ff) sich nach Westen ausdehnt.

In die Eingangszeit dieses Aspekts griffen die späteren westlichen Garantiemächte des gesamten Vertreibungskomplexes nur am Rande ein. Von ihnen bezog man Mittel und Argumente, wie den Mehrheitsgrundsatz zur „demokratischen" Interpretation des vornationalen „Böhmischen Staatsrechtes" oder die Vorstellung von einer „Republik" Polen als Überwindung der alten untergegangenen Adels-Republik unter Beibehaltung des Gebietsanspruches nach französischer Staatsdefinition.

(2) Als sich, beginnend mit der Annäherung Frankreichs an Rußland, seit 1892 eine Machteinengung des Deutschen Reiches abzuzeichnen begann, sahen all jene Völker ihr Ziel nahe, welche mit großen mitwohnenden deutschen Gruppen behaftet waren und die ganz oder z.T. im Besitz der Staatsmacht waren. Es ging darum, sich der Staatsmacht zu versichern oder sie zu befestigen, gleichzeitig die mitwohnenden Nationalitäten daraus hinauszudrängen.

- Das polnische Volk, als in drei Staaten mit sehr unterschiedlichem Zugang zur Staatsmacht geteilt, nutzte den liberalsten, fortgeschrittensten und auch wirtschaftlich entwickeltsten, um seinen

Zukunfts-Staat von Posen aus aufzubauen. - Warschau, die nun nicht nur formal „russische" Stadt, bot keine Möglichkeit; eine Art Palisaden-Wall an der russischen Westgrenze schnürte sie ab. - Krakau bot angenehme Lebensumstände, war aber im vielnationalen Habsburgerreich mit verführendem Machtzugang - Badeni war nicht der einzige Pole im inneren Machtzirkel der Donaumonarchie - als Kern eines straff nationalen Staates wenig geeignet.

In Posen, also in der Nachbarschaft Gnesens, des alten geistlichen Zentrums in „Groß-Polen", wurde der polnische Staat mit dem deutlichen Ziel entworfen, das Deutsche aus ihm zu verdrängen. Die Vorläufer-Einrichtungen des dann dort wirkenden West-Instituts und der „Dziennik Poznański" stehen dafür.

- In Böhmen liegt das Krisenjahr 1897/98 in der Mitte der Verdrängungs-Periode, die deutlich zu Beginn der 70er Jahre einsetzt. Die Umgestaltung Österreichs 1867, die Begründung des (Klein-)-Deutschen Reiches und die Reorganisation Rußlands sind die Faktoren, die hier wirken, ebenso wie die Wahlrechtsentwicklung, Bevölkerungsumschichtung und Industriealisierung. - Im Krieg 1914/18 hat sich das tschechische Volk so weit vom „Wirts"-Staat und seinen Deutschen entfernt, daß aus einer Hochverräter-Gruppe der nun von Frankreich her in diesen Raum hineingeschobene ‚National'staat, die ČSR, so handeln konnte, als gäbe es jene gar nicht mehr; sie waren bereits staatsrechtlich verdrängt. Sie tauchten weder im Staatsnamen, noch in der Verfassung noch in der realen Machtteilhabe auf. Die Verdrängung einer Population aus dem Recht, eine wesentliche Voraussetzung für die Vertreibung aus dem Land, hatte die ersten Stufen genommen, sie hatte die - im späten Habsburgerreich selbstverständlichen - Gruppenrechte getilgt, lediglich die Individualrechte belassen.

(3) Die Vertreibungsphase setzt bei jenen Völkern unterschiedlich stark ein, aus welchen 1848 in Prag Vertreter als Privatpersonen eingeladen waren. - Aus Rußland war damals nur ein Volkspolitiker anwesend, und dies eher beiläufig, Bakunin, vielbestaunt, kämpferisch-revolutionär, ein Feuerkopf, der ganz Europa in Brand stecken wollte, glühender Panslawist, der an die Führungs-

rolle Rußlands in der Welt unbedingt glaubte. Die Deutschen störten ihn, soweit sie damals im Heimatland in Wirtschaft, Heer und Verwaltung an der Macht teilhatten. - Im großrussischen Ausgreifen über den mit Frankreich im Balkan entzündeten Krieg (1914) war es normaler russischer Umgang mit verschiedenen Völkern und Stämmen, daß es 1915 eher zufällig die Deutschen in Wolhynien als erste traf und große Teile deportiert wurden. Die weniger im Kampf als in Gedanken verbundenen Tschechen und die kämpfenden Serben aber zogen daraus ihre Schlüsse und erörterten den Vertreibungskomplex, so wie bezeichnet.

Die Umsetzung scheiterte, weil England - nachdem Rußland für Jahre wegen der Revolution am europäischen Machtausgleich nicht teilhaben konnte - dem Partner Frankreich keinen zu großen Zuwachs über eine übergroße Stärkung der Staatskonstrukte ČSR und SHS erlaubte.

Polen, 1916 von der Mitte, 1918 vom Westen, jeweils gegen Rußland, aber nun auch gegen Deutschland begründet, begann seinen Weg mit einer konsequenten Vertreibungs-, Verdrängungs- und Entdeutschungswelle, die mit dem Posener Aufstand einsetzte, der durch Frankreichs Waffenstillstands-Bedingungen möglich gemacht wurde, mit denen die Bindung des preußisch-deutschen Heeres garantiert wurde. Hier in Posen verknüpften sich die wirtschaftlich-gesellschaftlichen und die politisch-staatlichen Angriffsziele auf Deutschland und die Deutschen in einem ersten revolutionären Aufbruch, da das beanspruchte multinationale östliche (russische) Gebiet noch nicht zur Verfügung stand.

Nachdem die USA - nach 1917/18 - in einem zweiten ‚Raid' die Isolations-Selbstbindung abstreiften und mit der One-World-Ideologie Roosevelts seit 1937 in Europa bald auch waffentechnisch über Lieferungen und dann Bombardements eingriffen, war die Macht gefunden, welche die in der ČSR seit 1919 und dann wieder 1938 ruhenden, in Polen seit 1918 teilweise umgesetzten Vertreibungsvorhaben nun zum totalen Ende führen ließ, nachdem sich die auch ideologisch konkurrierende Weltmacht UdSSR als die andere Flügelmacht über den seit 1939 im Westen geführten

Vorstoß als Garant unübersehbar in den Vordergrund geschoben hatte.

Schon in der Separierungs- und Verdrängungsphase hatten die Ideologen der späteren Vertreibung ihr Bemühen abzudecken versucht, indem sie in ihren tatsächlichen Aufbruch hinein in das deutsche Land, den an Daten, Namen und Orten ablesbaren Marsch nach dem Westen, ein Ablenkungs-Schlagwort in den Meinungspool warfen, in dem die Gegner und Feinde Deutschlands die fast absolute Herrschaft mit dem Eingreifen der zwei Weltideologien, also in den späten 30er Jahren, übernommen hatten.

Der Mythos vom deutschen „Drang nach dem Osten" als Nebelwand vor der Vertreibung

Das Wort vom vorgeblichen ununterbrochenen deutschen Ausgreifen nach Osten wurde in Deutschland mit der Gründung des Deutschen Reiches gebraucht, um ihm in seiner West-Ost-Ausdehnung eine eingängige Begründung zu geben, da es im Südosten und Süden weit über zehn Millionen des Sprach- und Kulturvolkes nicht umfaßte. Es war ein Schlagwort, um sich gegen den Vorwurf zu verteidigen, es sei doch nur ein Klein-Deutschland. - Dabei wurde „eine sehr komplexe Geschichtsauffassung schlagwortartig zusammenfaßt" (Wippermann 133), nämlich in der Struktur verschiedenartige, zeitlich unverbundene und auch nicht einheitliche Siedlungsbewegungen der vornationalen Zeit. Die Sache selbst wurde damit der Mißdeutung geöffnet, ein unheilvoller Anstoß der kleindeutschen Geschichtsschreibung.

Als der russische Imperialismus in der Mitte des 19. Jahrhunderts nach dem herben Rückschlag im Krimkrieg sich seiner Kräfte in der Verknüpfung mit der Intellektuellen-, dann Volksbewegung der Slawophilen bewußt wurde, sprach man schon von einem „Andrang" der Deutschen. Danilewskis Werk „Rußland und Europa" (1869) sah Rußland als nicht zu Europa gehörig an und konnte demnach Deutsche als Eindringliche orten. Dieser Argumentationsstrang verstärkte sich nach dem Berliner Kongreß. Mit Alexander III. bestieg der erste betont nationale Zar 1881 den Thron. Die Russifizierung beginnt.

Zu dieser Zeit aber hatten die benachbarten ‚jungen' Nationen und die Polen schon längst nach Belegen für die eigenständige Entwicklung - dem wachsenden Nationalstolz entsprechend - ohne Vermittlung durch den westlichen Nachbarn gesucht. Deshalb wurde dessen unbestreitbarer Einfluß seit nun schon über 800 Jahren als Länderraub der „germanischen" Rasse, repräsentiert durch „die Deutschen" als Herrschaftsschicht über die Slawen, umgedeutet. Der eigene in der Aufbruchszeit sehr scharfe Nationalismus und das erhoffte nationalstaatliche Bild wurden in die vornationale Zeit zurückprojeziert, wodurch die Nationalgeschichte als die eines dauernden Kampfes mit den Deutschen, bei Palacký 1000 Jahre, und die vor-nationale Siedlungsbewegung als deutsche Ländergier denunziert wurden.

Verstärkt wurde dies auch in der Kompensation eines Gefühls, nicht so weit zu sein wie das ‚erwachsene' Nachbarvolk, dessen Glieder in Ostmitteleuropa auch in Streu- und Mischsiedlung lebten. Diese Neid-Haltung war als Realität und als sich aufschaukelnde Fiktion sehr wirksam. - Die viele Jahrhunderte dauernde deutsch-slawische Schicksalsgemeinschaft wurde durch dieses Zurückschauen in Neid und dann in Haß an der Wurzel zerstört.

Der ‚reine' Nationalstaat sollte sich in den vornationalen Grenzen verwirklichen. Diese aber waren solche eines Staates mit verschiedenen Völkern und Stämmen. Das gilt für das Polnische Reich von 1772 und die Länder der Böhmischen Krone von 1740 bzw. 1763. Die 1. Republik nahm das alte Gebiet in Anspruch - und Schlesien dazu, die entstehende ČSR forderte in Kramář sogar noch die Lausitz und einen Teil der preußisch-schlesischen Gebiete.

Daß die dem Deutschen Bund einbezogenen Staaten, also die ‚deutschen', weder die Staats- noch die Volksgrenzen ausweiteten, sollte jedem, der sich an der Wirklichkeit orientiert, geläufig sein.

Bei der Reichsgründung durch Preußen wurde dessen Gebiet ganz einbezogen. Hier lag denn auch eine besondere Herausforderung für das entstehende Polen.

Wenig bekannt ist hingegen, daß sich innerhalb dieser Grenzen das nicht-deutsche Volkselement unter den Augen, ja auch mit Förderung der deutschen Staatsmacht vorschob:
- Der Weg der Tschechen hinein in das deutsch-böhmische Siedlungsgebiet wurde hinlänglich bezeichnet.
- Ebenso bewegten sich die Polen seit der Mitte des 19. Jahrhunderts nicht nur als Begleiterscheinung der Industrialisierung, sondern in einer betont national-politischen Maßnahme hinein in gemischtsprachiges und deutsches Volksgebiet. 1848 wurde Bernhard Bogedain, am Posener Priesterseminar nicht nur ausgebildet, sondern zum Polen geworden, von Posen nach Oppeln versetzt. Er baute in Oberschlesien für den nicht-deutschen Bevölkerungsteil ein polnisches Schulwesen auf, in dem er statt der wasserpolnischen Umgangssprache das dort nicht bekannte sog. Hochpolnische als Unterrichtssprache mit von Posen geholten Lehrern einführte, dies als preußischer Beamter, er war Schulrat, mit Unterstützung seiner Vorgesetzten, die - ganz im Sinne des Humboldt'schen Gedankens - das Volk durch Bildung zur Humanität heben wollten. Die ansässig werdende Oberschicht von Posener Polen begründete und festigte unter den Augen der preußischen Kultus- und Unterrichtsbehörden das Polentum in Oberschlesien an verschiedenen Orten.

Gegen diese Wirklichkeit wurde in Mythos gesetzt.

Der häufig als Beleg für ‚Germanisierung' in Anspruch genommene Bismarck ist von den Gegebenheiten her zu sehen. Er selbst ist als konservativer Preuße des Nationalismus unverdächtig. Sein Wort über seine Leute auf dem Gut in Varzin, ob Deutsche oder Kaschuben, ist bekannt. Er hat jedoch die mit nationalem Anspruch ausgreifenden Polen als den Staat gefährdend angesehen, mußte er doch 1863 feststellen: „Landkarten, in welchen die Träume der polnischen Insurrektion ihren Ausdruck finden, bezeichnen Pommern bis an die Oder als polnische Provinz."

Ein halbes Jahrhundert nach der 1830 anlaufenden polnischen nationalen Reorganisation („Arbeit an den Grundlagen") begann in der Provinz Posen als Reaktion der Versuch, das deutsche Volkselement nicht weiter einengen zu lassen. Er brachte einigen Erfolg. Um 1910 stabilisierte sich das Größenverhältnis der beiden Bevölkerungsteile.

Der Mythos vom deutschen „Drang nach dem Osten" wird immer dann zum Popanz aufgebläht, wenn die ablesbare russische oder andersslawische Westbewegung abgeschirmt werden soll. Die Zeitanstöße sind 1882, 1905, 1918 und dann 1932 im Präventivkrieg-Komplex. Nachdem Pilsudski fast am gleichen Tag wie Hitler für sich ein Ermächtigungsgesetz durchgedrückt hatte (23.3.1933), standen sich - zu dieser Zeit - zwei autoritäre Staatssysteme im Übergang zur Diktatur gegenüber, die beide für ‚ihr' Volk die Grenze nicht anerkannten. Polen strebte nach der Oder. Es war nicht nur darin, sondern wegen des Kampfes gegen fast alle Anrainer in den Augen der Welt der aggressive Teil. Deutschland suchte seit 1922 für Westpreußen und Danzig („Korridor") nach einer Revision, wobei das gerade gezeigte Abstimmungsverhalten im Nachbargebiet für sich sprach.

Der Nationalitätenkampf war im polnischen Verdrängungs- und Vertreibungsdruck seit 1918 und in der ČSR-Ausgrenzungspolitik in eine neue Dimension getreten.

Die Bedingungen des Krieges rissen 1939 die nationale Auseinandersetzung in eine weitere in diesem Umfang nicht vorgestellte Weite und Tiefe. - Als am 1. September 1939 deutsche Truppen die südliche Grenze Ostpreußens und die östliche Pommerns überschritten hatten, stand das erste Mal in der Geschichte ein national deutsches einem national polnischem Heer gegenüber. In diesem dienten viele volksdeutsche Staatsbürger.

Ein „Drang nach dem Osten" ist, da ihm jegliche zeitliche Tiefe fehlt und im deutschen Volk eine breite nach Expansion rufende Grunddisposition nicht besteht, auch zu dieser Zeit - sieht man den Krieg als nationale Auseinandersetzung - nicht feststellbar, wenn der Begriff vom Wort her einen Sinn haben soll. Er wäre in Generationenfolgen zu denken und müßte auf ein breites Dafürhalten oder klaren umfänglichen Willen beruhen. Diesen gibt es in Deutschland in der Zeit der nationalen Auseinandersetzung auch im Gefolge der Pariser Diktat-Friedenschlüsse nicht. Es gibt Abwehr angesichts erheblicher Abtretungen ohne oder gegen Volksabstimmungen. Es gibt im Volk keine Aufbruchsstimmung mit dem Ziel, am San Fuß zu fassen, vergleichbar dem des polnischen Staates und Volkes, die Oder zu erreichen.

Im raschen Schlag 1939 verbinden sich untrennbar die bezeichnete Re-Aktion mit dem nun selbst aus einem Mythos heraufgeholten Reichs-Gefühl, dessen sich ein zu dieser Zeit schon diktatorisches System bemächtigt hat.

Es zwängt das eigene Volk und andere Völker im Gegenüber zu einer anderen totalitären Macht, der UdSSR, in die Verfügungsgewalt.

Die aus den Siedlungsgebieten des alten Rußland 1939/40 in das Warthegebiet verbrachten Deutschen sind nicht ostwärts, sondern süd- und westwärts bewegt worden. Es herrschte bei ihnen kein „Drang", sondern tiefe Verstörung und Unsicherheit, Heimatverlust. Als die etwa über eine halbe Million Deutscher, welche „zurückgeholt" wurde, in den vornationalen Siedlungsraum einbezogen wird, ist, wäre das die Absicht gewesen, der Zustand des Jahres 1918 in der Bevölkerungsverteilung, also vor der Vertreibung und Verdrängung der dort ansässigen Deutschen, nicht erreicht. - Die Pläne, welche das NS-Regime für die Ostgebiete hatte, sind in sich widersprüchlich und nach Frontlage phasenweise zu beurteilen, sie sind in ihrer Wirkmöglichkeit nicht beurteilungsfähig.

Als Vergleichsmöglichkeit, hier aber in den Folgen ablesbar, bietet sich der Morgenthau-Plan an, auch ein Kriegsprodukt aus einer bestimmten Position heraus, nämlich des erwarteten Sieges, entwickelt. Er war auf fortdauernde Dezimierung des deutschen Volkes hin angelegt und wurde auch in die Konferenzen in und nach Potsdam eingeführt und z.T. umgesetzt, was nicht zuletzt den Vertreibungskomplex verständlich macht, von dem Churchill annahm, daß nach den dabei zu erwartenden Millionen Todesopfern gar nicht einmal so viele bewegt werden müßten.

Nicht nur aus diesem Vergleich heraus wird verständlich, warum die Vertreibung insgesamt als eine totale Lösung völlig und dauernd hinter der Nebelwand eines Mythos verborgen bleiben soll.

„Es bleibt bei der Feststellung: Der ‚deutsche Drang nach Osten' war und ist eine Ideologie.

Mit dem Hinweis auf diese Erscheinung wurde nämlich, ähnlich wie in der Sowjetunion, versucht, die Westverschiebung Polens und die damit verbundene sog. „Repatriierung" der deutschen „Siedler" zu legitimieren." (Wippermann 80, 140).

Ein Gegenbeispiel: Budweis

Vergleichbares gilt zu vielen anderen Städten, etwa Posen, Thorn, Graudenz, Brünn, Preßburg, Laibach... Am 10.3.1265 wird von Hirzo, dem Lokator, dem Ritter des Königs von Böhmen, Burggraf von Klingenberg (jetzt: Zvikov), im Namen seines Herrn Ottokar, die Gründungsurkunde für die Stadt Budweis errichtet, zu bauen auf Königsland am Zusammenfluß von Moldau und Maltsch. Die Bergstadt sollte Zentrum eines Siedlungswerkes sein, in dem zur Versorgung der Knappen in einem Kreis um die Stadt Dörfer angelegt wurden, welche wiederum weitere gründen sollten. Die gleichmäßige und geregelte Ansiedlung überwiegend mit Deutschen und nach deutschem Recht war so bemessen, daß die Rechtsfähigen bei Versammlungen auf dem Marktplatz der Stadt Raum finden sollten. Er ist auch heute noch einer der eindruckvollsten in Mitteleuropa. Stadt und Siedlungsinsel sollten Südböhmen gegen Oberösterreich und den König vor den südlich ansässigen Rosenbergern, den Wittigonen, sichern. Das im Mündungswinkel liegende gleichnamige Dorf wurde zur Prager Vorstadt, der Kranz deutscher Dörfer ließ den Vergleich aufkommen, Budweis mit seinem Umland sei wie ein Kosmos, als Zier, angelegt, das Haupt geschmückt mit Sternen.

Die Deutschen, welche in vorhussitscher Zeit nach Budweis zuzogen, stammten aus Prag, Kaaden, Eule, Meißen, Pisek, Bechin, Kolin, Tabor, Kuttenberg, Moldauthein, Salzburg, Plattling, Eger, Klattau, Schüttenhofen, .. sie kamen aus über 30 Orten. Neben Deutschen wanderten auch Tschechen zu, etwa ein Viertel. 1348 stand das Verhältnis 5 : 1. - Die Bewohner waren weiterhin rege: Von hier nach Linz/Donau wurde die erste Eisenbahnlinie auf dem Kontinent gebaut, 1824-32, eine mit Pferden zu betreibende; Holz und Salz waren die wichtigsten Transportgüter.

„Die Budweiser Sprachinsel ist die einzige in Böhmen [im Herzogtum], die über die Hussitenzeit hinweg bis in die Gegenwart Bestand gehabt hat" (Sedlmeyer 413)!

Mit der Industrialisierung begann die Zuwanderung tschechischer Arbeiter, die sich in den Dörfern ansässig machten, so daß diese den ursprünglichen Charakter verloren. In Böhmen wurden tschechische Schulvereine gegründet, welche Privatunterricht für die in die Dörfer zuziehenden Kinder der Tschechen finanzierten, solange die Mindestzahl für eine Klassenbildung nicht erfüllt war. „Zur Vertschechung... der Budweiser Sprachinsel, des Böhmerwaldes, ja selbst für Niederösterreich .. (bestehen ähnliche Vereine) .. zu der des deutschen Böhmerwaldes brachten die überseeischen Tschechen 200.000 Kr. auf" (Hoyer 14, 29).

Bischof B. Jirsík (1851 - 1883) betrieb die Tschechisierung der Stadt und des Umlandes durch Errichtung eines so geprägten Priesterseminars, so daß die deutschen Anwärter in andere Seminare, nach Leitmeritz, Prag und Linz, abwanderten. - Das Verhältnis der Einwohner stand 1850 1 zu 1, 1900 aber schon 2 zu 3. - 1884 wurde zur Abwehr der Entnationalisierung des Grenzlandes in der Stadt der Deutsche Böhmerwaldbund gegründet; Budweis wurde zum Feld, auf dem der Nationalitätenkampf ablief: Stadt und Sprachinsel sollten fallen.

Eine skurrile Begebenheit bezeichnet quasi sinnbildhaft den Punkt. Die vier Laubengänge am „Ring" [d.i. dem Stadtplatz] waren als Spazierstrecken klar ausgewiesen als Herren-, Militär- (auch: Deutscher), Gesinde- und Studenten-Corso. 1907 promenierte Pavler, ein hünenhafter tschechischer Realschullehrer „provokativ auf dem Herren-Corso, bis eines Tages ein deutscher Forstadjunkt seinem Mops einen Tritt versetzte. Drei Tage lang gab es nachfolgende Zusammenrottungen..." ein Kundiger wußte „die Zeichen der Zeit zu deuten: „Wenn die Pemmen ihre Hundsviecher auf dem Honoratioren-Bummel äußerln führen, damit sie uns das Trottoir vollkacken, Kinder, ich sag euch, die Revolution is nichmehr wajt, und das Ende auch nicht"" (Fehr 27 f).

Am 28.10.1918 standen 40.000 Tschechen auf diesem Stadtplatz, die Deutschen blieben in ihren Häusern. Die Mehrheit im Stadtrat führte die fast nur von Deutschen aufgebauten Kultureinrichtungen Museum, Stadttheater, Vortragssäle u.s.f. in tschechischen Besitz über; 900 deutsche Volksschüler wurden aus ihren Schulen gewiesen und in 10 unzureichenden Zimmern untergebracht. Die „erste Gymnasialklasse, in die sich 44 Schüler einschreiben ließen, wurde seitens der Unterrichtsverwaltung geschlossen. Sie wird als Privatklasse weitergeführt werden", meldet am 21. September 1919 die „Budweiser Zeitung" (Seldmeyer 487).

Der Exodus beginnt: „Hunderte deutscher Familien, Eisenbahner, Beamte usw. übersiedelten nach Deutschösterreich..." die Rathausmehrheit besteht „aus geradezu deutsch-feindlichen Elementen" (486).

Die tschechische Tageszeitung „CAS" faßt 1921 triumphierend, aber sachrichtig zusammen: „In den Neunzigerjahren gelangte das erste Haus am Markt in tschechische Hände. Und heute hat das alte Budweis nicht einmal die nötigen 20 v.H. Deutsche, um eine gemischtsprachige Stadt zu sein .. Budweis war keine deutsch angestrichene Stadt, es war eine alte deutsche Stadt, die schrittweise erobert werden mußte" (475).

Die Siedlungsinsel im Süden des Landes, 25 km vor dem deutsch besiedelten Böhmerwald gelegen, war gefallen. - Masaryk aber hatte wahrheitswidrig am 10.1.1919 der Welt erklärt: „Nur die Nord- und Westränder des böhmischen Vierecks haben... eine deutsche Mehrheit" und er hatte als Begründung eine weitere Lüge in die internationale Meinung eingeführt: „... infolge der starken Einwanderung während des letzten Jahrhunderts...". Dieser doppelte Meinungs-Betrug im „Le Matin" konnte auf Dauer nur verborgen gehalten werden, wenn die „sehr rasche Entgermanisierung dieser Gebiete" - eine weitere Äußerung in diesem Interview - vorangebracht werden würden. (Habel 118).

Diese Aktion wurde in allen Lebensbereichen unter Fortbestehen formaler Bürgerrechte umgesetzt. Im kirchlichen Bereich wirkte die Arbeit des Bischofs weiter. Er hatte tschechische Priester in noch deutsche Pfarreien der Diözese gesetzt; 1895 gab es noch 108 rein deutsche Pfarreien, 1938 61! Die Wende 1918 förderte die Mischehen; wesentlicher aber war: „Was sich nicht freiwillig dem Tschechentum anschloß, verlor Arbeitsplatz und Lebensgrundlage und wanderte meist nach Österreich ab. So sank die Zahl der Deutschen mit einem Schlag von 18 000 auf kaum 8 000, weniger als 20%... Damit wurde die Stadt einsprachig tschechisch" (Sedlmeyer 196).

Der Übermut der Sieger, der 1918 die Kultureinrichtungen ‚entgermanisiert' hatte, hielt an; die noch in der Stadt lebenden Deutschen standen wie unter Quarantäne. Als nach dem italienisch-deutschen Umsiedlungsvertrag (1939) ein geringer Teil der für das Deutsche und damit für Deutschland optierenden Südtiroler schon in der Kriegszeit in die Budweiser und Stritschitzer Sprachinsel auf nicht voll bewirtschafteten Höfen und geteilten Gütern angesetzt wurde, entlud sich die Wut der aufgehetzten tschechischen Bevölkerung auch darüber in dem Mord- und Vertreibungsrausch an den ansässigen Deutschen: „Im Mai und Juni 1945 verübten von den zur Zeit des Umsturzes in Budweis lebenden Deutschen um die 1100 Selbstmord in ihren Wohnungen. Freilich wurden auch viele von den Tschechen in den Wohnungen einfach erschlagen, man hängte die Leichen an eine Türschnalle und täuschte Selbstmord vor .. Die tschechischen Zeitungen schrieben, daß die

Deutschen wilde Bestien seien, sie ausgerottet werden müßten. Geradeso wie man Raubtiere ausrotte und erschlage. Nur einige Exemplare Deutscher sollte man leben lassen und sie in einen Käfig sperren mit der Aufschrift „Germanische Bestien", damit der Nachwelt diese Rasse wenigstens veranschaulicht werden könne" (Oppelt in: Sedlmayer 507 f). - Dies wird verständlich, Selbstmorde und Morde, im Blick auf das Mordlager in Budweis, in das alle geworfen wurden, die das Deutsche in der Stadt und den umliegenden Dörfern verkörperten, Lehrerinnen, Ortsvorsteher, Handwerksmeister, Werksangestellte, Pensionisten, die Nachhilfe- oder Privatunterricht für jene Schüler gegeben hatten, die durch die Maschen der demokratischen Schulpolitik des europäischen Musterstaates gefallen waren, Pfarrer, Mesner, Hausfrauen, die für das WHW gesammelt hatten, während die Umwelt sich einen guten Tag machte,... Sie wurden als erstes jenem Vize-Kapo vorgeführt, der dann aus München mit falschem Paß ins Ausland gebracht werden mußte. - Es gibt keinen Film darüber, auch nicht eine Sequenz war es wert, von diesem Ende zu sprechen.

Die Reinigung der ČSR im Auftrag der Welt

Als Beneš angesichts der klaren Stellungnahme der englischen Garantiemacht sein Abschiebe-Vorhaben vom 17.9.1938 (Nečas-Plan) nicht mehr durchdrücken konnte und am 21.9. die Abtretung der deutsch besiedelten Gebiete gegenüber England und Frankreich erklärte, hatte er Roosevelts USA schon im Auge, welche nun die europäischen Angelegenheiten in die Hand nahm, was sich innerhalb eines Jahres umsetzte, als dieser Polen den Rücken für dessen Wunsch-Krieg stärkte.

Die Abtretung des Egerlandes, wie dies schon 1938 vorgesehen war, konnte im Vertreibungs-Plan nun gestrichen werden, wie dieser in London im Emigrationskreis noch 1939 vorbereitet und dann zuerst in den inneren Kreis der angloamerikanischen Machtgruppe, dann in gesteuerte Meinungszellen eingeführt wurde, wie dies de

Zayas zusammengefaßt hat. - Die Zusammenführung der beiden Machtgruppen erlaubte 1945 die totale Lösung.

In zwei Berichten neutraler Beobachter in Prag innerhalb der Vertreibungsaktion werden sowohl das vorgeschobene Rachemotiv deutlich als auch deren tiefer historischer Grund: Die Deutschen hätten sich „als Eindringlinge... das brave tschechische Grenzland angeeignet, die tschechische Bevölkerung verdrängt..." Am Schluß aller Broschüren aber standen immer dieselben Worte: „Der Tschechen Gebet ist ein Rachegebet: Räche uns, du Gott aller Slawen, vernichte die Germanen und laß die größten Germanen, das sind die Deutschen, grausam verderben!"

Der Norweger Jan Jölstad veröffentlicht das Ergebnis eines Gesprächs mit einem „Intellektuellen .. Dr. Tvrdon ..: „Das sudetendeutsche Problem... Wie Sie wissen, hat dieses deutsche Pack uns jahrhundertelang ausgesaugt und germanisiert. Aber jetzt ist Schluß damit. In unseren Tagen wird Geschichte gemacht, mein Herr!... Die Deutschen sind keine Menschen!"" (Reichenberger 1950; 410 f).

Die Beneš-Rede vom 30.3.1946 enthält neben der Würdigung der wahrhaft historischen Dimension dieser „Revolution" - gemeint ist die Vertreibung - auch Hinweise auf das gewichtige organisatorische Problem innerhalb der Aktion und danach: „Sie müssen sich nur vorstellen, daß wir mehr als drei Millionen Menschen anderswohin verlegen müssen, daß wir das ganze Wirtschaftsleben, das die Deutschen in diesem Staat repräsentierten, neu ordnen müssen. Und vom Wirtschaftsleben dieses Staates repräsentierten sie einen größeren Teil, als ihre Zahl darstellt. Besonders in den böhmischen Ländern, und hier vor allem in Böhmen, bildeten die Deutschen einen der Hauptbestandteile unseres Wirtschaftslebens. Das alles ist zu bewältigen..." (Odsun 460).

Am 3.6.1945 hatte er in einer Rede in Tabor gesagt:

„... Werft die Deutschen aus ihren Wohnungen und macht den Unsrigen Platz! Alle Deutschen müssen verschwinden! Was wir im Jahre 1918 schon durchführen wollten, erledigen wir jetzt! Damals schon wollten wir alle Deutschen abschieben. Deutschland war aber noch nicht vernichtet und England hielt uns die Hände, jetzt aber muß alles erledigt werden... denn es ist schon alles beschlossen" (Mitteilungen 3).

Die von der provisorischen Regierung Beneš' vorbereiteten Hussiten-Stürme hinterließen tabula rasa; das war nicht im Sinne der tschechischen Politik, wie sie zwischen 1919 und 1938 in den deutschen Gebieten schon überproportional auf Kosten der Deutschen abgesaugt hatte. - Die Gebiete sollten wirtschaftliche Grundlage des tschechischen Volkslebens werden. -

In das Grenzgebiet drang ein Volk ein, das im Auge des Orkans den Krieg sehr gut überstanden hatte und als einziges in Mitteleuropa gewachsen war; es strotzte vor Tatendrang.

Eine Tscheche faßt 1998 zusammen: „Als in den ersten Friedenswochen die ersten Abenteurer ins böhmische Grenzgebiet stürmten und „durchzurändern" anfingen, lag das Land machtlos unter ihren Füßen. Was für einen Triumph mußten diese Menschen gefühlt haben, das Land war kultiviert, mit großem Reichtum. Endlich ist die germanische Überheblichkeit durch die Größe des slawischen Geistes bezwungen..... In Wirklichkeit war es aber keine Größe des slawischen Geistes, was die ersten Abenteurer ins Grenzgebiet zog, sondern eine primitive menschliche Habgier, verbunden mit dem sechs Jahre lang aufgestauten Haß auf alles, was deutsch war... Die Abenteurer kamen auch als erste Kolonisten, meist sehr arme, aber gierige, für welche das Grenzgebiet zum gelobten Land wurde, hier warteten Bauernhöfe... Kristallüster und Perserteppiche in den Villen... Vielleicht hatten einige Kolonisten vor, hierzubleiben, sie hielten es jedoch nicht aus.

Kurz gesagt, in den ersten Friedenswochen ist das böhmische Grenzgebiet, das in vielen Jahrhunderten von den böhmischen Deutschen geformt wurde, völlig untergegangen. Ein verlassenes und vergewaltigtes Land stellte an die Neuangekommenen die stille Aufforderung: Jetzt zeigt, was ihr könnt!...Der Sieg der Tschechen über die Deutschen...dauerte nur ein paar Jahre. Die Kraft, die den Slawen zu diesem Sieg verhalf, aber war vor allem die Sowjetunion..." (Augustin 236 ff).

Bakunin, der einzige Russe in der Slawenversammlung 1848, wirkte hinein in die Zeit. Und die tschechischen Bischöfe erklärten am 19.11.1947 - wobei der Adressat nicht benannt wird - in einem Hirtenbrief (Reichenberger 1948; 85):

„...Die Welt ist erfüllt von Lieblosigkeit und Neid."
Es sei angenommen, sie hätten auch an sich gedacht.

Die Säuberung Ostdeutschlands im Gefolge Stalins

Was 1918 in Posen begonnen wurde und sich wegen des Widerstandes in Oberschlesien, auch im Volksentscheid, nicht optimal umsetzen ließ, sollte mit dem herbeigesehnten Krieg 1939 abgeschlossen werden, die Entgermanisierung hinter der Grenze, zugleich aber mit einem siegreichen Feldzug die Fortsetzung hinein in die beanspruchten Gebiete.

Der mißlungene Anlauf zum Sprung an die Oder: 1939

Die Kriegs- und Vertreibungskampagne seit der englisch-französischen Aufforderung (31.3.), an die Plätze zu gehen, soll hier nur an einigen Beispielen dokumentiert werden: Auf der Kundgebung vom 4.5.1939 an der Universität Posen wurde programmatisch verkündet, daß man 1410 die Deutschen bei Grunwald-Tannenberg geschlagen habe, jetzt werde man sie bei Berlin zusammenhauen... und dann würde die Grenze Deutschlands mit Polen nicht mehr 1.700 km, sondern nur noch 400 km lang sein ..und die „Narod w Walce" („Volk im Krieg") präzisierte am 20.7., daß Danzig polnisch bleiben und Deutschland gezwungen werden muß, den ostpreußischen Raum ohne Bevölkerung abzutreten. Am 7.8. ergänzte das Thorner „Slowo Pomorskie" („Pommersches Wort"): „Geht dahin zurück, woher ihr gekommen seid. Auf Schubkarren, die von Hunden gezogen wurden, kamt ihr angekarrt. Ihr brachtet ein schlechtes Unterbett mit. Mit einem solchen könnt ihr wieder losziehen..."... Das gelte für Danzig, Ostpreußen und

Schlesien (W. Wagner 22). Das Zitat kennzeichnet die Spitze der Neid-Spirale in unruhiger Erwartung des Sieges.

Das Organ des Kriegsministeriums schrieb Ende März zeitgleich mit der angloamerikanischen Aufforderung -: „Wir sind bereit" (Jaeckel 7), woraufhin auch die Hetze gegen die Deutschen im Inland begann. Der oberschlesische Wojwode Grazynski gibt am 20.8. die Losung aus: „Schlagt die Deutschen nieder, wo ihr sie trefft." (10).

Ein Zeitgenosse faßt zusammen: „Der überwiegende Teil des polnischen Volkes ließ sich von dem Haßgefühl den Deutschen gegenüber übermannen und befand sich in einer politischen Psychose... Am 26.8. wurden in Brest am Bug Lager für 30 000 eingerichtet. Internierungen, Festnahmen und Verschleppungen... begannen aber z.T. schon vorher... ab 24.8." (Bierschenk 352 f). „So habe es doch schon im Mai in den Zeitungen geheißen, „daß im Kriegsfalle kein einheimischer Feind lebend entrinnen wird"" (348).

Der Krieg, „Hört ihr - gegen Deutschland - nicht nur gegen Hitler" („Depesza", Warschau 20.8.1939), entwickelte sich anders, als die neid- und haßvernebelten Großen Polens voraussetzten, Marschall Rydż-Śmigly voran: „Wir werden bald gegen den deutschen Erzfeind marschieren, um ihm endgültig die Giftzähne auszubrechen" (Frühjahr 1939), „Polen will den Krieg mit Deutschland und Deutschland wird ihn nicht verhindern können, selbst wenn es das wollte" (Sommer 1939). Ein betont polenfreundlicher Autor kennzeichnet 1974 die Siegeszuversicht und zitiert: „Wir müssen den germanischen Arm abhacken, der sich seit Jahrhunderten gegen uns auf der Suche nach Beute ausstreckt. Wir müssen diesen räuberischen Stamm so austilgen, daß er niemals mehr der Welt drohen können wird" (Golczewski 266).

Diese Zitate wurden vor dem 1.9. der deutschen Öffentlichkeit nicht bekanntgemacht.

Das Vorhaben, das wie der Aufstand von Posen 1918 mit der Vertreibung von Bewohnern ablaufen hätte sollen, wurde zu einem entsetzlichen Fehlschlag. Die Tötungsaktionen wurden von flüchtenden Truppenteilen in Gang gebracht, welche den für sie schändlichen Rückzug nur mit dem Verrat einer „5. Kolonne" erklären wollten. - Vorgeschichte und die Tötungs-, Mord- und Vertreibungsaktionen 1939 sind in einer Dokumentation zusammengefaßt, welche auf den Untersuchungsergebnissen einer international besetzten Ärzte- und Juristenkommission und den namentlich festgestellten Opfern von Tausenden fußte. Die vom Auswärtigen Amt verantwortete Arbeit - " 3 polnischer Bericht 1939" - wurde dann von der Deutschen Informationsstelle 1940 herausgebracht, wobei der Titel geändert und im Vorspruch das noch nicht aufgeklärte Schicksal der Vermißten in folgender Form dargestellt wurde: „die gleichfalls als umgebracht angesehen werden müssen." Alle Arbeiten zu diesem Komplex gründen auf dieser Zusammenstellung. Da sie lange nicht greifbar war, brachte ein Zeitzeuge einige der Ergebnisse und Details unter einem Pseudonym heraus, wobei er auch den Anteil polnischer katholischer Priester kennzeichnete, die „von den Kanzeln herab in den Tenor der Kundgebungsredner einstimmten; dieser Tenor... hieß: „Die Deutschen sind unsere Feinde, die Feinde des katholischen Polen!..." (Aurich 36). Weitere Informationen zur Vorgeschichte und zum Ablauf des hysterischen Ausbruches geben „Polnische Pressestimmen" und „Polnische Dokumente".

Die polnische Volksarbeit begab sich z.t. in den Untergrund, der katholische polnische Klerus im Grenzgebiet, dem späteren Vertreibungsgebiet, wurde von den deutschen Amtsbrüdern beschützt oder zu beschützen versucht. Es wurde ihnen nicht gedankt.

Im Troß der „Großen Vaterländischen Armee" an die Oder: 1945

Die Aufgabe war, den Sprung diesmal abzuschließen, und dies unter Inkaufnahme jeglicher anderweitiger Beeinträchtigung - wie sie dann auch vom Osten kam.

Die Plakate, die 1939 den Einzug in Berlin innerhalb von sieben Tagen prognostiziert hatten, konnten nach sechs Jahren nicht aktiviert werden. Aber das wesentliche Ziel aller Gruppen im Volk blieb: „Eine Instruktion Sikorskis vom 1. Mai 1942 sah bereits die Austreibung der Deutschen aus weiten Teilen der deutschen Ostgebiete vor, und zwar mit der aufschlußreichen Begründung, im „entscheidenden historischen Augenblick" einer Besetzung jener Gebiete durch polnische Truppen würden „nur vollendete Tatsachen zählen". Da „bereits Nov. 1939 eine wissenschaftliche Arbeitsgruppe die Oder-Neiße-Linie plante"" (Danowski 196 f), ist mit dem Kriegsziel Oder-Neiße-Linie die „folgende gewaltsame Austreibung der Ostdeutschen die Konsequenz der Annexion des Landes durch Polen."" (204). Damit konnte das Posen-Modell umgesetzt werden, nicht aus eigener Kraft, sondern als Danaergeschenk Stalins.

Dieser achtete peinlich darauf, daß Polen nicht in eigenständigen Kommando-Einheiten mit taktischer Befehlsgewalt das Gebiet in Besitz nahmen, sondern als Troß in der Nachhut der russischen Kampftruppen. Dies war ein kaum ertragbarer Einschnitt im Nationalstolz. Vielleicht ist hier der oder ein Grund dafür zu suchen, warum die Behandlung der deutschen Bewohner äußerst grausam war und in kaum etwas von dem zurückstand, was 1939 geschehen war.

Die polnische Kirche, schon 1939 vom Vatikan „wegen der fortgesetzten Beeinträchtigung der deutschen Katholiken zur Ordnung (ge)rufen" (Passauer), fiel den Vertreibern auf den Straßen und in den Lagern nicht in den Arm - sic gab ihren Segen dazu.

Ein italienischer Berichterstatter bringt seinen Lesern im „Il Borghese" 1966 nahe: „Sie (die Polen) haben (in den Bug-San-Gebieten) primitive Dörfer verlassen, unwegsame Steppen, Sümpfe, elende Städtchen. Eingetauscht haben sie dafür einen der zivilisiertesten Landstriche Europas, reich an Bodenschätzen, mit schwer getroffenen aber berühmten und stolzen Städten wie Danzig, Breslau, Stettin, funktionierende Landwirtschaft, eine Industrie, die sie allein niemals aufzubauen gewußt hätten" (Danowski

208). Dem Italiener hat man ebenso wie Millionen anderen nahegebracht, daß dieses Land ein Ersatz für polnisches Volksland sei und die Bewohner nur oder überwiegend aus dem oben gekennzeichneten Gebiet stammen würden. Das Dmowski-Ziel aus dem Ende des 19. Jahrhunderts ist erreicht, das Land bis zur Oder steht unter polnischer Verwaltung und ist von Deutschen weitgehend gesäubert.

Vertreibung als kommunistisch-humanistische „Notwendigkeit": Sowjetunion und Jugoslawien

Die Pfennigmünzen, die vom marxistisch-leninistisch-stalinistischen Wissenschaftsschatz in Deutschland/West umliefen - und immer noch laufen - wurden auch zur Erläuterung dafür ausgegeben, daß es und warum es notwendig gewesen sei, die Deutschen zu vertreiben.

Nur zwei Staaten konnten sich von Anfang an darauf berufen, die Sache wissenschaftlich gelöst zu haben. In den beiden anderen Vertreiberländern waren auch „bürgerliche", „kapitalistische" und/oder schlicht vorwissenschaftliche Motive am Werk, welche dann durch Umsturz und Umgestaltung 1946/48 geheilt wurden. Die Feststellung stringenter Notwendigkeit - der sich in der ČSR auch Beran anschloß und in Polen Wyszynski - hatte es in Zeiten begrenzter Aufnahme-Möglichkeit und eingeengter Denk-Erlaubnis sehr leicht, auch in die Spalten deutscher hoch- und freibürgerlicher Journale einzudringen.

- Die Sowjetunion als Sammlerin des weiten slawischen Landes nahm Erfahrungen von 1914, im Einbruch in den Masuren unter Flucht der Bewohner, und 1915, bei der Deportation von Wolhyniendeutschen, zusammen und setzte sie für die Eroberung der Hafenzone hinter der Kurischen und der Frischen Nehrung an Memel und Pregel um. - Der Name eines stalinistischen Schlächters aus dem Führungskreis der KPdSU für Königsberg verknüpfte demnach die Erfordernisse des M/L mit der russischen Tradition, deren

deren Menschenverpflanzungen im eurasiatischen Raum - als aus einem anderen Staatsverständnis als dem europäischen entstammend - hier nicht zu untersuchen sind.

Um sich in die Argumentation der damals Verantwortlichen einzufühlen, sollte bedacht werden, daß es angesichts des Umfangs der durch eine „Wissenschaft" bewegten Massen und den ihretwegen notwendigerweise zu Tode gebrachten Dutzenden von Millionen wenig erheblich gewesen ist, daß und wie die Ostpreußen zuerst im Kessel zwischen der Hauptstadt und der Pregelmündung eingeschlossen und dann zu einem großen Teil zu Tode kamen, so daß nur wenige zur Vertreibung mehr blieben. - Die Anhänger dieser Lehre hatten also eine knappe Antwort bereit.

Über die Population von „Junkern", „Bourgois" und „Kulaken", die sich 1917 ff der Revolution versperrt hatte, ging die friedliebende Sowjetunion hinweg; sie brauchte dazu kaum ur-slawische Mythen bemühen.

Die heute in Königsberg Lebenden aber leiden z.T. an den Schemen dieser Bewohner, die sie durch die niedergewalzte Stadt begleiten, deren Kern schon 1944 durch die andere Friedensmacht im Bombenhagel ausgehöhlt worden war.

- Tito als der Konkurrent Stalins mit seiner ihm von der angloamerikanischen Macht - als Widerpart - zuerkannten Südslawien-Union stützte sich sowohl in der Jajce-Proklamation (1943) wie im Enteignungs-Beschluß (1944) nach Wort und Sinn auf das KP-Vokabular. In der Beurteilung dieser in Deutschland über eine Generation lang schöngeredeten Diktatur und den Möglichkeiten, welche kenntnislose und/oder weltanschaulich gefestigte M/L-Jünger für den „Dritten Weg" diese von ausländischem Geld ausgehaltenen Staatskonstruktes sahen, gab es auch nicht einen Ansatz, die Öffentlichkeit an eines der schlimmsten Menschheits-Verbrechen innerhalb der Vertreibungsphase zu erinnern, den Volkstod der Donauschwaben von 1944 bis 1948, auf den bereits hingewiesen wurde.

Nachdem man in Istrien jene Höhlen mit Betonpfropfen versiegelt hat, in die hinein man „Volksfeinde" jeglicher Herkunft lebend gestürzt hatte, glaubte man sich in der Tito-Zeit sicher genug, das Geschehen als ‚abgeschlossen' gelten zu lassen, wozu auch die donauschwäbische Tragödie gehört. So wurde auch in den anderen Vertreiber-Ländern die Sache gesehen, wie etwa in der ČSR/ČR, wo man über Leichen des Brünner Todesmarsches eine Schnellstraßen-Trasse gelegt hat.

Das Potsdamer Protokoll, Ausweisung, Aussiedlung und Heimatverbleib

Ziffer XIII des Protokolls der Potsdamer Konferenz ist mit Blick auf Umfang und Vielgestaltigkeit dessen, was mit ‚transfer' bezeichnet wird, von bemerkenswerter Kürze und Allgemeinheit, so, als ginge es um eine beiläufige Nebensache. - Entgegen dem Dafürhalten ist die Ziffer auch tatsächlich nur zu einem geringen Teil Grundlage des Vorhabens, was nämlich Ungarn betrifft; auch gab sie ihm keineswegs eine stringente Form. Der Rahmen war mit der Deklaration der Oberbefehlshaber der Alliierten in Deutschland vom 5.6.1945 bezeichnet, nach der niemand in ihm imstande ist, „sich dem Willen der siegreichen Mächte zu widersetzen".

Die Bedingung, der ‚transfer' solle „auf eine geregelte und menschliche Weise" durchgeführt werden, hatte von der Beschlußlage her verschiedene Facetten: (1) In einigen angloamerikanischen Zeitungskreisen und kirchlichen Gruppen gab es trotz der Meinungssteuerung eine sehr ablehnende Haltung gegenüber den Mordaktionen der Vertreiberstaaten. (2) Gegenüber der kampfeslüsternen und forsch-saloppen Art, wie sie Churchill bis zu seiner Ablösung prägte, und der kalt-brutalen, mit Stalin die Millionen bewegte oder sterben ließ, gab es innerhalb der beiden westlichen Delegationen Vorbehalte, in der die US-amerikanische sich zudem von der noch starken Morgenthau-Gruppe zu lösen versuchte. (3) Auch wenn jeder Deutsche, der nicht in Restdeutschland ankam, die Versorgungslage entlasten würde, war er doch einer weniger in der Nachlaßsache Deutschland mit den noch bestehenden industriellen Möglichkeiten, mit der die eigene Macht in Europa befestigt werden könnte und sollte. Die Kriegsinvestitionen sollten sich lohnen.

Die Ziffer XIII des Protokolls ist nichts anderes als in die Form eines Tagesordnungspunktes gebrachte Zusammenfassung von Einzelfragen, eine Art Lagebeurteilung mit Blick auf bisher schon getroffene Festlegungen und beschlossene Verträge mit den (Exil)-Regierungen und eine summarische Vorausschau, nach welchen Bedingungen die den Vertreiberstaaten zugestandene „Abschub"-Mengen abgenommen würden bzw. welche Gruppen bleiben könnten. „Potsdam" hat, was hier die Abwicklung der Vertreibung betrifft, viel Vergleichbares mit „München"; auch dort fußte man auf grundsätzlichen Beschlüssen und brachte die Sache - die der Abtretung - in eine (meinungswirksame) Form.

Der zeittiefe Vertreibungskomplex baute sich seit etwa einem Jahrhundert auf, in öffentlich einige Zeit gar nicht abgehandelten Voraussetzungen, und suchte in Vorstadien und Ansätzen – wie gezeigt - seine Möglichkeiten. Auch nach der Umwälzung von 1945/49 ist der dahinter stehende Druck weiterhin spürbar. Er ist für die wenigen in den Vertreibungsgebieten zurückbehaltenen und zurückgelassene Gruppen existentiell so gefährdend oder nicht mehr tragbar geworden, daß viele Menschen weiterhin verdrängt wurden oder abgewandert sind. Das BVFG bezieht sich sinnrichtig in seinen Regelungsbereich ein. -

Es gibt sogar ein dünnes, sehr gefährdetes Band, das von seiten des Obhutslandes Deutschland nicht gern ergriffen wird, das zu den in der Heimat Verbliebenen, über das man ihnen ein Minimum kultureller Förderung zukommen läßt.

Die Ausweisung der Ungarndeutschen

Es gab in Ungarn formal seit 1867, tatsächlich schon früher, eine scharfe Magyarisierung auch gegen die Deutschen. Von allen Bewohnern des Königreiches wurde Loyalität bis hin zur Assimilationsbereitschaft gefordert. Dies galt für die Staatsbeamten und alle im öffentlichen Raum Tätige. Sie ist in der Verpflichtung zur Magyarisierung des Namens unmittelbar ablesbar. Aus dem Deutschen Joseph Pehm (d.i. Böhm) aus dem Dorfe Czehimindszent wurde „József Mindszenty". Die deutschsprachigen Schulen wurden seit 1879 eingeengt, was zu einem großen Rückschlag für Deutsch als Schriftsprache wurde.

Mit 1944 wird unterschieden zwischen dem „staatstreuen" Magyaren und dem „untreuen" Bürger anderen Volkstums, der hypothetisch „Landesverräter" ist. - Es hat aber in Ungarn bis 1945 ausgesprochene Vertreibungspläne oder -vorhaben wie in den anderen bezeichneten Ländern nicht gegeben. - Die Bodenreform vom 15.3.1945 diente der Bodenbeschaffung auf Kosten des deutschen bäuerlichen Elements für „Neusiedler" und der Disziplinierung, die auch das Gesetz zur Überprüfung der „nationalen Treue" vom 30.6.1945 zum Ziel hatte. Eine Vertreibungsdiskussion in diesem Zusammenhang gab es bis Sommer 1945 nicht.

„Höchstwahrscheinlich war es die Sowjetunion, die die Anregung dazu gegeben hat. Schon im Frühjahr 1945 soll Marschall Woroschilow als Präsident der Alliierten Kontroll-Kommisson für Ungarn von der ungarischen Regierung verlangt haben, daß sie Vorbereitungen für eine Massenaustreibung der Deutschen treffe" (Dokumentation 1956 II 60E). In der nun anbrechenden Diskussion über „Potsdam" hinaus konnten sich die Kommunisten mit ihrer Forderung nach einer Totalaustreibung zuerst nicht durchsetzen, auch, weil sie für eine radikale allgemeine Bodenreform eine Bresche geschlagen hätte. Aber die Sowjetunion wollte gerade die voranbringen. Im November waren für die Ausweisung 500.000 vorgesehen, dann wurden nach der „Aussiedlungsverordnung" vom 22.12.1945 die Kontingente für die Besatzungszonen in Deutschland und Österreich verhandelt, wonach schließlich im westlichen Deutschland einschließlich der Geflohenen und Evakuierten 170.000, in Mitteldeutschland 54.000, in Österreich aufzunehmen waren. Einschließlich der Verluste verlor Ungarn 250.000 (17E f).

Die Verordnung zur Bodenreform erlaubte die Beschlagnahme des Grundbesitzes der „Landesverräter... der Nationalsozialisten und anderer Faschisten, der Mitglieder des Volksbundes, ferner der Kriegsverbrecher und Volksfeinde..." (77E). Mit dieser Formulierung war eine beliebig zu handhabende Grundlage geschaffen. Die Enteigneten standen zur Disposition. Überwiegend sie stellten die Ausgewiesenen, die nach der o.g. V. „über die Umsiedlung der deutschen Bevölkerung Ungarns nach Deutschland" u.a. darin bestimmt waren, daß sie „sich zur deutschen Volkszugehörigkeit oder Muttersprache bekannt" hatten (91E).

Die Ausweisung ist also eine Form zwangsbestimmten Heimat- und Vermögensverlusts, die nicht von Mord-, Tötungs- und anderen Gewaltexzessen begleitet ist, wozu auch weitere Beraubung während des ‚transfers' gehört.

Die Aussiedlung von Deutschen

Die in Ungarn verbliebenen Deutschen, etwa 240 000, standen mit der Übernahme der völligen Macht durch die Sowjetunion nun unter vergleichbarem Druck wie jene in der ČSR oder im Gebiet der polnischen Verwaltungs- oder Staatsmacht. Nicht nur die begrenzte Aufnahmefähigkeit der Besatzungszonen hatte den Zuzug bei der Hälfte der Ungarndeutschen einfrieren lassen. Nationalbewußte Teile der Volksführung sahen in dem verbliebenen Rest nicht nur keine Gefahr für das Magyarentum, man wollte auch nicht zu viele qualifizierte Fachkräfte in Industrie, Gewerbe und im Dienstleistungsbereich verlieren. Die Deutschen mußten sich auf unterstem Lebensniveau angleichen; z.T. assimilierten sie sich unter dem Nationalisierungsdruck. Nur wenige siedelten nach 1950 aus.

Die Aussiedlung ist jenes Segment im Heimatverlust, bei dem eine wenn auch sehr begrenzte Alternative bei der Entscheidung bleibt: bleiben oder gehen. - Von Aussiedlung läßt sich demnach erst mit dem Ende der Vertreibungsphase, also ab 1950, sprechen.

Es gibt keine „Spätaussiedler", weil es auch keine „Frühaussiedler" gegeben hat, vor 1950 überhaupt keine „Aussiedlung" im Wort- und Sachsinn. Das Wort wurde zum Heimatverlust den Vertriebenen sowohl gerissen wie brutal aufgedrückt und in Deutschland gegen die Sachlage übernommen.

Ein, wenn auch sicherlich nicht entscheidendes, Kriterium der Aussiedlung ist die Möglichkeit, Eigentum in festgesetztem Rahmen mitzunehmen, wobei Kunstgegenstände u.ä. als im „Volkseigentum" befindlich ausgenommen sind. Auch können Wohneigentum und bewegliche Habe verkauft werden, wobei der zu begleichende Verwaltungsaufwand die Erlöse meist aufzehrt. Der Neid wirkte auch hier weiter.

Für Rumänien bestand die besondere Situation, daß viele arbeitsfähige Deutsche nach Rußland verschleppt wurden, sie aber dann, konnten sie zurückkehren, in ihrem Heimatgebiet wohnen bleiben durften. - Die Romanisierungsphasen waren aber, begleitet von Notsituationen bei der sog. „Urbanisierung" und einer hektischen, aufgeblähten Industrialisierung, so hart, daß viele der Banater Schwaben und Siebenbürger Sachsen besonders nach 1977 das Land verließen. Der Entnationalisierungsdruck, dem besonders auch die Ungarn und Szekler ausgesetzt waren und sind, war so erheblich, daß die Bundesrepublik Deutschland von Umständen ausging, die einem Vertreibungsdruck gleichzuachten waren. Die aufgenommenen Rumäniendeutschen sind also Aussiedler, da sie nicht ‚Fremde in der Heimat' bleiben oder werden wollten, in einer zur Fremde gemachten Heimat.

Fremd in der Heimat

Dem größten Druck waren und sind die wenigen in Böhmen verbliebenen Deutsche ausgesetzt. Familien, deren Vorstand mit der Erklärung, tschechischer Staatsbürger werden zu wollen, den Verbleib im Lande gesichert glaubte, wurden, wenn sie nicht als

Spezialarbeitskräfte in früheren deutschen Betrieben gebunden blieben, in das tschechische Kernland verbracht und an den Entladestellen in einem Sklavenmarkt Interessenten angeboten, was rasche Assimilierung bedeutete, vereinzelt wie sie waren. Sie lief über die Kinder, die man mit Schulungen usf. den Familien entzog. Obwohl dann Staatsbürgerschaft erworben wurde, gab und gibt es keinen Zugang zum Eigentum, soweit es, wenn sie denn einmal zurückziehen hätten können, Wohneigentum übersteigt. - Eine landesweite nationalgebundene kulturelle Betätigung über einige Vorzeige-Trachtengruppen hinaus gab und gibt es in der ČR nicht. Aufgebaut werden zwischennationale Zentren, die von den Tschechen als Sprachvermittler genutzt werden.

In den Gebieten innerhalb der früheren Reichsgrenze sammeln die seit den 80er Jahren entstehenden Freundschaftskreise jene polnischen Staatsbürger, die zu ihrer deutschen Herkunft stehen, wenn sie es auch schwer haben, diese über Sprachkompetenz zu bestärken. Zu lange war der Gebrauch der deutschen Sprache unter Strafdrohung gestanden; er wurde nicht nur behindert und untersagt, sondern - auch mit Gefängnis- und Geldstrafen - verfolgt. In einigen Kreisen an der oberen Oder und im westlich gelegenen Umland wird nun versucht, die Defizite durch Sprachunterricht wenn nicht wettzumachen, so doch zu mindern. Die finanziell unterstützte sprachliche Betreuung ist ein Teil allgemeiner Kulturpflege, in welche die mitwohnenden Polen einbezogen werden, auch, damit Neidgefühle abgebaut werden oder gar nicht erst entstehen.

Wer am 31.12.1937 im Gebiet des Deutschen Reiches die deutsche Staatsbürgerschaft hatte, kann sie aktivieren. Er „erhält" sie nicht, er nimmt sie auf, wie man etwas an sich zieht, was einem zurecht zusteht. Im westlichen Oberschlesien gibt es eine sehr hohe Zahl, für die der deutsche Staat damit aber auch eine Verpflichtung übernimmt. Der Vergleich mit möglichen Einbürgerungen in Deutschland aus dem Kreis von Ausländern, die diese Einbürgerung in vollem Sinn gar nicht anstreben, ist absurd und stellt den Befürwortern ein denkbar schlechtes Zeugnis aus, das der

Kenntnislosigkeit und das der fehlenden (Rechts-)Logik, vom schlichten Menschenverstand einmal abgesehen.

Nistender Neid

Die Deutschen steigen aus den Gräbern, auch aus jenen, von denen fast niemand weiß, sie leben in den Häusern, den Ruinen, die noch nicht weggeschoben sind, und in den Bauten, von denen die Besitzergreifungs-Farbschichten abplatzen und die Jahrzehnte und Jahrhunderte preisgeben. Sie weisen mit altdeutschen Frakturbuchstaben, die unter der verdeckenden Tünche merkbarer hervortreten, je matter sie sind, als selbstverständlich auf den Grund, auf dem die heutige Population ihren Lebensunterhalt erwirbt, immer noch auf diesem Fundament steht und von der Arbeit der Generationen zehrt: den Bahntrassen und zu einem Teil sogar noch den Einrichtungen darauf, den Kanälen mit ihren Schleusen, den Marschländern mit ihrem Abzugsgräben, den Wasserleitungssystemen, der Einteilung der Fluren und ihrer Wege, dem Schlagrhythmus in den Wäldern, dem Privateigentum von Millionen auf der Fläche eines europäischen Mittelstaates.

Der Neid ist nicht gewichen, er hat sich aufgespalten:

- Er nistet in dem, was übernommen wurde, er wird umgeformt in der unwilligen und überheblichen, der unsicheren und zugleich lauten Besitzer-Geste dessen, der sich nicht eingesteht, daß er nur Auftrag im Übernommenen sehen darf, kein Anrecht oder gar Recht.

- Er schaut seit nun 50 Jahren über die grell bemalten Grenzpfähle nach dem Westen, in das Land der Vertriebenen, besonders aber auf die Vertriebenen. Er neidet diesen Menschen, die über die angemaßten Grenzen getrieben wurden oder derer man sich per Schub entledigt hat, das, was sie sich erarbeitet haben. Man hält es in sich als widernatürlich, daß diese Population noch besteht und wie sie besteht.

Es gibt eine Deutungsrichtung, diese Deutschen hätten das große Los gezogen, da sie in die „Freiheit" transferiert wurden, während die ‚Opfer' dieser in der Knechtschaft geblieben seien für lange Zeit. - Es ist aber wohl nicht zu übersehen, daß diese die Herren ihres Willens, Herren ihres Wirkens waren und Herren blieben - wenn auch einige kurz untergetaucht oder verfolgt - im Land: die tschechischen und anderen Nationalsozialisten, die polnische Kirche und die Nationaldemokraten und doch wohl auch, und diese denn doch nie verfolgt, die internationalen Sozialisten jeglicher Couleur.

Man sollte auch eine örtlich, personell begrenzte, vorübergehende Situation, wie die bis 1989, nicht mit einer übergreifenden existentiellen und dauernden Umwälzung in Beziehung bringen wollen. - Auch diese Deutung dient dazu, die Vertreibung abzudecken und ihre Opfer kleinzureden bis hin zu der ersehnten Zeit, in der von ihr niemand mehr etwas wissen würde.

Der Vertreibung aus dem Recht und aus dem Land soll nach dem Willen der Vertreiber die aus der Tradition folgen.

Diese Zeit wird es nicht geben.

SCHLUSSGEDANKEN

(1) Ein Bericht aus Prag über die Slawenversammlung aus dem Jahre 1851 sah Schwärmer, die in der überhitzten Stimmung den Gedanken geäußert hatten, die Deutschen der Stadt und des Landes über die Grenze zu treiben. Er kennzeichnet einige der Teilnehmer, von manchen erhofft er sich, daß sie wieder normalen Geschäften nachgehen möchten. Ein absurder Gedanke fürwahr, ohne Fug und Sinn, Menschen ihrer Nationalität, ihrer Sprache, ihrer Herkunft wegen Heimatrecht entziehen zu wollen, ja, sie als Verbrecher und Missetäter ‚zu Recht' herauszureißen aus einer Generationenfolge und einem Werk von Jahrhunderten.

Die Utopie, der Nicht-Ort, hatte einen fiktiven Punkt.

Der Gedanke wuchs. Im Nirgend-Land baute sich ein Schemen auf, arbeiteten die Sehnsüchte, diese füllten sich mit Wünschen, entwickelten Pläne, suchten Gleichgesinnte, befestigten die noch unsicheren Einzelglieder in Systemen, gaben diesen ein Bild; dies wurde zur Ideologie und trat als solche in die Wirklichkeit ein.

Die Utopie wirkte.

All dies konnte nur durch einen mächtigen Antrieb geschehen, der immerzu gespeist wurde im Anschauen dessen, der neben einem lebt, der man sein möchte und zugleich wieder nicht sein möchte: Das ist der Neid, der große Beweger, umfassend, in allen menschlichen Äußerungen auf der Lauer liegend und auf alles blickend, sei es „Haus, Weib, Esel.." Nicht alle Menschen wurden ergriffen, aber jene, welche sie bewegten, ihnen Ziele vorgaben, die Motivketten in die Generationen hineinverknüpften mit den Bedrängnissen, wie sie auch andere Gruppen und Völker heimsuchten.

Es waren immer auch knappe Entscheidungen, welche hier einen schwierigen Ausgleich voranbrachten wie in Mähren, dort aber unbedingte Konfrontation befestigten wie in Böhmen, aus der sich die Bedingungen aufschaukelten, die zur totalen Lösung führten, zur End-Lösung.

(2) Die Vertreibung als ein in der Wirktiefe und -weite in Europa beispielloses Herausreißen einer Millionenbevölkerung aus ihrem jahrhundertalten Heimatraum konnte nur unter den Bedingungen gnadenlos und flächendeckend handelnder Weltmacht-Ideologien umgesetzt werden, welche die Vertreibungsmotive sowohl nutzten als auch selbst von ihnen bewegt wurden. Ein Mann wie Churchill, der sich Zeit seines Lebens am Krieg berauschte, von ihm besessen war, steckte im Gefühl seiner Auserwähltheit wie Roosevelt eine Staatenwelt an und erlaubte es einem perfiden Zyniker wie Beneš, mit seinen Winkelzügen und Obsessionen ein Menschheitsverbrechen umzusetzen, als handle es sich um die Abwicklung eines Geschäftszusammenbruches, und sie alle boten Stalin und Tito den Arm zu deren Menschheitsverbrechen.

Dabei wurden Ablenkungsfloskeln gekonnt in einem Propaganda-Gewebe versponnen, so daß sich die Täter, Mittäter und Helfer schließlich selbst in ihm verfingen und den Preis für die Hilfe zu entrichten hatten - der sicher nicht der letzte sein wird.

Denn zu glatt entwickelte sich dieses Jahrhundert-Werk von der Katastrophe hin zur ‚Normalität'. Das in einem dreißig Jahre währenden Kampf zuerst gedemütigte, in der Existenz bedrohte und dann gegängelte deutsche Volk wurde durch den Schuld- und Schamdruck in eine Haltung hineingezwungen, in der es sich solch argen Zumutungen gegenübersieht wie der Aktion, nach der Vertreibung aus Recht und Land auch noch die Kultur- und Traditionslinie des Ostens zu kappen.

Soll Vertreibung Vorbildwirkung behalten dürfen?

(3) Vertreibung soll sich nicht ‚lohnen'. Jedes Menschheitsverbrechen ist in sich und aus sich heraus zu verantworten und darf nicht ungesühnt bleiben, weil es sonst bei den Tätern verdeckt wartet und ausstrahlt, wie die Entwicklung seit 1945 zeigt.

Deshalb ist es nötig, die Dinge zu benennen, damit man sie aufnehmen kann und kennen soll. - Diese erste Stufe zum Verstehen wurde beim Vertreibungs-Komplex nur sehr bedingt beschritten. Falsche Rücksicht ist kein guter Ratgeber dort, wo nur das volle Annehmen das Feld bereitet für Gespräch, Auseinandersetzung, auch Streit, aber einen um Sachthemen, kein Anklagegehabe mit Totschlage-Wörtern, wie sich dies auch in diesem Bereich breitgemacht hat. Das Opfer soll reden dürfen!

Vor allem sind die tiefen Zeitmotive für die Vertreibung, wenn vereinzelt überhaupt abgehandelt, nicht in den Machtzusammenhang des großen Krieges um Deutschland einbezogen worden, der sie wirksam werden ließ.

Geschadet hat der Aufhellung des Vertreibungskomplexes das tagespolitische Taktieren mit „Versöhnung", als könnte das, was nur als personale Leistung und Lösung überhaupt denkbar ist, am B e g i n n eines Ausgleiches zwischen Staaten und Völkern stehen. Darauf kann nur das wiederum unredliche Rufen nach dem „Schlußstrich" folgen.

Die Linie ist vielmehr die: nennen - kennen - annehmen / streitig reden - verstehen - vielleicht: verständigen.

Das letzte wäre schon viel.

Dazu aber muß Vertreibung aus der Tabu-Zone herausgenommen werden, in die sie merkbar seit Beginn der 60er Jahre hineingedrückt wurde. Wenn sie offen im Gesprächsfeld steht, können sich die Opfer ihrer Verpflichtung zum Miteinanderleben wie die Täter ihrer Verantwortung für das Land und seine Tradition bewußt werden.

Das könnte ein Beginn sein.

Literatur- und Quellennachweis

Ahrens, Wilfried, Verbrechen an Deutschen. Dokumente der Vertreibung. 1983 W. Ahrens Verlag Arget

Albrecht, Norbert, Deutschland. Die illustrierte Chronik der Bundesrepublik. 1987 Gondrom

Auerbach, Helmuth, Literatur zum Thema. Ein kritischer Überblick. in: Benz, Vertreibung 219-231

Augustin, Milan, Die Vertreibung der Deutschen aus tschechischer Sicht. in: Sudetenland Vjs. 1998, H. 2; 206 ff

Aurich, Peter, Der deutsch-polnische September 1939. Eine Volksgruppe zwischen den Fronten. [3]1985 Westkreuz Verlag Berlin

Auslandsdeutsche, Der, Mitteilungen des Deutschen Auslands-Instituts Stuttgart

Bednař Frank, Die Aussiedlung der Deutschen aus der Tschechoslowakei vom ideologischen und kirchlichen Standpunkt. 1948 Kalich Prag, Übersetzung 1950 Stuttgart I

Beneš, Edvard, „Geschichte und Ereignisse von 700-800 Jahren wettmachen" Rede vom 30.3.1946, in: Odsun 459 f

Benz, Wolfgang, Der Generalplan Ost. in: Benz, Vertreibung 39 ff

Benz, Wolfgang, Hrsg., Die Vertreibung der Deutschen aus dem Osten. 1985 Fischer-Taschenbuch Frankfurt am Main

Benz, Wolfgang, Vierzig Jahre nach der Vertreibung. in: Benz, Vertreibung 7 ff

Bergmann, Klaus, Hrsg., Geschichte und Geschehen, Ausgabe Baden-Württemberg. Band 4, Gesch. Unterrichtswerk für die Sekundarstufe 1. 1997 Klett Stuttgart u.a.

Bernhard, Ludwig, Die Polenfrage. Der Nationalitätenkampf der Polen in Preußen. [3]1920 Duncker & Humblot München u.a.

Bierschenk, Theodor, Die deutsche Volksgruppe in Polen 1934-1939. 1954 Holzner-Verlag Würzburg

Bischofteinitz, Unser Heimatkreis. 100 Jahre in Zeitungs- und Erlebnisberichten. ²1967

Bohemia, 21., 22., 93., 95. Jgg. Deutsche Zeitung Prag

Borchert, Friedrich, Burgenland Preußen. 1987 Mahnert-Lueg München

Breyer, Richard, Das Deutsche Reich und Polen 1932-1937. Außenpolitik und Volksgruppenfragen. 1955 Holzner-Verlag Würzburg

Brockhaus Enzyklopädie in zwanzig Bänden Bd. 19. 1974 Mannheim

Danowski, Jürgen, Polen und wir. 1979 Staats- und Wirtschaftspolitische Gesellschaft Hamburg

Denkschrift, Eine evangelische, Die Lage der Vertriebenen und das Verhältnis des deutschen Volkes zu seinen östlichen Nachbarn. ⁶1965 Hannover

Deutsche und Tschechen - neue Hoffnung. češi a němci - nova naděje? 1992 Vydala Nadace Bernarda Bolzana v Praze/Prag

Dirks, Walter und Kogon, Eugen, Verhängnis und Hoffnung im Osten. Das Deutsch-Polnische Problem. Betrachtungen im Mai 1947. in: Benz, Vertreibung 125 ff

Dokumentation der Vertreibung der Deutschen aus Ost-Mitteleuropa Bd II Das Schicksal der Deutschen in Ungarn. Hrsg. BMVFK 1956

Dokumente zur Sudetendeutschen Frage 1916-1967. 1967 Ackermann-Gemeinde München

Empfehlungen für Schulbücher der Geschichte und Geographie in der Bundesrepublik Deutschland und in der Volksrepublik Polen. 1977 GEIIS Braunschweig

Frankfurter Allgemeine Zeitung FAZ

Fehr, Götz, Fernkurs in Böhmisch. 1977 Hoffmann & Campe Berlin

Fischel, Alfred, Der Panslawismus bis zum Weltkrieg. 1919 Cotta Stuttgart

Fischel, Alfred, Das tschechische Volk. 1928 Priebatsch's Breslau

Foschepoth, Josef, Potsdam und danach. Die Westmächte, Adenauer und die Vertriebenen. in: Benz, Vertreibung 70 ff

Freimüthige, Der; Politisches Wochenblatt für Jedermann 1898 Wien

Fuchs, Werner, Der neue Polenspiegel. Selbstzeugnisse polnischen Eroberungswillens. 1930, Neuauflage 1988 Stockum

Geiss, Imanuel, Geschichte griffbereit. 1993 Harenberg Lexikon Verlag Dortmund

Golczewski, Frank, Das Deutschlandbild der Polen. Eine Untersuchung. 1918-1939. 1974 Droste Verlag Düsseldorf

Goldmann, Rüdiger, Die Sudetendeutsche Frage auf der Pariser Friedenskonferenz. 1971 Fides-Verlagsgesellschaft München

Habel, Fritz Peter, Dokumente zur Sudetendeutschen Frage. 1984 Langen-Müller München

Heine, Erwin, Vlasta und ihr Student. Ein Prager Studentenschicksal aus der Gegenwart. 1924 Max Ahnert Verlag Cassel

Heumann, H., Hrsg., Geschichte für Morgen. Arbeitsbuch für den Geschichtsunterricht in der Sekundarstufe I Bd. 4. Zeitgeschichte. 1980 Hirschgraben Verlag Frankfurt a.M.

Hoyer, Josef A., Deutsche und Tschechen im Kampfe für ihr Volkstum. ^{2}1905 Zittau i.S.

Hupka, Herbert, Letzte Tage in Schlesien. 1981

Hüttenberger, Peter und Müller, Bernd, Hrsg., Geschichtsbuch 4. Die Menschen und ihre Geschichte in Darstellungen und Dokumenten. Von 1917 bis 1992. 1993 Cornelsen Verlag Berlin

Jaeckel, Georg, Die polnische Schuld an der Entwicklung des deutschpolnischen Konflikts (1919-1939), (1968) Bonn

Jahn, Manfred, Kriegsende 1945: Zur Vertreibung der Deutschen aus der Tschechoslowakei und zu ihrer Aufnahme in der Sowjetischen Besatzungszone Deutschlands. in: Odsun 213 ff

Jaksch, Wenzel, und Witte, Eugen, Der Kampf gegen die Austreibung. Zwei Reden gehalten im Mai 1948 in London. 1948 Verlag M. Denker Stuttgart

Jaksch, Wenzel, Aus dem Londoner Exil 1939-1945. Zur Vorgeschichte der Vertreibung. in: Der neue Ackermann 1. Jgg. 1. H. 1953 14 ff

Jaksch, Wenzel, Europas Weg nach Potsdam. 1958 DVA Stuttgart

Kaindl, Raimund Friedrich, Böhmen. Zur Einführung in die böhmische Frage. 1919 B.G. Teubner in Leipzig und Berlin

Kaindl, Raimund Friedrich, Der Völkerkampf und Sprachenstreit in Böhmen im Spiegel der zeitgenössischen Quellen. 1927 W. Braumüller Univ. Bh. Wien und Leipzig

Kann, Robert A., Das Nationalitätenproblem der Habsburgermonarchie I. und II. ²1964 Verlag Hermann Böhlaus Nachf. Graz - Köln

Kellermann, Volkmar, Schwarzer Adler Weißer Adler. Die Polenpolitik der Weimarer Republik. 1970 Markus Verlag Köln

Keyser, Erich, Bevölkerung und Wirtschaft im Weichsel-Korridor vor und nach dem Weltkriege. in: Der Kampf um die Weichsel. Untersuchungen zur Geschichte des polnischen Korridors. 149 f. 1926 DVA Stuttgart Berlin Leipzig

Keyser, Erich, Der Volkstumsverlust in Westpreußen 1918 bis 1939. in: Ostdeutsche Wissenschaft. Jahrbuch des OKR Bd. VIII 63 f. 1961

Kohl, J.G., Die Slawen und die panslawistischen Tendenzen. 1851 R. Kuntze Dresden

Kohn, Hans, Die Slawen und der Westen. Die Geschichte des Panslawismus. 1956 Herold Wien München

Krasinski, Graf Valerian, Slawenthum und Deutschthum (Übersetzung) 1848 Arnoldische Buchhandlung Dresden und Leipzig

Kuffner, Hanuš, Unser Staat und der Weltfrieden, Übersetzung von „Naš stát a Světovy mir" (1918) Ed. Strache Warnsdorf

Kuhn, Ekkehard, Nicht Rache, nicht Vergeltung. Die deutschen Vertriebenen. 1987 München-Wien

Kuhn, Heinrich, Die Vertreibung der Deutschen aus der Tschechoslowakei und ihre Folgen, (1981). in: Kuhn, Heinrich, Zwischen uns sci Wahrheit. Ausgewählte Schriften.1992 Sudetendeutsches Archiv 310 ff

Kuhn, Walter, Die geschichtliche Stellung des Warthe- und Weichseldeutschtums im Wandel der Zeiten. in: Wir von der Weichsel und Warthe. 1950 Akad. Gem. Verlag Salzburg 13 ff

Leidensweg der Deutschen im kommunistischen Jugoslawien 1992 ff. Arbeitskreis Dokumentation München/Sindelfingen (= 2-4)

Lemberg, Eugen, Das Bild des Deutschen im tschechischen Geschichtsbewußtsein. in: Ostdeutsche Wissenschaft Bd. VIII 133 ff. 1961

Loewenich, Hermann von, Landesbischof, Predigt am 7.6.1998 in Prag. Mitteilung des Persönlichen Referenten 16.7.1998

Lorenz, Franz, Hrsg., Schicksal Vertreibung. Aufbruch aus dem Glauben. Dokumente und Selbstzeugnisse. 1980 Wienand Verlag Köln

Lorentz, F., Geschichte der Kaschuben. 1926 Berlin

Löser, Else, Polen und die Fälschungen seiner Geschichte

Lück, Kurt, Der Mythos vom Deutschen in der polnischen Volksüberlieferung und Literatur. ²1943 Verlag S. Hirzel Leipzig

Manchester Guardian

Marx, Karl, Herr Vogt. 1860 London, Neudruck 1927 Leipzig

Matz, Elisabeth, Die Zeitungen der US-Armee für die deutsche Bevölkerung (1944-1946). 1969 München

Merkatz, Hans Joachim von, Hrsg., Aus Trümmern wurden Fundamente. Vertriebene Flüchtlinge Aussiedler. Drei Jahrzehnte Integration. 1979 Rau Verlag Düsseldorf

Meyers Enzyklopädisches Lexikon (MEL) Bd. 24 1979 Bibliogr. Inst. Mannheim

Mitteilungen des Sudetendeutschen Priesterwerkes 1. März 1996 Königst. i.T.

Mlynarik, Jan, „Danubius", Thesen zur Aussiedlung der Deutschen aus der Tschechoslowakei 1945-1947. Übersetzung. 1985 München

Mühlfenzel, Rudolf, Hrsg., Geflohen und vertrieben. Augenzeugen berichten. 1981 Athenäum Königstein/Ts

Münchner Merkur (Programmvorschau) Hörfunkwoche 18/19. April 1998

Nawratil, Heinz, Vertreibungsverbrechen an Deutschen. [3]1984 Universitas München

Neumann, Rudolf, Ostpreußen im polnischen Schrifttum. in: Ostland-Schriften Heft 4 1931 Danzig

Odsun. Die Vertreibung der Sudetendeutschen. 1995 Sudetendeutsches Archiv München

Oertzen, F.W. von, Polen an der Arbeit. Wie die Annexion Ostdeutschlands 1919-1939, vorbereitet wurde. 1986 Arndt Kiel

Panorama. Berichte, Analysen, Meinungen. 1970 Rowohlt TbV Reinbek b.H.

Parliamentary Debates, House of Lords, 3[d] Volume of Session 1945-1946, 27. Jan. - 7. March 1946. 1946 London

Passauer Bistumsblatt 9. Juli 1939

Pekař, Josef, Tschechoslowakische Geschichte. 1921 Prag. Übersetzter Nachdruck 1988. Sudetendeutsches Archiv München

Polnische Dokumente zur Vorgeschichte des Krieges („Weißbücher 3") 1940 Berlin

Polnische Pressestimmen aus jüngster Zeit. Der polnische Angriff. 1939 Berlin

Prause, Fritz, Die polnische Presse im Kampf gegen die deutsche Volksgruppe in Posen und Westpreußen.1940 K. Tilitsch Würzburg

Pressespiegel Polen Nr. 2 10.2.1970, Nr. 3 7.4.1970

Prinz, Friedrich, Prag und Wien 1848. 1968 Veröff. d. CC München

Prinz, Friedrich, Geschichte Böhmens 1848-1948. 1988 Langen-Müller München

Pražák, Albert, české obrození o.J. (1947) E. Beaufort, Narodni Sprava Praha (Verlag in Volksverwaltung Prag)

Pross-Weerth, Heddy, Prag und die Tschechoslowakei. Walter-Reiseführer. ³1977 Walter-Verlag Olten und Freiburg i.B.

Raupach, Hans, Der tschechische Frühnationalismus. 1969 WBG Darmstadt

Rauschning, Hermann, Die Entdeutschung Westpreußens und Posens. Zehn Jahre polnischer Politik. 1930 Reimar Hobbing Berlin

Reichenberger, E.J., Ostdeutsche Passion (1948) Westland V. Düsseldorf

Reichenberger, Father Emmanuel J., Europa in Trümmern, Das Ergebnis des Kreuzzuges der Alliierten. 1950 Pustet Graz

Revolution, Die, von 1848-49 und die Sudetendeutschen in: Archiv für Politik und Geschichte 4. H. 10/11 430 ff. 1926 DVG Berl.

Rheinischer Merkur. Wochenzeitung für... (RM)

Rilke, Rainer Maria, Zwei Prager Geschichten. 1997 Langen-Müller München

Rhode, Gotthold, Das Bild des Deutschen im polnischen Roman des 19. und beginnenden 20. Jahrhunderts und das polnische Nationalgefühl. in: Ostdeutsche Wissenschaft VIII 1961 327 ff

Rhode, Gotthold, Das Deutschtum in Posen und Pommerellen in der Zeit der Weimarer Republik. in: Studien zum Deutschtum im Osten Heft 3 1966 Böhlau Köln Graz

Rösel, Wolf H., Goldgräber 1945. 1993 R.G. Fischer

Sedlmayer, Karl Adalbert, Budweis, Budweiser und Stritschitzer Sprachinsel, Hrsg., 1979 Verlag Bergemann + Mayr Miesbach

Sekretariat der Deutschen Volkskongreßbewegung, Hrsg., Heft 10, Die Umsiedler und die Oder-Neiße-Grenze. (1949) Kongreß-Verlag Berlin

Spohr, Elisabeth, Die Gefährdung des deutschen Ostens. Aus Deutschlands Not und Ringen, Heft 4. 1928 Berlin

Suchenwirth, Richard, Der deutsche Osten. Aufstieg und Tragödie 1978 Türmer-Verlag Berg

Schlau, Wilfried, Hrsg., Die Ostdeutschen. Eine dokumentarische Bilanz. 1945-1995. 1996 Langen-Müller München

Schlau, Wilfried, Integration von Flüchtlingen und Vertriebenen in: Schlau, Die Ostdeutschen 155 ff

Schlau, Wilfried, Eine moderne Völkerwanderung. Flucht und Vertreibung in: Schlau, Die Ostdeutschen 71 ff

Schmidt-Hartmann, Eva, Menschen oder Nationen? Die Vertreibung der Deutschen aus tschechischer Sicht, in: Schlau, Die Ostdeutschen 142 ff

Schoeck, Helmut, „Der Neid als Motor des Bösen" (Aufsatz) RM 27. Nov. 1981

Scholz, Franz, Kollektivschuld und Vertreibung: Kritische Anmerkungen eines Zeitzeugen. 1995 J. Knecht Frankfurt/M.

Schopf, F.J., Wahre und ausführliche Darstellung der am 11. März 1948 .. in .. Prag begonnenen Volks-Bewegung. o.J. Medau Leitzmeritz

Staatslexikon 1931 Herder Freiburg i.B.

Stölzl, Christoph, Hrsg., Deutsche Geschichte in Bildern. 1995 DHM Koehler & Amelang München/Berlin

Stölzl, Christoph, Hrsg., Deutsche Geschichte in Bildern 1997 Koehler & Amelang München/Berlin

Strobel, Georg, „An der Vertreibung beteiligte polnische Kardinäle" (Aufsatz) FAZ 1.9.1998

Strobl, Karl Hans, Die Waclavbude. Eine Prager Studentengeschichte. (1902 Erstausgabe) 1943 Adam Kraft Karlsbad/Leipzig

Strobl, Karl Hans, Die Flämander von Prag, (Neuausgabe von „Der Schipkapaß" 1907) 1932 Adam Kraft Karlsbad/Leipzig

Strobl, Karl Hans, Das Wirtshaus „Zum König Premysl" o.J. Adam Kraft

Strothmann, Dietrich, „Schlesien bleibt unser". in Benz: Vertreibung 209 ff

Štúr, Ludovit, Das Slawenthum und die Welt der Zukunft (1867). in: Prameny učené společnosti Šafaříkovy v. Bratislavé Sv 2 1931 Bratislava (Preßburg)

Süddeutsche Zeitung SZ

Theologisches, Beilage der Offertenzeitung für die katholische Geistlichkeit. Okt. 1989

Verschlußsachenanweisung für die Behörden des Freistaates Bayern (VSA) vom 14. März 1995

Wagner, Oskar, Der slawische Vorstoß nach dem deutschen Osten 1956 Unser Weg Ulm

Wagner, Wolfgang, Die Entstehung der Oder-Neisse-Linie in den diplomatischen Verhandlungen während des zweiten Weltkrieges. 1953 Brentano Verlag Stuttgart

Weidenfeld, Werner und Zimmermann, Hartmut, Hrsg., Deutschland-Handbuch. Eine doppelte Bilanz 1949-1989. 1989 C. Hanser München

Wippermann, Wolfgang, Der ‚deutsche Drang nach dem Osten'. Ideologie und Wirklichkeit eines politischen Schlagwortes. 1981 WBG Darmstadt

Wiener Neueste Nachrichten 9. September 1930

Weißbuch der Deutschen aus Jugoslawien. 1991 Universitas München (= 1) /Leidensweg der Deutschen im kommunistischen Jugoslawien 1992 ff. Arbeitskreis Dokumentation München/Sindelfingen (= 2-4)

Witte, Eugen de, Unsere Botschaft an die schuldlos Vertriebenen. In: Jaksch, Wenzel..., Der Kampf.. 1948

Worgitzki-Allenstein, Der Kampf um die deutsche Ostgrenze. in: Der Kampf um die deutschen Grenzen. 1925 DVG Berlin

Zayas, Alfred M. de, Die Anglo-Amerikaner und die Vertreibung der Deutschen [2]1978 C.H. Beck München

Zewell, Rudolf, „Mit zweierlei Maß gemessen" in: RM 27. März 1998 S. 25

Personenregister

Adamski (poln. Bischof)	114	Erhard, Ludwig	50
Adenauer, Konrad,	46, 50	Fang Ji	88
Albrecht, Norbert	88	François-Poncet, André	94
Alexander III., Zar	201, 215	Friedmann, Werner	133
Asmussen, Hans	31	Fritsche, Heinz Rudolf	82
Auerbach, Helmut	60, 86	Gaj, Ljudevit	168
Augustin, Milan	225f	Gaulle, Charles de	72
Bach, Alexander	174	Geiss, Immanuel	79f
Badeni, Kasimir Felix Graf	191, 212	Giertych (poln. Politiker)	204
Bahr, Egon	46	Glemp, Jozef Kardinal	64, 121
Bakunin, Michail A.	212, 226	(Göthe) Goethe, Johann W.	165
Barth, Karl	31	Goldhagen, Daniel	16
Bednař, Frank	27f, 34, 98	Gottwald, Klement	21
Bednarz, Klaus	83	Grabski, Stanisław	19, 207
Beirut, Bolesław	128	Grazynski, (Wojewode)	227
Benz, Wolfgang	58f, 73, 84f	Gruber, Karl	134
Beneš, Edvard	20-26, 86, 97f, 101ff, 107, 110f, 116, 128, 131f, 142, 149, 158f, 171, 191, 200; 223ff, 241	Hašek, Jaroslav	197
		Havlíček, Karel	169f, 173, 197
		Heinemann, Gustav	56
		Helmer, Abt Gilbert	195
Beran, Josef Kard.	64, 116, 230	Herder, Johann Gottfried	147
Bismarck, Otto Fürst	216	Heydrich, Reinhard	158
Blair, Tony	91	Himmler, Heinrich	158
Bogodain, Bernhard	216	Hitler, Adolf	16, 54, 108f, 133, 156, 158, 217
Bolzano, Bernhard	158		
Brandt, Willy	46, 52, 57, (61), 72, 76, 85	Hirzo, Burggraf v. Klingenberg	219
Braun, Matthias	160	Hlond, Augustyn Kardinal	26, 64, 114, 128
Ceaucescu, Nicolae	125		
Chamberlain, Joseph	137	Hofbauer, Clemens Maria	158
Chichester, Lord Bishop of	22f, 103	Hohenfurt, Meister von	160
Churchill, Winston	12, 26, 110, 128, 130, 140, 219, 232, 241	Humboldt, Alex. u. Wilhelm	165, 216
		Hus, Jan	100
Clemenceau, Georges B.	104	Jaksch, Wenzel	31, 40, 49, 57f
Colombo, „Kolumbus", Cristoforo	155	Jirásek, Alois	196
Cubrilovic, Vaso	202	Jirsík, Bischof v. Budweis	220, 222
„Dalimil(-Chronik)"	176	Jölstad, Jan	224
Danilewski, Nikolai J.	214	Jowitt, Lord Chancellor	22
Dientzenhofer, Christoph	160	Kalinin, Michail I.	231
Dirks, Walter	32	Karl I., Kaiser	101
Ditters von Dittersdorf, Karl	158	Kather, Linus	89
Dmowski, Roman	188, 204, 230	Keilberth, Joseph	90
Dobrovsky, Josef	168	Kindermann, Ferdinand	158
Ebner-Eschenbach, Marie v.	158	Klofač, Vaclav	100
Eckert, Georg	54	Kogon, Eugen	32, 45f
Ehrenburg, Ilja	13	Kohl, J.G.	181

253

Kollár, Jan	167
Komarow (russ. General)	191
Kominek, (poln. Bischof)	115
Koppernigk, „Kopernikus", Nikolaus	155
Kos (Domherr, Posen)	206
Kramář, Karel	100, 195, 200, 215
Kraszewski, Józef Ignacy	187
(Krausnick, Helmut)	57
Kuffner, Hanuš	100, 102f, 195, 199
Kuhn, Ekkehard	89
Kukuljević-Sakćinski	171
Kuranda, Ignaz	171
Lavirse, Ernest	102
Lemberg, Eugen	57, 63
Lipski, Jan	89, 203, 205
Loewenich, Hermann von	90f
Loužil, Jaromír	148
Marx, Karl	180f
Masaryk, Tomáš G.	100f, 104, 106, 142, 147ff, 171, 195, 197, 199, 222
Merseburger, Dieter	72
Mickiewicz, Adam	186
(Mitterand, François)	128
Mlynarik, Jan, „Danubius"	87
Morgenthau, Henry	218, 233
Nałkowski, W.	203
Napoleon, Buonaparte	165ff
Němcová, Božena	177f, 196
Neumann, Balthasar	158
Neumann, E. (dt. Seymabg.)	205
Ollenhauer, Erich	46
Palacký, František	147, 169ff, 215
Parker, Ralph	21
Paschitsch, Pašić, Nikola	202
Paul VI., Papst	52
Pehm, Joseph („Mindszenty, Kard. Jozsef")	234
Perner (tschech. Politiker)	169
Pilsudski, Józef Klemens	108, 217
Pius XII., Papst	26
Pogodin, Michail P.	203
Postl, Karl A. („Sealsfield Ch.")	167
Prondzynski (Domherr, Posen)	208
Pross-Weerth, Heddy	156-159
Raiser, Ludwig	46
Rašin (tschech. Politiker)	200
Reichenberger, Emmanuel J.	23ff
Rainer, Wenzel Lorenz	160
Reißmüller, J.GT.	89
Rhode, Gotthold	56, 70
Ridder, Helmut	88
Ried, Benedikt	160
Rieger, Ladislav	169, 189
Rilke, Rainer Maria	192f
Roosevelt, Franklin D.	12, (14), 17, 26, 53, 94, (95), 97, 111, 117, 128, 241
Rydż-Śmigly, Eduard	108, 227
Šafarik, Pavol Jozef	175f
Schlau, Wilfried	57, 61f, 70
Schliemann, Heinrich	151
Schoeck, Helmut	163
Scholz, Franz	115
Schumacher, Kurt	34
Schuselka, Franz	171
Sienkiewicz, Henryk	186ff
Sierakowski, Graf Stanislaw	205
Sikorski, Wladyslaw Eugeniusz	229
Slezak, Leo	158
Sosnowski (poln. Politiker)	188
Stalin, Jossif W.	12f, 24f, 55, (95), 98, 109, 111f, 128, 229, 231f, 241
Stölzl, Christoph	78ff
Strobach (tschech. Politiker)	169
Strothmann, Dietrich	59
Štúr, Ludovit	167f, 172, 176, 179f, 182, 201
Tito, Josip Broz	98, 128, 143, 231, 241
Tvrdon (tschech. Intellektueller)	224
Visser't Hooft, Willem Adolph	31
Vogt, Carl	181
Vollmer, Antje	89
Wehner, Herbert	46
Weizsäcker, Richard Frhr.v.	60, 73f, 78
Wenzel II., König	148
Wilson, Woodrow	104, (188)
Windischgrätz, Alfred Früst zu	173
Witold, Großfürst von Litauen	144
Witos (poln. Ministerpräsident)	207
Witte, Eugen de	19
Wojtyla, Karol, Kardinal	64, 155
Woroschilow, Klilment J.	234
Wyszyński, Stefan, Kardinal	51, 64, 114, 230
Zawadski (Wojewode)	114
Zayas, Alfred M. d.	(85), 86f
Zewell, Rudolf	90
Zimmermann, Friedrich	83f, 88